网络心理与行为

周宗奎 / 主编

本书为全国教育科学规划国家一般课题“在线互动条件下个体与情境特征对创造性的影响”（BBA180080）结题成果

心理学视角下的网络与创造力

谷传华　著

華中師範大學出版社

新出图证（鄂）字 10 号

图书在版编目（CIP）数据

心理学视角下的网络与创造力 / 谷传华著. —武汉：华中师范大学出版社，2024.6

（网络心理与行为 / 周宗奎主编）

ISBN 978-7-5769-0557-1

Ⅰ.①心… Ⅱ.①谷… Ⅲ.①心理学—研究 Ⅳ.①B84

中国国家版本馆 CIP 数据核字（2024）第 107799 号

心理学视角下的网络与创造力

© 谷传华 著

责任编辑：王中宝　　**责任校对**：骆 宏　　**封面设计**：罗明波

编辑室：学术出版分社　　**电话**：027-67863280

出版发行：华中师范大学出版社

社址：湖北省武汉市洪山区珞喻路 152 号　　**邮编**：430079

电话：027-67863246（发行部）　　**传真**：027-67863291

网址：http://press.ccnu.edu.cn

电子信箱：press@mail.ccnu.edu.cn

印刷：湖北大合印务有限公司　　**督印**：刘 敏

开本：710mm×1000mm 1/16　　**印张**：16.5

版次：2024 年 6 月第 1 版　　**印次**：2024 年 6 月第 1 次印刷

字数：222 千字　　**定价**：79.00 元

欢迎上网查询、购书

目　　录

第一章　网络与创造

创造，也称为创新①，是人们在特定的环境中、在特定人格倾向和动机的推动下，借助特定的手段或途径，运用有关的知识、技能，以新颖、适当而有效的方式提出或解决问题的活动。当代的创新与网络的关系日益密切，这反映在网络对于创新的重要作用上，也反映在网络本身的创新上。基于网络，以网络为背景进行的创新成为当前创新的一种重要形式。这种创新是在特定的时代背景下展开的。

第一节　创造及其性质

尽管关于创造的思想和理论研究具有悠久的历史，但是，关于创造与创造力的概念至今也没有达成完全的一致。什么是创造和创造力？创造和创造力具有哪些类型和形式？各自具有什么样的价值和意义？创造具有哪些基本的性质？对这些问题，迄今仍然仁者见仁，智者见智。事实上，作为一种社会生活的媒介，互联网为人们的创造活动提供了各种便利、机遇和挑战。但是，它并没有也不可能改变创造或创新的性质。

一、广义的创造与狭义的创造

从创造的参照对象来看，创造有广义与狭义之分。广义的创造

① 在本书中，如无特别说明，创造与创新、创造力与创造性是通用的。

是指以个人过去的经验为参照的创造或创新。当个人通过特定的心理过程和行为方式产生了过去的经验中所没有的产品的时候，这个产品相对于个体本身而言就是新的，是具有创造性的。这种创造突破了个人以前的经验，在个人生活中引起了一次新的变化，更新了个人的知识结构。换句话说，这是一种“个人的创造”。创造的产品，无论是可见的物质产品，还是不可见的观念的产品，对个人都是有价值的。

还可以从另外一个角度理解广义的创造。它可以看作人类对外界环境做出的一种适应性的反应，是人与环境之间的互动所促成的自然的结果。当人们开始独立地面对外部的自然或社会环境时，为了更好地生存下去，他们会尽力寻找应对自然的威胁和压力、解决日常的生存或生活问题的方法，在这种适应过程中，他们偶然发现或总结生成了一系列有效的做法或途径，形成了一系列有形的或无形的创造产品。面对下雨，人们找到了遮挡雨水的工具；面对寒冷，人们找到了保暖的方法；面对野兽，人们找到了避免伤害的途径。由于对不同的个体而言，面对的环境都是新的，这些工具、方法或途径作为对新环境的适应或应对方式，在广义上都可能是创造性的。

在这一意义上，每个人面对陌生的环境所做出的任何对自己有意义的反应，都可能是一种创造性的产品，无论它是观念的，还是物质的，也无论这个反应对其他人是不是有用的、新颖的。

狭义的创造是相对于人类历史而言的。人们只有产生出在人类历史上前所未有的物质或观念产品，才能算是创造。通常，这类创造对人类自身的发展具有重要的价值，对于社会的进步、人民的生活具有重要的现实意义。

当然，狭义的创造与广义的创造之分是相对的，就创造者来说，二者实际上是一体的。狭义的创造实际上是广义的创造中的一部分，广义的创造只有当它能够在群体意义上具有新颖性和适当性的时候，才有可能转化为狭义的创造，换言之，狭义的创造脱胎于广义的创造。但是，对于创造者本人来说，狭义的创造首先是作为对个人有意义的广义的创造出现的。

二、反应性的创造与主动性的创造

根据创造的目的或驱动力，可以将现实生活中的创造分为两种类型：反应性的创造（reactive creation）与主动性的创造（active creation），也可以称为适应性的创造与求新性的创造。前者是指人们出于应对现实中存在或可能发生的危机、风险、问题的需要而进行的创新活动，它本质上是人们适应环境的需求所促成的应对行为，正所谓“水来土掩，兵来将挡”。它是应变性的、问题解决式的创新，是人们为了更好地生存和解决问题而开展的创新。通常，在生存危机非常严重的环境中，这种创新极为普遍，甚至可能成为一种主要的创新形式。例如，在生产力低下的农业社会人们对农具进行的各种更新和创造，洪水泛滥时人们在运输工具和治理方法方面进行的创新，都属于这类创新。

与此不同，主动性的创造主要是人们出于对世界的好奇心和求知欲而进行的创新，或者是为了更新现状而进行的创新。在满足了基本生存需要的基础上，人们会产生探索未知世界的愿望和想法，也可能“喜新厌旧”，希望生产出有新意的产品，这种求知、求新的需要最终可能促成人们知识的更新、生活环境的更新。这种创新本质上是不断向外探索的创新。人们渴望通过这种创新满足自身日益增长的对物质、文化生活的需要。

不难看出，反应性的创造通常构成了人们生存、生活的基本保障，具有基本的生存价值，而主动性的创造通常是人们的精神需要或愿望驱动下的产物，具有明显的心理价值。前者以解决问题为落脚点，后者以满足求新的愿望为落脚点。二者可能具有不同的行为、心理与生理机制。科学技术领域的创造既有反应性的创造，也有主动性的创造。它们不断更新着人们的生存、生活环境以及知识和能力结构。但是，无论哪种创造，包括基于网络的创造与线下的创造，都应该遵循基本的伦理。关于创造伦理问题的讨论，参见本书第六章的内容。

三、直觉式创造与分析式创造

从过程来看，创造还可以分为直觉式创造与分析式创造。在现实生活中，这两种形式的创造都是存在的，而且会在不同的条件下表现出来。

直觉是一种非逻辑的认知活动，它并不遵循严格的逻辑思路，不依赖于严谨的判断和推理。通常，在特定的时间、空间条件下，它会通过某种瞬间出现的、跳跃式的意念产生过程得出特定的结论。灵感、顿悟就是直觉最常见的形式。相应地，直觉式创造是人们在特定条件下，通过灵感、顿悟等非逻辑的认知活动，产生新颖而适当的想法的过程。大量事实证明，人们在经过长期思考和酝酿之后，在某种特定的放松、安静状态下，经常会出现这种直觉式创造。

与此相对，分析式创造则是基于严格的逻辑思维过程产生新颖而适当的想法和产品的活动。人们在进行这种创造时，通常需要在已有知识或信息的基础上，对特定的问题或情境进行严谨的判断和推理，最终产生创造性的观念或物质产品。在此过程中，人们往往需要消耗较多的身体和心理资源，进行高强度的投入和思考。可以说，分析式创造是一种清醒意识状态下开展的一种目标驱动的创新，它不同于似乎是瞬间出现的直觉式创造，而是依赖于一定的认知技能和思维方法。例如，在面对一个问题时，人们会对解决问题的条件进行分析和梳理，逐渐推导出各种可能的方案，然后再通过适当的评估从中找出最佳的解决方案。这是分析式创造的典型流程。

四、外扩的创造与内敛的创造

迄今，人类历史上已经进行了三次工业革命。18 世纪 60 年代，以蒸汽机等机器的发明与运用为标志，人类进入第一次工业革命时代。此后直到 19 世纪中期都属于所谓的蒸汽时代。各种发明创造，特别是机器（织布机、纺纱机和新型运输工具等）的发明和改进，成了这次工业革命的核心推动力。作为工业革命的后果和资本对市场扩张的需求，欧洲国家开启了对世界的殖民化时代。从 19 世纪下半叶到 20 世纪初，由于生产技术的不断改善，人类进入第二次工业革命时代，即所谓的电气时代。在这一时期，科学推动了大量生产技术和方法的革新，这种革新被广泛地运用于工业、农业等领域。自 20 世纪后半期开始，即大约二战之后，人类逐渐进入第三次工业革命时代，生物科技与产业革命蓬勃发展。在这一时期，系统科学、信息技术、生物科学、航天科技等领域的快速发展促成了产业结构和生产模式的调整。

显然，工业革命是以外扩式的创造为主，各个领域的精英持续不断地提出各种创意，并使之变成现实的创造性产品，创新和资本的增值逐渐成为人类推崇的价值观。相应地，这种创造力也成为国家和民族综合实力的象征，成为国家和民族竞争的基础。

但是，这种外扩的创造在为人们带来巨大便利和收益的同时，也带来一系列严重的社会问题，导致了严重的社会阶层分化、城市人口膨胀、环境污染、生物灭绝等问题，也带来了人们的人定胜天、征服自然等自傲心理及对人类赖以生存的自然环境的巨大破坏。究其原因，是人们在强调创新和征服自然的同时忽略了对自身行为的反省。如果一种创新能够带来短期的收益而牺牲长期的社会效益，这种创新的意义何在？如果一种创新建立在人类自我提升的基础上，并有助于改善和提升人们的身心，促进社会和谐，那么，这种创新才更有意义。

因此，在强调外扩式或征服式创造的同时，不应忽视另一种创造，即人们的自我创造。这是一种指向自我的创造或改革，是不断改变自己的不良心理和行为（包括不良认知、情绪、意志和行为）的创造，是一种自我革命。外扩式创造或创新是以过去的产品状态为参照的，如果一种产品或观念是前所未有的，那么，它就可能具有较高的创造性。自我创造则是以自身以往的心理和行为状态或水平为参照的，当一个人在认知、情绪、意志、意识和行为方面进行了更新，出现了前所未有的积极变化，自我创造就发生了。自我创造应当是一种积极的、上行的变化，而不是消极的、下行的更新。自我创造是一种内敛的创新，也是一种基于自我反省而进行的自我革命。它应当是外扩式创造或创新的前提。如果创造者本身缺乏相应的意识或心理，其创造的产品，无论是观念的、物质的产品还是实际的行为，都可能是消极的，对长期的发展产生负面影响。

事实已经充分说明，外扩式创造无法从根本上解决人类自身的问题，不仅如此，还有可能制造出更多的亟须人类面对和解决的问题。形象地说，单纯的外扩式创造更像是人类自娱自乐的游戏，在满足了人们短期需求的同时又制造出新的问题。这个过程就像不断地挖坑，又不断地填上，然后又挖、又填，无休无止，让自己疲惫不堪而又好像乐此不疲。在此意义上，从事单纯的外扩式创造的人类就像希腊神话中的悲剧人物西西弗斯，不断地将巨石推向山顶，在巨石滚落时又不断地重复无效而又无望的推石行动。单纯的外扩式创造看似引领人类不断向前奔跑，实际上却可能将人类自身引向堕落乃至绝望。这并不意味着一般意义上的反智主义，而是倡导一种有利于人类和环境可持续发展的、更积极的创造，而避免那种单纯追求短期效益而无视长期影响的创造。要做到这一点，就需要以人们的自我提升为前提。换言之，外扩式创造必须与人们身心灵境界的不断改进和自我创造相配合，在人们不断完善的自我认知的引领下才更有可能产生积极的创造。在此意义上，自我创造力也应成为创造力研究的重要内容。人们的这种自我创造力包括但不限于多元智能理论中的自知智力或自我认识智力，它具有更丰富的内涵。

五、创造的新颖性和适当性

Mayer（1999）总结了自 20 世纪 50 年代以来的创造力研究，概括了研究者们对创造性的各种定义。总体上，尽管研究者使用的术语或表述方式不完全相同，但是，他们通常认同原创性（originality）与有用性（usefulness）是创新的核心特征（Runco，

Jaeger，2012）。例如，对于创新中的原创性特征，有的研究者将原创性称为“新的”（new）、“新颖的”（novel），有的研究者则称为“原创性的”（original）；而对于创新中的有用性特征，有的研究者称为“有价值的”（valuable）、“适当的”（appropriate）、“适应性的”（adaptive），有的研究者则称为“有用的”（useful）、“有重要意义的”（significant）。其中，原创性又是创造的首要属性。原创的就是新鲜的、前所未有的。一种产品，如果具备这一特征，那么，它就达到了创新的首要标准。

长期以来，新颖性或原创性一直是人们评价一种活动过程或产品的创造性水平的基本标准。这种新颖性不一定表现在重大的社会活动中，也可能反映在日常的生活中，表现为人们的日常创造力（everyday creativity）。Richards 等人指出，要鉴别人们的日常创造力，首先需要有一些新的结果：具体的产品、行为或想法；其次，这种结果应该是传达给别人的，而不应该是随机的、偶尔产生的（accidental）或特质性（习惯性）（idiosyncratic）的，如偶尔打碎杯子不是创造性的，而怀着展现艺术效果的目的对碎杯子的图案进行欣赏或摄影却可能是创造性的，创造应当是为了达到新颖的目的而进行的活动。

适当性或有用性是创造的价值属性。任何创新都会产生一定的效用，但这种效用可能是积极的，也可能是消极的。不可否认，人类创新的终极目的是让自身变得更好，最终达到自我完善。如果一种创新与此目的相悖，那么，这种创新显然是不可接受的。正因如此，在创造的所有属性中，适当性或社会价值是最重要的，因为唯有突出创造的适当性，才能让创造变得对人类有意义，是值得的。否则，创造就无法为人类造福，而只能成为人类自我膨胀、沾沾自喜的资本，甚至成为人类相互伤害的手段。

Cropley 等人（James，Clark，Cropanzano，1999；Cropley，2010）指出，人们经常看到创造力光明的一面，看到它对社会和经济发展产生的积极影响，但是，早在 19 世纪，就有一些有识之士

（如 Victor Hugo，Dickens，Coleridge）提醒人们技术革新对社会产生的破坏性影响。它可能被误用于广告（如促销不健康产品）、娱乐（如宣传不健康的价值观，美化犯罪）、政治（如增进种族仇恨）、科学技术（如开发用于种族灭绝的大规模杀伤性武器）等多个领域。这类创造力可以被称为“消极创造力”（negative creativity）。

由于判断标准的相对性，采用的判断标准不同，对创造活动及其产品的适当性的判断也不尽相同。因此，对适当性的评价是一件十分复杂的事情。通常，适当性的评价是在特定的时代和文化背景下进行的。在这个意义上，适当性本身也是相对的。事实上，只有在人类命运共同体的意义上，才有可能真正地判断一种创造的适当性。如果局限于一个民族、一个国家、一个特定的群体，就可能出现在一个族群适当而在族群之外不适当的情况。这种适当性就可能是有限的，甚至是狭隘的。类似地，如果局限于一个特定的时代或时期，就可能出现在一个时期适当而在其他时期不适当的情况。这种适当性也是有限的。因此，在空间意义上，适当性意味着一种创造活动及其产品对于人类的共生共存是有价值的，可以增进全人类的和谐相处，而不是直接或间接地导致人类的相残相损。在时间意义上，适当性意味着一种创造活动及其产品应当有利于人类长久的可持续发展，而不只是带来一时的利益而产生长期的恶果。适当性的终极意义在于让创造成为一种对人的祝福而不是诅咒。

儒学典籍《大学》开篇有言：“大学之道，在明明德，在亲民，在止于至善。”创新作为人的一种行为，从其宗旨而言，也应止于至善，而不是进行以更新现状为根本目的的、无限制的、不适当的创新。真理再向前一步就是谬误，说的也是这个道理。一言以蔽之，最好的创新应是止于至善的创新。

但是，在现实中，人们又很难从上述意义上去评价一种创造活动及其产品的适当性或社会价值。通常，研究者会从它对大多数人的适用性、能否为大多数人所接纳进行评价。在实际的研究中，这种评价方式因更便于操作而广泛使用。

六、创造的领域特殊性

长期以来，特别是上个世纪 80 年代之前，研究者普遍把创造性看作是跨领域的，认为所有领域的创造性是无差别的。在这种背景下，发散思维经常被当作创造性的核心成分甚至是代名词。事实上，不同领域的创造性可能具有显著的差异，即存在领域特殊性。

Baer（2016）认为，创造性理论经常不能适用于所有的创造活动领域。在一个领域适用的创造性产品经常不适用于另一个领域。很多看似适用于所有创造领域的过程，包括创造的思维方式、对经验的开放性、内部动机，都不一定适用于所有的领域，在运行或发挥作用的方式上都具有某种领域特殊性。例如，几乎没有人对天文、地质学等多个领域表现出相似的兴趣，也很少有人同时对写作、收藏等具有相似的内在兴趣。这似乎可以解释创造研究的结果经常相互矛盾这一现象。因此，就创造性的领域特殊性来看，创造性研究需要设立领域特殊性的假设，需要对创造性进行领域特殊性的测量。按照特定的领域进行创造性研究才更有意义。如果哪一项研究得出的结果适用于所有的创造领域，那这项研究结果的效度应当是令人质疑的。相应地，创造性测验也应该针对特定的领域进行。事实证明，那种强调领域一般性的创造性思维测验缺乏效度，不仅它们之间相关较低，而且，它们与现实中的创造力表现相关更低。基于领域一般性理论编制的发散思维测验的效度受到质疑，基于领域一般性的创造力训练也可能是无效的。显然，创造性的领域特殊性观点与多元智能理论是一致的。

从已有的研究可以发现，除了科学创造性、艺术创造性之外，在社会活动和交往领域，也存在一种特殊的创造性，即社会创造性。社会创造性是人们在日常的社会交往和社会活动中表现出来的创造性，是人们在特定的人格倾向的推动下，以独特、新颖、适当而有效的方式提出和解决社会性问题的心理特征，包括创造性的认知能力和人格倾向等。它是在基本适应技能的基础上形成的、更为高级的认知和行动能力以及相应的人格特征的综合体。具体地说，它包括以下几个侧面：社会交往和社会性问题解决过程中所表现的变通性、独特性、流畅性、适当性、有效性等思维能力或品质；好奇性、挑战性、冒险性、主动性等人格倾向；对社会生活的适应能力和善于处理人际关系、觉察他人心理变化的能力等。其中，创造性地解决社会性问题的人格和能力是社会创造性的核心。

独特、新颖、适当、有效可以说是社会创造性的基本特征。所谓新颖，也就是前所未有，一个人提出的问题或问题解决办法在历史（个人历史或人类历史）上是首次出现的。当然，相对于个人历史的“新颖”主要具有个人价值，相对于人类历史的“新颖”则具有社会价值。在研究中，人们更看重创造的社会价值。这种新颖性经常与独特性并提，独特就是与众不同，一个人如果能够提出大多数人提不出的问题或问题的解决办法，他的这种行为就可能是独特的。通常，新颖的社会性行为更可能是独特的，而独特的社会性行为也更可能是新颖的。事实上，在很多研究中，新颖性经常被看作独特性的另一种表述方式。适当是指人们提出的问题或问题解决办法符合社会伦理或普遍的道德标准，能够为大多数人所接受。有效则是指人们提出的问题或问题解决办法能够切实地解决问题、消除冲突，推动社会的进步或人类文明的发展。通常，发散思维的流畅性和变通性是思维保持独特性的基本条件，而独特性是思维流畅和变通的结果。在社会性问题情境中，当一种问题解决策略独特、新颖而又适当、有效的时候，就可以说它具有较高的社会创造性。社会创造性是一种积极的心理特征。严格地说，那些不利于社会健康发展的问题解决策略并没有什么积极的社会创造性。一般来说，具有社会创造性的人通常能够在尽可能多的、与众不同的、灵活的问题解决策略中选出最适当而有效的策略来解决问题。

第二节　网络：创新的时代背景

在互联网迅速普及的今天，人们的创新活动拥有了更加有利的条件。毫不夸张地说，网络为人们创造潜能的发展提供了新的环境，也为人们创造力的充分展现和发挥提供了新的动力。为适应这种新的时代背景，近年来我国在国家和政府层面制定了一系列战略性文件和实际的政策，让人们的个体创新及其推动的社会创新如虎添翼。

一、新技术支撑的创新驱动：当代世界的基本战略

在计算机和网络技术等新技术迅速崛起的背景下，“创新”已经成为当今世界各国发展的主题词。世界各国，包括美国、德国、英国等欧美发达国家以及日本等亚洲国家在内，都制定了与本国国情相应的创新驱动发展战略，将科技创新、管理创新以及高端技术的应用作为未来发展的基本方向。

2015 年，美国国家经济委员会和科技政策办公室发布了《美国创新战略》，旨在通过创新型的政府管理营造良好的社会创新环境，形成促进和开发人们创造力的创新生态系统。该战略强调，将精密医疗、大脑计划、卫生保健、先进汽车、智慧城市、清洁能源、教育技术、太空探索和高性能计算机作为优先发展产业，进行重点投资建设。在此过程中，数字服务系统将在创新型政府的建设和社会变革中发挥积极作用。同时，新工业革命和数字经济将成为推动产业发展的重要动力来源，物联网、大数据、云计算、人工智能等技术将更新制造业及服务业的生产过程和商业模式，现代信息网络将成为重要的载体，信息通信技术将成为提升经济活动效率、优化经济结构的重要手段。该战略还强调，在教育领域，应开发基于互联网的教育软件，为学生的在线学习提供便利。

同样，欧洲各国也将创新作为国家发展的基本战略，德国、法国、英国最为典型。近年来，德国政府极力推进工业的革新，陆续发布了《高技术战略 2006》《思想·创新·增长——德国 2020 高技术战略》《保障德国制造业的未来：关于实施工业 4.0 的建议》等文件。在此基础上，又于 2019 年 2 月发布了《国家工业战略 2030》，旨在提高德国工业的国际竞争力。这一系列文件的基本思想是在新

技术创新包括网络技术创新的基础上推动工业的智能化、信息化变革。在此过程中，物联信息系统（Cyber-Physical System）将在生产、供应、制造、销售等环节发挥重要作用。2019年9月，德国联邦政府进一步发布了《德国国家区块链战略》，以推动区块链技术的创新发展和应用，促进经济社会的数字化转型。

与德国相似，2013年9月，法国提出“新工业法国”战略，希望通过创新驱动法国工业转型升级。2015年4月，法国又进一步启动所谓的“未来工业”计划，强调借助于数字技术和工业生产工具的现代化实现工业生产的转型升级，实现企业经营模式、组织模式、研发模式和商业模式的转变，以提高法国工业的国际竞争力。在此计划中，数据经济、智慧物联网、数字安全、智慧饮食、新型能源、可持续发展城市、生态出行、未来交通、未来医药被列为九大重点发展领域。

英国也不例外。2019年6月，英国创新署发布2019年度实施计划，致力于支持和投资创新型企业和企业家，通过创新活动，识别、支持和壮大新兴产业，促进人员和企业创新。其长远目标之一是在数字化制造、人工智能等高潜力领域形成创新集群。

与欧美国家一样，亚洲国家也不甘示弱，推出了一系列创新驱动发展战略，日本是其典型代表。2016年1月，日本在《第5期科学技术基本计划》中，提出了超智能社会5.0战略。同年5月，又进一步颁布《科学技术创新战略2016》。在这些文件中，超智能社会被看作日本未来社会发展的基本目标，它被定义为是继狩猎社会、农耕社会、工业社会、信息社会之后出现的虚拟空间与现实空间高度融合的新社会形态。在此过程中，网络安全技术、物联网系统构建技术、大数据解析技术、人工智能技术、设备技术、边缘计算技术、人机交互技术等虚拟和现实空间技术领域的发展将为超智能社会的建设提供有力的支撑。

显然，创新已经成为当今世界的发展主题，新技术支撑的创新驱动发展战略也成为各国推动经济和社会发展的基本策略。

二、中国的创新驱动发展战略

自改革开放以来，创新一直是我们国家和社会发展的主题，中央发布的重大文件曾多次提到创新问题。但是，真正将创新提到国家战略层面，却是近几年的事情。

2012 年，党的十八大明确提出，要实施创新驱动发展战略，而科技创新是提高社会生产力和综合国力的战略支撑，必须摆在国家发展全局的核心位置。这无疑是党中央在新的发展阶段确立的立足全局、面向全球、聚焦关键、带动整体的国家重大发展战略。

在此背景下，2016 年 5 月，中共中央、国务院发布了《国家创新驱动发展战略纲要》，纲要更明确地阐明了国家创新驱动发展战略的时代背景、要求、部署、任务、保障和组织实施问题，为人们的创新活动指明了方向。

首先，党中央和国务院突出了新的时代背景下创新驱动发展战略的重要性和必要性。在纲要中，创新驱动被看作引领发展的第一动力，被看作决定国家命运的力量，而科技创新能力被标定为国家力量的核心支撑，成为实现中华民族伟大复兴的中国梦的最高意义上的革命力量和有力杠杆。而且，纲要还明确指出，创新驱动是世界大势所趋、发展形势所迫，认识到创新驱动已经成为许多国家谋求竞争优势的核心战略，并正在重塑着世界竞争的格局，改变着国家力量的对比。将创新提高到如此重要的位置，甚至与国家命运、民族复兴紧密联系在一起，这在我国发展历史上尚属首次。这反映了党中央、国务院对当前国内国际局势的深刻认识和宏观把握。创新驱动发展战略的提出为人民群众的创新创造了有利的社会背景和政策环境。

对创新的重视也反映在国家领导人在多个场合的发言中。习近平总书记多次强调要把创新摆在国家发展全局的核心位置。2015 年 10 月召开的十八届五中全会上，习近平总书记提出，面对日益激烈的国际竞争，必须把创新放在国家发展全局的核心位置，不断推进理论、制度、科技、文化等方面的创新。2016 年 4 月，在安徽合肥召开的知识分子、劳动模范、青年代表座谈会上，习近平总书记指出，要坚持把发展基点放在创新上，发挥我国社会主义制度能够集中力量办大事的优势，大力培育创新优势企业，促进更多依靠创新驱动、发挥先发优势的引领型发展。

习近平总书记多次强调，创新是第一动力，中国如果不走创新驱动道路，新旧动能不能顺利转换，是不可能真正强大起来的。因此，应矢志不移，坚定创新信心，同时推动科技创新与制度创新，以问题为导向，以需求为牵引，在实践载体、制度安排、政策保障、环境营造上下功夫，在创新主体、创新基础、创新资源、创新环境等方面持续用力，提升国家创新体系整体效能。

习近平总书记非常重视科技创新，强调重大科技创新成果是国之重器、国之利器。提出我们要把完善和发展中国特色社会主义制度、推进国家治理体系和治理能力现代化作为全面深化改革的总目标，勇于推进理论创新、实践创新、制度创新以及其他各方面创新；必须牢牢把关键技术掌握在自己手上，必须依靠自力更生、自主创新；中国要强盛、要复兴，就一定要大力发展科技，努力成为世界主要的科学中心与创新高地；把科技创新摆在更加重要位置，吹响建设世界科技强国的号角。

习近平总书记还多次提到人才创新问题，认为人才是创新的根基，是创新的核心要素，创新驱动实质上是人才驱动，要重点用好、吸引、培养创新人才，形成一支规模宏大、富有创新精神、敢于承担风险的创新型人才队伍。

显然，这一系列强调创新的战略思想将成为我国政治、经济、文化发展道路上的明灯，指明我国社会前进的方向，也成为大众创新的巨大动力。

三、网络与创新的融合

在新时代的创新过程中，网络发挥着至关重要和无可替代的作用，网络与创新已经日益紧密地融合在一起。习近平总书记指出，要努力把我国建设成为网络强国，网络事关国家安全、国家发展和社会生活的方方面面，要同时促进网络安全与信息化的发展，建设网络强国的战略部署要与“两个一百年”奋斗目标同步推进，向着网络基础设施基本普及、自主创新能力显著增强、信息经济全面发展、网络安全保障有力的目标不断前进。

该战略纲要明确要求加快工业化与信息化的深度融合，把数字化、网络化、智能化、绿色化作为提升产业竞争力的技术基点，推进各领域新兴技术跨界创新；明确提出要发展新一代信息网络技术，增强经济社会发展的信息化基础，特别是要加强类人智能、自然交互与虚拟现实、微电子与光电子等技术研究，推动宽带移动互联网、云计算、物联网、大数据、高性能计算、移动智能终端等技术研发和综合应用，加大集成电路、工业控制等自主软硬件产品和网络安全技术攻关和推广力度，为我国经济转型升级和维护国家网络安全提供保障。在技术上，大力发展智能制造装备等技术，加快网络化制造技术、云计算、大数据等在制造业中的深度应用，推动制造业向自动化、智能化、服务化转变。在医疗健康方面，应开发数字化医疗、远程医疗技术，推进预防、医疗、康复、保健、养老等社会服务网络化、定制化，发展一体化健康服务新模式。同时，网络还对商业模式的创新发挥支撑作用，应借助于新一代信息和网络技术发展现代服务业技术基础设施，拓展数字消费、电子商务、现代物流、互联网金融、网络教育等新兴服务业，促进技术创新和商业模式创新融合。

2017 年 12 月 3 日，习近平主席在第四届世界互联网大会开幕的贺词中指出，中共十九大制定了新时代中国特色社会主义的行动纲领和发展蓝图，提出要建设网络强国、数字中国、智慧社会，推动互联网、大数据、人工智能和实体经济深度融合，发展数字经济、共享经济，培育新增长点、形成新动能。中国数字经济发展将进入快车道。历史证明，中国的网络创新已经成为一个时代热点。

2018年发布的《国务院关于推动创新创业高质量发展打造“双创”升级版的意见》也明确提出，为了促进创新创业环境升级，应加快推进政务数据资源、社会数据资源、互联网数据资源建设；为了营造公平市场环境，应建立并完善对“互联网＋教育”“互联网＋医疗”等新业态、新模式的高效监管机制，严守安全质量和社会稳定底线；为了完善知识产权管理服务体系，应积极运用在线识别、实时监测、源头追溯等“互联网＋”技术强化知识产权保护；应加快培育一批基于互联网的大企业创新创业平台、国家中小企业公共服务示范平台。

这份文件进一步突出了深入推进工业互联网创新发展的重要性，实施工业互联网三年行动计划，强化财税政策导向作用，持续利用工业转型升级资金支持工业互联网发展；要求更好地发挥市场力量，加快发展工业互联网，与智能制造、电子商务等有机结合、互促共进；推动产学研用合作建设工业互联网创新中心，建立工业互联网产业示范基地，开展工业互联网创新应用示范；推进工业互联网平台建设，形成多层次、系统性工业互联网平台体系，引导企业上云上平台，加快发展工业软件，培育工业互联网应用创新生态；加强专业人才支撑，公布一批工业互联网相关二级学科，鼓励搭建工业互联网学科引智平台。

而且，为了完善“互联网＋”创新创业服务体系，应鼓励建设“互联网＋”创新创业平台，积极利用互联网等信息技术支持创新创业活动，进一步降低创新创业主体与资本、技术对接的门槛；推进“国家创新创业政策信息服务网”建设，及时发布创新创业先进经验和典型做法，进一步降低各类创新创业主体的政策信息获取门槛和时间成本；推动“互联网＋公共服务”，使更多优质资源惠及群众。此外，应充分发挥“互联网＋”大学生创新创业大赛、中国创新创业大赛、“中国创翼”创业创新大赛、“创客中国”创新创业大赛、全国农村创业创新项目创意大赛、中央企业熠星创新创意大赛、“创青春”中国青年创新创业大赛等品牌赛事活动的作用，让互联网在品牌创业展示中承担重要角色。

作为一种新时代的技术，通过“互联网+”的形式，网络的作用渗透在创新的每一个环节，而且它自身也构成了创新的一部分。互联网让人们的创新更为便利、可行，同时，作为技术创新内容之一的互联网技术本身的不断革新也不断提升着人们的创新水平，改变着人们的创新方式。

从国家的宏观政策和总体布局来看，创新已经与互联网成为一个整体。一方面，互联网技术本身需要不断地推陈出新，以适应各行各业创新发展的要求；另一方面，不同的行业或领域也要借助于互联网实现“更新换代”，实现跨越式发展。在此意义上，当代的创新主要采取两种形式展开：一是互联网技术的创新；二是借助互联网进行的、以互联网为媒介的创新。显然，无论哪种形式的创新，互联网都发挥着中流砥柱的作用。党中央、国务院关于“互联网+”的战略部署本身就说明了这一点。一言以蔽之，互联网时代的创新，就是基于互联网、借助互联网、依托互联网进行的创新。

2021年8月，中国互联网络信息中心（CNNIC）发布《第48次中国互联网络发展状况统计报告》，其中提供了一系列引人注目的网络创新数据，彰显了网络在当代中国创新发展中的巨大作用，也向全世界展示了网络创新和网络发展的“中国速度”。数据显示，截至2021年6月，我国网民规模达10.11亿，较2020年12月增长2175万，互联网普及率达71.6%，较2020年12月提升1.2个百分点。截至2021年6月，我国手机网民规模达10.07亿，较2020年12月增长2092万，网民使用手机上网的比例为99.6%，与2020年12月基本持平。截至2021年6月，我国农村网民规模达2.97亿，占网民整体的29.4%；城镇网民规模达7.14亿，占网民整体的70.6%。截至2021年6月，我国网民使用手机上网的比例达99.6%；使用电视上网的比例为25.6%；使用台式电脑、笔记本电脑、平板电脑上网的比例分别为34.6%、30.8%和24.9%。截至2021年6月，我国IPv6地址数量为62023块/32，较2020年12月增长7.6%。截至2021年6月，我国域名总数为3136万个。其中，".CN"域名数量为1509万个，占我国域名总数的48.1%。截至2021年6月，我国即时通信用户规模达9.83亿，较2020年12月增长218万，占网民整体的97.3%。截至2021年6月，我国网络视频（含短视频）用户规模达9.44亿，较2020年12月增长1707万，占网民整体的93.4%；其中，短视频用户规模达8.88亿，较2020年12月增长1440万，占网民整体的87.8%。截至2021年6月，我国网络支付用户规模达8.72亿，较2020年12月增长1787万，占网民整体的86.3%。截至2021年6月，我国网络购物用户规模达8.12亿，较2020年12月增长2965万，占网民整体的80.3%。截至2021年6月，我国网络新闻用户规模达7.60亿，较2020年12月增长1712万，占网民整体的75.2%。截至2021年6月，我国网上外卖用户规模达4.69亿，较2020年12月增长4976万，占网民整体的46.4%。截至2021年6月，我国在线办公用户规模达3.81亿，较2020年12月增长3506万，占网民整体的37.7%。

由以上数据可见，随着互联网的快速普及，网络已经被日益广泛地应用于人们生活的各个领域，其中包括即时通信、网络娱乐或视频、网络支付、网络购物、网络新闻、网上外卖、在线办公、在线教育、在线医疗等，数字化服务水平和广度快速提升。而且，数字化本身也为服务业高质量的提升创造了有利条件，通过智慧供应链系统、大数据平台与机器学习等途径，企业运营、管理效率得到大幅度提升。

通过数字化转型和建设网络强国、制造强国战略的实施，互联网正在以惊人的速度融入国家发展的各个领域。例如，上述统计报告显示，农业、工业、服务业三大产业不断推进数字化转型，其中，在农业和工业领域的突出表现是，智慧农业应用水平不断提升，物联网、人工智能、5G等技术运用于农业生产过程中，无人拖拉机、无人抛秧机、"5G+智能大棚"等智能设备的普遍使用也大大提升了农业的信息化、标准化和智能化水平；而且，数字技术与制造业产业也在加速融合，企业关键工序数控化率、数字化研发设计工具普及率以及制造业数字化转型准备度持续提升，电子设备生产、装备制造等重点行业出现远程设备操控、协同研发设计、柔性生产制造、无人机巡检等“5G＋工业互联网”数字化应用场景。

此外，互联网元素还渗透到文化创新领域。2022 年 5 月，中共中央办公厅、国务院办公厅印发了《关于推进实施国家文化数字化战略的意见》，明确指出，到“十四五”时期末，基本建成文化数字化基础设施和服务平台，形成线上线下融合互动、立体覆盖的文化服务供给体系，到 2035 年建成物理分布、逻辑关联、快速链接、高效搜索、全面共享、重点集成的国家文化大数据体系，实现中华文化全景呈现、中华文化数字化成果全民共享的目标。在建设过程中，将借助于文化数字化基础设施，依托有线电视网络设施、广电 5G 网络和互联互通平台，形成国家文化专网，鼓励各类文化机构接入国家文化专网，大力发展线上线下一体化、在线在场结合的数字化新体验，最终推动中华优秀文化的共享和传播。

四、网络在创造力研究中的应用

在互联网普及的时代背景下，在创造力研究中，网络也在发挥越来越重要的作用。这集中地反映在创造性教学研究与数字创造力等方面。

（一）创造性教学

随着互联网的普及，网络对于创造性教学的贡献日益突出。创造性教学是促进创造力发展的教学形式，它包括创造性的教与创造性的学，前者主要是针对教的主体——教师而言，后者则是针对学的主体——学生而言。与传统的教学一样，创造性教学的开展需要借助特定的手段，而互联网就是这样一种教学媒介和手段。

互联网最显著的特点是具有高度的便利性，这为创造性教学提供了极大的便利。首先，它打破了学习的时间和空间限制，可以让学习者在任何时间、任何地点进行学习和探索，可以随时获取各种信息。其次，它本身是一种重要的教学内容载体，教学信息可以随时从网上获得，而不必通过特定的纸质的书籍、杂志等载体索取。再次，借助互联网，学习者可以以自己习惯或喜欢的方式进行自主学习，而不必像传统教学那样必须按照特定的进度和模式在规定的时间内完成学习任务，学习者只要具有学习的动机和意愿，就可以根据学习目的自主地获得相应的内容或信息进行学习，在此过程中，满足了学习者的自主需求。同样重要的是，互联网还为学习者之间的互动提供了有利的媒介。通过互联网，学习者之间可以相互联系和沟通，建立各种类型的学习小组，随时进行讨论、分享和探索，找到解决各类学习问题的方案。

同样不容忽视的是，互联网对教师开展创造性的教育也发挥着极为重要的作用。互联网的产生和普及是在线教学、远程教学的必要条件。近几年来，借助互联网的传播优势，很多国家开发和兴起了大型开放式网络课程（Massive Open Online Courses，MOOC）。与此同时，在世界各地，各级各类学校或教育教学机构陆续开发了各式各样的、面向各类学生、满足各类需求的网络课程。可以说，这类课程为教师开展特定的教学提供了巨大的便利和自由发挥的空间。教师可以将特定的教学内容和资源上传到网络空间或云平台，以在线的方式提出学习任务和要求，对学生进行即时的组织或指导，从而在最大程度上发挥了教师在教学中的主导作用，有利于在教育教学中充分发挥创造性。同时，在线网络教学课程，尤其是精品课程的开发，也为创造型教师的培养提供了借鉴价值。

因此，在当代教育教学中，互联网对创造性的学与教都是必不可少的，它更新了教育教学的手段、方法和组织方式，为教育目的和教学目标的达成提供了极大的便利，提高了教学效率和信息获取的速度，为学生创造潜能的培养和开发提供了有利条件。相应地，在线的创造性教学研究构成了创造性研究的重点内容之一。

（二）数字创造力

1996 年，Owen Kwlly 出版了名为《数字创造力》（*Digital*

Creativity）一书，介绍了数字革命背景下，电脑和数字技术能为艺术、教育等领域的工作者提供的技术支持。次年，英国一家期刊更名为《数字创造力》（*Digital Creativity*），该期刊主要关注创造性艺术、设计与数字技术之间的相互作用，侧重探讨数字环境对各种创造性活动的影响，发表了一系列关于数字创造力的研究论文。概括地说，数字创造力是个体、团队以及组织利用或通过数字技术表现出来的各种形式的创造力，是人们利用数字技术或通过数字技术产品进行各种创造活动时表现出来的新颖而具有适用性的能力（Lee，Chen，2015）。数字创造力在生活中的应用日益广泛（谷传华，等，2017）。

在社会事务的处理过程中，社交网络媒体的普及为创造力的发挥和展现提供了广阔的平台。个体通过网络与他人交流互动，获取大量信息，使得他们能够发散思维，更高效地完成计划，提高个体和团体的创造力（Lee，2015）。对于个体来说，在参与网络社区信息互动时，无论是作为信息接收者，还是作为信息发送者，都能够间接地提高工作效率，提高创造力。一项对希腊旅游专职人员的研究发现，员工创造力与社交媒体的使用存在显著正相关，其中社交媒体使用主要包括搜索、保存和阅读信息的内部认知过程以及信息分享、讨论和协同创新的外部认知过程两部分。Yan Davison 和 Mo（2013）对国内比较流行的在线社区（如百度知道、百度贴吧、微博等）用户进行调查研究，发现包含信息分享和信息提供维度的知识分享会通过影响人们的心理状态作用于员工创造力。此外，社交媒体的使用也让使用者通过与他人的联系获得情感支持，进而促使个体形成更多新颖的想法。对于团队来说，团队成员间相互分享信息与资源，交流思想，供团队其他成员参考与借鉴，有助于合作产生更多高质量的创意与产品（谷传华，等，2017）。Lee，Lee 和 Jo（2013）对韩国信息通讯企业职员进行的研究也发现，团队成员间的交流，包括帮助同伴、分享反馈以及贡献想法，都能够正向预测团队创造力，并且可以通过减轻成员的压力感而对创造力产生间接的影响。

借助网络提高创造力，进行创造力开发和训练，也是研究者、企业等关心的问题，比如通过电子头脑风暴来促进团队成员的创意产生。Han（2010）探讨了艺术创造力与数字技术之间的关系，发现使用数字技术进行产品设计的实验组被试的创造力水平显著高于未使用的对照组被试。通过使用谷歌 Sketch Up 的 3D 设计软件进行了创造力训练，比如在电脑上创作、设计可以提高使用者在《托兰斯创造思维测验》上的得分，这说明该设计软件能够帮助使用者提高作品的创造力水平。对企业员工的研究也得到了类似的结果。Chung，Lee 和 Choi（2015）发现员工使用作为创造力支持系统的企业移动应用软件（Enterprise Mobile Applications，EMA），能够对他们的工作业绩和创造力起到积极的影响。

不难看出，在当前的创造力研究中，网络已经成为一种不容忽视的力量，成为一个不得不考虑的变量。同时，它也构成了创造力研究的时代背景。

第三节　系统观视野中的网络与创造

在心理学中，系统观是指将发展中的个体看作不同层次的、具有特定功能的整体的组成部分或要素进行分析的观点。按照这种观点，每个人都生活在层层包裹的系统中，个体与系统中的其他要素相互影响，构成不可分割的整体。从系统层面可以更好地理解和分析互联网在创造活动中的作用。

一、人类发展生态系统观视野中的网络

人的发展的生态系统观将人及其生活于其中的环境看作不同层次的、具有整体性的相互影响的生态系统，这种系统环境直接或间接地支持或抑制着人们的发展。在这个过程中，个体不只是环境影响的结果，还是自身发展的塑造者，通过自身的生理特征、心理特

征、天赋、技能、缺陷和气质等方面，不断地影响着环境和自身的发展。

Bronfenbrenner 提出的生物生态学理论（bioecological theory）是这种系统观的代表（如图 1 所示）。它强调，发展中的个体与环境之间存在着主动的交互作用和有规律的互动，发展则是这种互动的结果。要考察发展，就需要考察发展背后的多重环境及其交互作用。它把个体的发展环境分为五个环境系统，它们分别是微系统（microsystem）、中系统（mesosystem）、外系统（exosystem）、宏系统（macrosystem）、时序系统（chronosystem）。

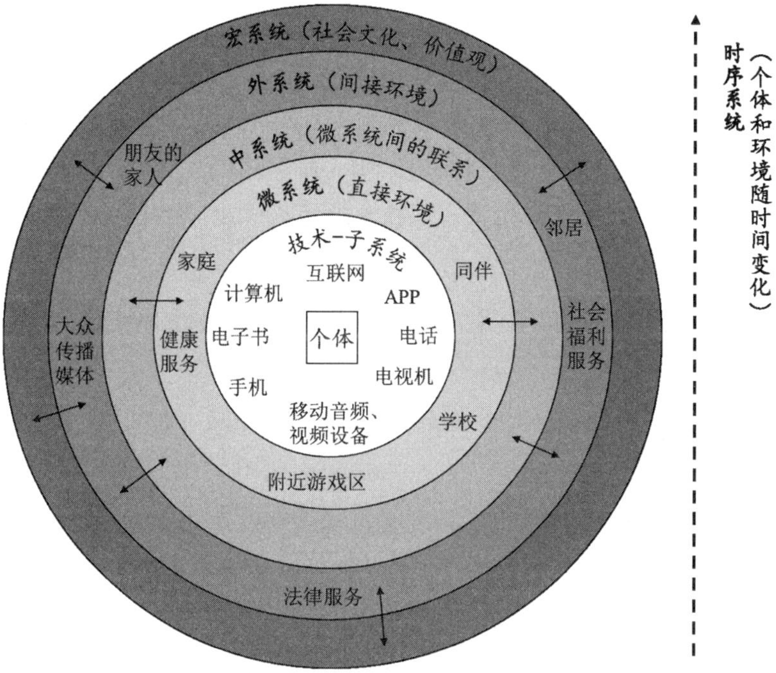

图 1　生态系统观及生态技术-子系统

其中，微系统是指个体直接生活于其中、直接影响其发展的基本的环境系统，如家庭、学校、职场、同伴群体、邻里等环境。个体本身作为一个要素构成了系统的一部分。通过微系统可以分析个体周围的每个人，包括家人、教师、同伴群体、网友等，是如何影响其心理与行为的，也可以分析个体的心理与行为是如何影响周围人的反应的，可以分析直接的人际互动过程。中系统是影响个体的两个或更多微系统之间的相互作用，包括家庭与学校的联系、亲戚朋友和学习辅导机构之间的联系、家庭与同伴群体之间的联系、教会与学校和家庭之间的联系等。通过对中系统的考察，可以了解个体在不同环境中的行为差异。外系统是指间接影响个体发展的由两种及以上相互关联的环境构成的系统，但其中至少有一种环境是个体没有直接参与的，如学生父母的工作环境或社会关系网络。这种环境对心理发展的影响通常是间接的。发挥间接影响的发展环境包括社区环境、家庭朋友圈、学校管理部门、社会福利和保险机构、大众传媒、政府机关等。宏系统主要是个体成长或生活于其中的文化氛围，包括了社会文化和主流价值观、信仰、意识形态、风俗、法律制度、经济和社会体系。在个体的日常生活中，它们通过各种方式发挥着渗透性的影响。时序系统是个体生活于其中的环境系统在时间维度上的变化，包括家庭结构、居住环境或父母就业情况的变化，也包括战争、经济危机、移民潮以及升学、转学等生活中的各种变故。在网络普及的时代背景下，在各类生态系统中，网络都发挥着不可忽视的影响。它本身就构成了不同层次的生态系统的一部分。

在上述理论的基础上，Johnson 和 Puplampu（2008）提出了生态技术子系统（ecological techno-subsystem，如上图 1 所示）。按照这种理论，在电子技术特别是网络技术高度发达的今天，各种电子产品，包括计算机、互联网、手机、移动音频设备、移动视频设备、电视机、电子软件、电话、电子书等，与个体这个要素一起构成了生态技术系统，它是个体生活的微系统的子系统。这个子系统中的各种电子产品要素可以直接影响个体的身心发展。

事实上，在互联网普及的时代背景下，这个子系统的范围是不断拓展的，围绕在个体身边的各种电子产品日新月异，层出不穷。当代的个体尤其是新一代年轻群体实际上是生活在以互联网为核心的电子化环境中。他们在这种电子化环境中出生、成长，直至成年，不仅是认知发展、人格和社会性的发展与此紧密相连，而且，他们的身体或生理的发展也难以脱离它的影响。近年来，网络在线学习、网络交往、网络购物乃至与此相伴随的网络过度使用、电子游戏成瘾等问题，都可以说是这种电子化环境的产物。

二、创造系统观以及网络的作用

创造系统观是人们从系统层面理解和分析创造活动和创造力的观点，它强调创造的整体性、多维性。20 世纪 80 年代以前，人们倾向于强调创造力和创造活动的某个或某些侧面（如智力或发散思维），而相对轻视或忽略其他侧面（如创造性人格），80 年代以后，人们关于创造力和创造活动的看法日益显现出系统化的倾向，并逐渐形成了创造系统观。创造系统观不仅对理解创造活动和创造性具有重要的启示，而且对于各类创造性（包括社会创造性）的培养具有重要的启发意义。

（一）创造系统观的内涵

创造系统观主要表现在两个方面，一是创造性的系统构成观，二是创造性的系统运行观。前者重在阐述创造力和创造活动的要素及其结构关系，后者重在阐述创造潜能发挥和运行的动态机制。

1. 创造性的系统构成观

许多研究者都发现创造性具有系统性，一些创造性测验所测量的创造性思维，尤其是发散性思维并不能涵盖创造性的本质。例如，Eysenck（1997）指出，创造性理论应两条腿走路，要兼顾创造性思维和创造性的人格特征，在理想状态下还应该包括创造性的生物学基础，而理论家常常强调一个方面而忽视其他方面。创造性三维模型理论进一步指出，创造性由三个维度构成，它们是智力维度、智力方式（即认知风格）维度和人格维度。智力维度是创造性的基本方面。它包括与个体内部心理过程相联系的内部关联型智力、与已有知识经验相联系的经验关联型智力、与外界环境相联系的外部关联型智力三种。智力方式维度是指个体如何运用自己的智力资源，或者说是个体运用自身的智力资源的倾向和风格。人格维度包括个体能否忍耐问题情景的模糊性，是否具有解决问题的坚强意志力和较强的求知欲，是否敢于打破常规，甘冒被他人消极评价的风险，等等。这些人格特征制约着个体智力资源的有效开发。因此，创造性不再是某种单一的智力品质或人格品质，而成为三个维度相互联系的整体。各个维度都有自己独特的、不可或缺的作用。大量事实证明，创造性是智力、人格、思维方式、动机等多个维度相互联系的整体。各个维度都有自己独特的、不可或缺的作用。创造性是多种因素力的“合力”，而人格力和认知力是其中的核心成分（林崇德，2009）。这种观点虽然需要进一步研究证实，但它深刻地刻画了创造性结构的系统性，较好地体现了创造性的系统构成观。

2. 创造性的系统运行观

创造性的系统运行观实际上是把创造活动的过程看作一个系统，旨在揭示创造性的展现过程或运行机制的系统性。Amabile（1983）从社会心理学的角度出发，认为创造性成就的产生需要有较高的智力水平、坚强的毅力、强烈的动机、特殊领域（如音乐、绘画、言语或数学）的才能，还需要具备适当的活动背景和教学、社会的支持及其他因素。Eysenck（1997）将个体所具有的特质创造性（trait creativity）与系统的创造性区分开来，认为创造性成就不是单一的特质创造性（主要是发散性思维品质）就能促成的，而是由认知变量（智力、知识、操作技能、特殊才能）、环境变量（政治——宗教因素、文化因素、社会经济和教育因素）与人格变量（内部动机、自信、非依从性、特质创造性）共同促成的。在深入研究的基础上，Csikszentmihalyi（1999）提出了创造性系统模型，认为创造性的产生涉及个体、专业和领域三个方面，具有特定认知特点、人格倾向、知识背景的个体必须从其从事的专业获得相应的知识和规则，同时个体在所属专业中的创造必须为相应的领域所认可和接受，使之融汇到专业结构中去。这种观点强调了专业背景在个体创造中的作用及个体与同行或在同领域的交互作用。近年来，国内一些学者也开始注意到创造的系统性，例如，施建农等人提出的创造性函数模型认为，创造活动是在特定的社会环境中，具有特定智力水平的个体在人格的动力作用下，将智力资源合理地投入到特定作业中去的过程。在概括有关研究基础上，张庆林等人主张将创造性看作内系统（由创造性个体的动机、价值观、智力品质、认知风格和人格特质等构成）与外系统（由创造性个体的生活背景、文化背景和社会背景构成）的统一。

在有关创造性运行的各种观点中，创造性投资理论最有代表性。它将影响创造性发挥的主要因素分为六种：智力、知识、认知风格、人格特征、动机和环境。其中，智力因素影响一个人对问题的理解，也影响到一个人选择什么样的问题解决策略。知识因素是一个人所具有的与创造活动有关的经验和知识背景，为个体的创造性活动提供领域性的经验基础，它可以促进或阻碍创造活动的进行。认知风格是一个人运用他的智力资源的风格或倾向性，它包括立法式认知风格（喜欢创立新的规则、解决有挑战性的新问题的认知风格，创造性的人通常具有这种认知风格）、执行式认知风格（喜欢以现成的规则解决问题的认知风格）、司法式认知风格（喜欢判断、分析和批判地看待事物，喜欢对规则和程序进行评价，以检验自己和别人的行为）三种类型，不同风格的人解决问题的倾向不同。人格特征包括对模糊性的容忍力、冒险性、毅力或坚持性、成长的愿望和自尊。良好的动机品质是创造的驱动力。环境构成创造性发展和展现的氛围，对创造性的发挥可能具有促进或抑制作用。创造性就是上述六种因素合理投入的产物或收益，是它们的“合力”。以上因素的结合或凝聚方式决定了创造性的程度。该理论阐述了创造和创造性的动力机制，试图揭示影响创造活动和创造性发挥的因素，以及这些因素的运作方式，进一步拓展了创造性的系统构成论，形成了创造性的系统运行论。

Hennessey 和 Amabile 在总结多年来创造性研究的基础上指出，应立足于一种创造性的系统观，深入探讨创造性过程、促进创造性的先行因素以及阻碍创造性的因素。虽然创造性研究在理论和方法上都更为复杂精细，但是，这些研究由于分得过细而显得视野狭窄，因此，将来的研究需要多学科的参与，即进行跨学科的研究。根据这种系统观，创造性是多种相互作用的因素（包括个体因素和环境因素）在多个层次（神经生理层，情感、认知和训练层，个体和人格层，群体层，社会环境层，文化和社会层，系统层）上运作的结果。其中，系统的每个层次都构成一个相对独立的子系统，这些子系统从小到大，从内到外，从低到高，从个体到群体再到社会，构成了一个多层次的创造性系统（如图 2 所示）。显然，这种观点进一步深化和拓展了上述理论。

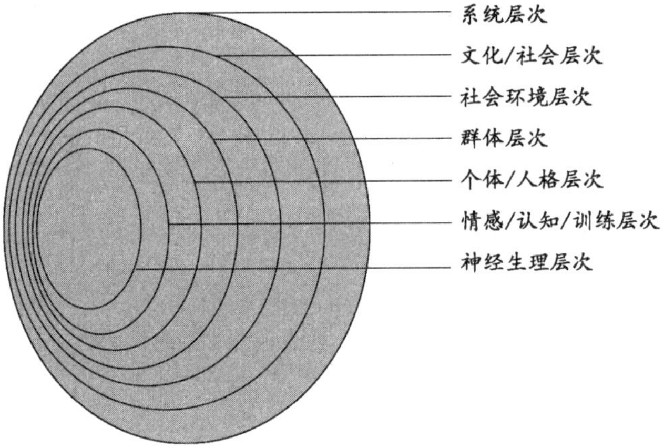

图 2　多层次的创造性系统

可以说，创造系统观是代表了当代创造理论的基本走向。它认为，创造是多种因素，包括创造者的知识结构、认知特征、人格倾向、环境或情境因素等共同影响的活动。相应地，创造性也是多种因素力的合力，而人格力和认知力是其中的核心成分。创造性的系统构成观主要从静态意义上阐明创造性本身的系统性，将创造性看作进行创造活动所必备的系统性品质；创造性的系统运行观则揭示了这种系统性品质展现的动态过程和机制，它强调个体与环境之间的互动。前者认为，创造性具有多个层次，其中认知的创造性包括认知材料的创造性、认知过程的创造性和认知风格的创造性；人格的创造性包括气质的创造性、性格的创造性、能力的创造性等。后者则认为，一种具体的创造活动往往包含着多种宏观和微观的动态过程，其中环境布设了创造气氛，个体在特定情景中产生创造的动机，进行创造性的认知活动，乃至产生创造性的产品。至于环境，又包括个体所意识到的与创造活动直接相关的专业情景、个体所在的家庭环境、创造活动开展的具体环境或工作环境乃至宏观的社会环境氛围。综合考虑这两个层面，有助于更好地理解创造活动的实质。

（二）网络在创造系统中的地位和作用

在网络日益普及的时代，无论从创造性的系统构成的角度，还是从创造活动的系统运行的角度，都无法忽略网络在创造中的地位和作用。它构成了影响创造性的知识结构和认知能力、创造性的认知风格、创造性的动机和人格倾向的重要动因，不仅促成了特定的创造性品质，而且构成了人们的创造潜能得以展现的重要环境。

首先，网络与创造者的知识结构和认知能力密切相关。事实表明，当今的网络就像信息高速公路，极大地拓宽了人们的知识范围和视野，更新了人们获取各类信息的途径和方式，让人们可以极快地获取生活和工作所需的各类信息。有人甚至将互联网喻为人的第二大脑或外置脑，其中储存的无限的信息可以随时供人们进行跨时间和跨空间的提取和使用。加拿大心理学家 Gackenbach 认为，互联网为人们带来了无尽的信息，而且互联网技术本身极快的发展速度让所有关于互联网的理论都需要不断更新。这意味着，快速更新发展的互联网带给人们的不仅是快速更新的信息和知识，还包括在此基础上形成的加工复杂信息的能力。

其次，互联网使用的便利性、虚拟性等特征也影响着人们创造性的认知风格的形成，影响着人们创造性的动机和人格倾向。大量研究表明，在虚拟的网络中，人们可以进行真实的自我表露，呈现出去抑制、去个性化的倾向。而且，对信息的自主选择和使用，对信息的自主加工、分享和自主创作（包括各种自媒体形式的创作），都可以激发人们的创造动机，培养人们的主动性、探索欲和创作热情，培养人们自我立法式的认知风格，进而激发人们的创造潜能。

从有利于创造的角度来看，互联网的使用可能成为激发创造潜能的重要途径。但另一方面，互联网也可能促成某些消极的创造力或具有破坏性的恶意创造力。

最后，从创造的系统运行来看，互联网则发挥着环境推动力和创造催化剂的作用。它不仅直接或间接地激发和促成了人们用于创造的知识、认知能力、认知风格、动机倾向，而且，它还与互联网使用者相互影响，对创造过程发挥着动态的影响。例如，人们在遇到生活中的难题时，可能会通过互联网（如社交网站）寻求帮助，检索相关的信息，寻找有关的解决办法，创造性地解决问题，在这种情况下互联网提供了创造的辅助手段。这种互联网环境能否得到有效的、创造性的利用，又取决于人们的个体特征；与此同时，人们对有关问题的分享和信息更新，也不断丰富和更新着互联网的相关资源，使互联网环境本身不断变化，这反过来又会进一步影响人们创造性地解决问题的过程和效果。

因此，与传统的物质或人际环境不同，互联网是一种变动不居的、快速更新的环境，它不仅提供了人们生活或工作于其中的虚拟社区，供人们自主地思想和行动，而且作为一种创造的辅助手段，催化着创造潜能的产生和发展。换言之，互联网已经成为影响人们创造力运行的环境，成为创造系统的一个组成成分。

第二章　网络与创造性认知

创造性认知能力是创造力的核心成分之一，也是创造力得以展现的基本条件。在创造性认知过程中，网络不仅可以作为一种影响因素发挥作用，而且可以作为一种手段或媒介发挥作用。

第一节　创造性认知过程

创造性认知是个体在特定情境中通过新颖、独特、适当、有效的方式，收集、加工和处理信息，提出有意义的问题或问题解决方案的能力，包括创造性感知或观察、创造性记忆、创造性思维、创造性想象等方面，其中，创造性思维和创意提出能力是创造性认知的核心组成部分。近百年来，人们对创造性认知过程进行了多种探索。总体上，有关的理论可以分为两类：阶段论和层次论。

一、创造性认知过程的阶段理论

创造性认知过程的阶段论认为创造性认知过程包含几个连续的子阶段，并试图揭示各个子阶段的认知特征和机制（胡卫平，等，2015）。其中，有代表性的阶段论包括二阶段说、三阶段说、四阶段说、五阶段说和七阶段说。

二阶段说将创造认知过程分为发散思维阶段与聚合思维阶段，或者是分为发散思维与评价思维阶段（周治金、谷传华，2015；林崇德，2018）。这种观点认为，在面对问题情境时，人们首先进行发散思维，提出多种多样的观念或问题解决方法，然后，再对这些观念或方法进行判断和评价，最终确定一个或多个新颖、独特而适当的观念或方法，作为问题解决的方案。

三阶段说以阿瑞提（Arieti，1987）在《创造的秘密》一书中提出的学说为代表。它认为，创造包括三个子阶段或过程：原发过程，即潜意识过程，它经常在梦中和精神病患者中出现；继发过程，即意识过程，是个体在清醒状态下运用逻辑思维进行的活动过程；第三级过程，即审美的升华过程，是原发过程与继发过程的结合，也经常是把理性思维过程与非理性思维过程结合的过程。通过这三个过程，个体的创造性思维得以产生。类似地，我国研究者（陈旭升，2001）从系统论的角度提出了创造性思维的“三态”结构模型，认为创造性思维的发生依次会经历三个比较明显的状态——临界激发态、分支态、主序态，让创造者从多种思维模式逐渐过渡为最佳思维模式，进而找到最佳的问题解决方案。

四阶段说以英国心理学家华莱士（Wallas）为代表。他在1926年出版的《思维艺术》（*The Art of Thought*）中，将创造过程分为准备（preparation stage）、酝酿（incubation stage，又译为沉思）、明朗（illumination stage，又译为启迪）和验证（verification stage，又译为求证）四个阶段。在准备阶段，人们会为创造活动进行一切准备工作，包括准备相关的材料和信息，收集以往有关的解决问题的经验和结果，寻找解决问题的突破口。在酝酿阶段，人们会对收集到的材料或信息进行加工和组织，进行深度思考，而往往得不到结果，在这个阶段人们有时会将问题暂时搁置。在明朗阶段，创造者会在前期准备的基础上豁然开朗，突然找到解决问题的方案或灵感。在验证阶段，人们会对创造性发明或发现进行批判性的评价，对它进行补充、修正，使之进一步完善。

五阶段说将创造思维过程分为五个阶段（周昌忠，1983）。第一个阶段是积累阶段，人们积累认清和提出问题所需要的知识和经验；第二个阶段继续围绕问题搜集、补充材料；第三个阶段是酝酿阶段，通过运用迁移、侧向思维和联想等创造技能，对问题进行探索；第四个阶段是领悟阶段，也就是找到问题解决方案、做出创造性发现的阶段，也是思维飞跃的阶段；最后一个阶段是评价问题解决的结果，对结果进行检验。

在四阶段说的基础上，罗斯曼（Rossman）进行了理论扩展，认为创造过程通常包括依次进行的七个子阶段：观察到一种需求和难点，对这种需求进行分析，提出和考虑所有可能的方案，对所有问题解决方案进行系统阐述，比较和权衡这些解决方案的利弊，产生新的创意，最后，进行试验，选择和执行最佳的创造方案。

类似地，奥斯本（Osborn）也将创造认知过程分为七个阶段：定向阶段是明确需要解决的某个问题；准备阶段是收集与问题有关的材料；分析阶段是把与问题有关的材料进行分类处理；观念阶段是产生各种各样的观念或选择；沉思阶段主要是促使启迪发生的阶段；综合阶段主要是把各个部分围绕问题进行有机结合的阶段；最后一个阶段是估价阶段，主要是对问题解决方案或创意成果的价值进行判断和评估。

二、创造性认知过程的层次模型

与阶段论不同，创造性认知过程的层次论主要根据不同思维过程所起的相对作用将创造性认知过程分为不同的层次。

Runco 和 Chand（1995）的创造性思维二级模型（Two-tier model of creative thinking）认为，创造性思维的基本成分包括初级成分（包括问题提出、构思、评价三个方面的能力）和次级成分（包括个体拥有的知识和动机）两个层级。

Schmid（1996）的信息处理创造模型（IPC-model）将创造性过程当作一个问题解决过程，主要依靠控制系统（control system）及信息处理器（operators）的协同工作来完成。信息处理器负责对相关任务信息和已有记忆、知识进行加工，控制系统负责将目标任务分解为多个子任务，并根据任务需求选择使用合适的信息处理器，对信息处理器加工的结果进行评价，进而根据评价结果将信息处理器及知识的运用调整到合适的水平，并最终解决问题。

显然，层次模型倾向于认为创造性认知过程包含两个基本的过程：①初级过程，包括对信息的提取、组合及简单的比较、分类；②次级过程，包括对信息的较高层次的筛选、对初级过程的监控，以及认知策略和评价手段的选择及运用（胡卫平，等，2015）。

具体来看，在初级过程中，个体能否有效地处理信息，与他们的信息加工速度（胡卫平，等，2010）、对无关信息的抑制能力（周泓、张庆林，2002）、工作记忆（De Dreu，Nistad，Baas，Wolsink，Roskes，2012）、注意模式（刘正奎，等，2007）及概念表征距离（rutteretal，2012）等因素相联系，这又会影响他们在创造性活动中的表现。Razumnikova（2007）使用远距离联想任务发现被试在完成任务的过程中，α_1（8～10Hz）波段和 α_2（10～13Hz）波段在大脑后部的去同步化显著增加，前额叶的 θ_1（4～6Hz）波段的功率值显著增强，大脑双侧多个脑区的 β_2（20～30Hz）波段的功率值和相关值均明显增加，意味着远距离联想任务包含对相关信息的提取和对大量言语连接的持续注意。这为创造性初级过程提供了相关的生理证据。

与初级过程不同，创造性次级过程与个体对认知加工策略的选择密切相关。顿悟的研究证明了这一点。首先，元认知对顿悟问题解决的监控发挥着重要的作用。例如，P3a 成分与思维僵局引发的聚焦注意有关（罗劲，等，2013），额区 P2 成分与个体对思维僵局前意识性的元认知觉察有关；P400 成分与原有定势的打破有关，而晚期成分与心理重构过程有关（Zhang et al.，2011）。其次，大量研究表明，在创造性次级过程中，高创造力者之所以能善于发现问题，是因为他们在头脑中表征原型的时候能够排除不重要的表面特征，采取恰当的策略把握与问题解决思路有关的“特征性功能”，从而有效建立“功能目标”与原型的“特征性功能”之间的联系（张庆林，等，2012）。Benedek 和 Neubauer（2013）发现，有效的记忆提取策略是影响个体创造性表现的重要因素，高创造力个体通常会选择更为有效的认知策略来完成任务。比如，Kowatari 等人（2009）比较了新手与专家在创造性钢笔设计方案中的表现，发现专家组的方案原创性显著高于新手，脑成像结果进一步显示，这种表现与专家的大脑左、右两侧前额叶皮层的激活显著相关。Gibson 和 Folley 等（2009）比较了音乐家与非音乐家的创造性表现及其脑区激活模式，发现音乐家更多地激活了两侧前额皮层，而非音乐家更多地激活了左侧前额皮层。

另外，创造性认知的初级过程和次级过程具有不同的运行机制和表现。Kaufman 和 Vosburg（2002）的研究表明，初级过程和次级过程具有不同的特点，并且积极与消极情绪对这两个过程的影响也有所差别。Yuan 和 Zhou（2008）的研究发现，虽然外部评价会降低创意生成阶段（初级过程）的效率，但提高了评价和选择阶段（次级过程）创意观点的可行性。在神经生理层面，顿悟过程需要扣带前回、海马、左腹侧额叶以及视觉空间信息加工网络等脑区协同完成（罗劲，2004）。而在初级加工过程中，扣带前回主要负责早期预警系统，海马主要负责新异有效联结的形成。在次级过程中，尤其是控制与监控环节，左腹侧额叶主要负责语言加工和思维定式转换，视觉空间信息加工网络主要负责思考情境或参照框架的切换。Jung 和 Mead 等人（2013）的研究同样发现，创造性认知的盲目变异阶段（初级过程）主要伴随着默认模式网络（Default Mode Network，DMN）的激活，选择保留阶段（次级过程）主要伴随着认知控制网络（Cognitive Control Network，CCN）的激活。

创造性认知过程与特定的情境因素具有密切的相关，也就是说，创造过程中的认知活动主要是在特定的场合或背景下发生的。在互联网普及的时代背景下，它既可以发生在线下的现实生活环境中，又能够发生在以计算机或互联网为媒介的在线互动过程中。近年来，研究者对在线互动背景下的创意产生过程及其影响因素进行了一系列的研究，也探讨了在线与非在线两种背景下创意产生过程的差异，在一定程度上揭示了在线互动这种具有时代特征的特殊的环境条件对创造性认知的影响。

第二节　在线互动背景下的创意产生

近百年来，创造性的观念产生过程一直是创造力研究领域的核心问题。一般的创造性的观念通常是怎么产生的？以互联网为媒介的创造性观念又具有什么特征？近年来，为了回答这些问题，人们进行了一系列的探索。

一、创意产生概述

创意（creative idea）指的是有创造性的想法、构思等，是基于对客观事物的理解和认知所衍生的新的抽象思维和行为潜能。创意与创造力、创新、革新等概念密切相关，是现代社会蓬勃发展，个人成功成才的重要条件。国学大师王国维在《人间词话》中叹道"但恨创调之才多，创意之才少耳"，可见创意之难得，可遇不可求。众所周知，所有的创造都来自某个想法，所以，揭示创意产生过程是研究创造力的关键。然而在实际生活中，当人们在面临复杂的问题时，往往倾向于在有限的、熟悉的狭窄思维空间内思考，而不是进行创造性的加工。有限的常规信息往往激活一般的联想模式，导致人们被限制在局限的认知网络空间内。因此创意如何产生，如何促进创意产生一直是研究者们非常关心的话题。

创意产生，也称创造性观点产生（creative idea generation），指个体主动生成新颖且合理的观念（Runco，2003），是一切创造性思维的核心也是问题解决的第一阶段。它包括主动抑制大量与主题无关或干扰的信息、识别并选择有助于创造性问题解决的新颖信息、扩张概念以建立新颖联结、提取有关记忆以评价联结的合理性、产生具有创造性的观点等过程。其本质考察的是个体或者团队的发散性思维。以往对创造性观点的评定主要从两个方面着手，一是观点产出的数量，是指个体或团队非重复性的观点数量；二是观点产出的质量，即观点的新颖程度。

创意产生可能在多种情境下发生。①日积月累中产生，比如广告学大师詹姆斯·韦伯·扬认为创意产生绝非偶然，并且提出了创意产生的五个步骤——收集原始素材，大脑反复研究素材并消化吸收，在孵化阶段需要将不同的素材交由潜意识去整合，创意产生，创意应用于实践并修改与发展。②小组讨论中一步步生成，比如美国创造学家 A. F. Osborn 提出的头脑风暴，要求小组成员尽可能地提出想法，数量越多就越有可能获得有创造力且有效的想法。③提问思考，比如检核目录法，通过一系列对某一领域的问题来激发思维热情和创造力，充分的思考和有序的检核促使人产生新的设想和创意，目前较为广泛使用的有人才管理检核目录法，青少年创造力开发检核目录法等。创意产生在教育、企业发展、社会治理、文化发展等多个研究领域都有着广泛的关注，在不同的情境下，其内部的过程往往大同小异。

不同研究取向的研究者对创意产生的心理机制也有不同的认识。①激活论认为概念之间的共同特征越多，关系越密切，相互激活的概率就越大。从该角度来看，创意产生取决于三方面因素：个体已有的知识经验、知识的组织和存取特征，刺激情境（庞维国，2011）。②生成论基于认知过程的两个阶段：生成阶段和探索阶段，提出在生成过程中个体提取相关信息并将信息组合与扩展，在探索阶段个体逐渐确定适用且创新的方案，并对它进行修改和完善（庞维国，2011）。③联想论认为创造是一个二元联想的过程，将两个完全不相关的“思维矩阵”通过联结生成新的观点，远距离联想测验（Remote Associates Test，RAT）就是基于此设计的测量创意产生工具，但主要用于评估个体创造性表现。④SIAM 模型（Search for Ideas in Associative Memory）认为创意产生分为两个阶段，在知识激活阶段，将长时记忆中的知识提取出来，临时储存在工作记忆中，在观念生成阶段，个体通过合并新的连接或者通过在新领域中运用知识等方式来生成创造性观点（Nijstad，Stroebe，2006）。总的来看，创意产生不仅包含了前期的素材积累，也包含了产生过程中的信息提取与整合，还包括后期对备择观点的选择、修改与完善。

二、在线互动背景下的创意产生

（一）在线创意产生的研究背景

在当今信息技术飞速发展的时代，互联网的普及以及社交媒体的快速发展，使得人与人之间的交流更加密切，人们思想的碰撞也超越了时间与空间的限制，在线创意产生应运而生。创意产生者之间的互动更加及时、便捷与高效，也增加了互动的频度、广度和深度。相应地，在互联网时代背景下，如何通过在线互动的方式促进有效的合作，创造性地解决问题，也成为当前的一个重要研究问题。可以说，在线创意产生的研究是“互联网＋”时代下的必然产物。

网络信息时代下的创新离不开集体智慧，在2014年夏季达沃斯论坛中，李克强总理明确提出“大众创新、万众创业”的战略理念起，创新合作就成了政府、组织、企业等各部门工作的重点。基于新兴创新管理理念的互联网平台逐渐兴起，创意众包社区（idea crowdsourcing online community）就是以创新为驱动的典型代表。例如美的公司创立的开放式创新平台，鼓励网络大众在平台中发布创意想法与创新方案。该平台通过利用外部智慧，促进了网络大众之间的知识沟通，通过推动美的集团内部的创新，保障了集团的持久活力。这种开放式的在线创意产生是一种新型的思维模式，尤其依赖在线平台中网络大众的参与，强调获取创新创意时组织边界的可渗透性和外部资源的开放性。对于该领域的研究主要集中于企业组织管理、行为经济学、管理心理学等。

近几年，“在线知识共享”的概念为在线创意产生的发展提供了丰富的信息来源。认知心理学指出，创意产生需要从下而上的知识驱动加工，知识的积累与交流是创意产生的重要条件，尤其是专业领域的知识分享为创新问题解决方案提供了肥沃的土壤和营养。在线问答社区在信息技术的支持下，将知识获取者和知识贡献者快速、准确地联系在一起，有助于人们快速获取知识，进而为创意产生提供素材。国内外较为常用的网站，如百度知道、知乎、搜搜问答、Yahoo!、WikiAnswers 等，用户可以在平台上发布问题，回答问题，能够较为及时地获取信息。在企业组织内部也存在着知识分享来帮助企业内部成员进行沟通交流，协作创新。一些全球知名的企业投入大量的资源在组织内部构建博客系统，鼓励员工积极参与企业管理过程，这一举措为企业员工创新观点产生提供了良好的网络环境，对企业创新与长足发展具有重要的实践意义。

随着新冠肺炎疫情来袭，面对面的交流存在潜在的病毒感染风险，在线互动形式的交流成为人们迫不得已的方式。但这样一种看似不利的交流方式对创意产生的影响可能存在着促进作用。比如相比于传统的面对面头脑风暴，电子头脑风暴（Electronic Brainstorming，EBS）下产生的创造性观点的数量、质量更高，团队成员在电子头脑风暴过程中所体验到的满意度更高（Michinov，Nicolas，2013）。此外，在线学习也成了学生获取知识，师生、生生互动的重要途径。与传统课堂相比，在线互动课堂环境可以增加教育环境的创新本质，增强学习者的新颖性和可行性，有助于产品的价值和整体创新设计。研究发现，除了新颖性，学生在基于网络的同步环境中的创造性方面表现得更好，特别是在观点的可行性方面。

总的来说，创造力驾驶着互联网这架大马车为人才培养，社会经济发展，科学研究的进步作出了巨大的贡献。如何促进在线创意产生，创意产生的认知加工机制尤其是在线创意产生的大脑神经机制也越来越受到研究者的关注。

（二）在线创意产生的特点

在线创意产生的过程是个体创新观念形成的一部分，是传统创意产生的衍生物，其本质仍旧是创意产生，所不同的是其形成环境是在以计算机为媒介的互联网上，因此在线创意在特点上既与传统创意产生相似，又被赋予了网络时代特色。

1. 开源性

互联网时代的快速发展，使得更多群体加入在线创意的产生中，为创意产生注入了新源泉。创意产生的群体有了新的名字——创客，也有专家将创客引申为 creator，即创造者、创作者或建造者。他们无关年龄、社会阶层、专业等背景，最核心的是他们具有创新精神、锐意进取的一种主体文化特质并依靠个人（或团队）力量，通过创意、设计、技术和制造推出新产品的人。创客的出现与信息通信技术的发展以及互联网知识社会的来临密不可分，使得以用户为中心、以社会实践为舞台、以共同创新、开放创新为特点的用户参与的创新模式逐步形成，为互联网时代背景下的创意产生注入了新活力（李敏，郑杰，2018）。依据互联网由此形成了以美国 IT 硅谷、Soho，英国伦敦、爱丁堡，日本东京、大阪，澳大利亚悉尼、昆士兰等科技创新型人群聚集之地，并成为优势教育资源的中心。《创客：“自时代”的造物者》一文提到，在现代化科技发展的带动下，创客的成功不仅仅是自身创新精神的引领，更是创客们将创新思想转化为实物的“自制造”（夏自钊，2013）。在未来，创客这一群体也将继续发挥着其在创造力领域中的独特作用。

2. 依赖性

个体在线创意的观点并不是凭空产生，需要依赖于很多方面。一是个体已有的知识经验，这是创意观点产生的原材料，人们至少需要对某一个领域的知识有基本的了解才能进行创造。在网络时代，知识的共享与交流进一步为个体获取信息提供了便利，知识经验的丰富性和易得性使得个体越来越依赖网络信息。二是知识的组织和储存，它决定激活观点的水平和方向。由于个体看待问题具有差异，甚至对同一个问题，一个人不同阶段对该问题的激活方向和水平也会有所差异。个体会有选择性地对网络知识以及他人不同的创造性观点加以组织加工，从而产生自己独特的创意。三是刺激情境，这是观点产生的来源。研究发现，参与者感知到的创造性氛围、组织者的言语指导、参与者之间的社会比较都会影响在线创造力的表现（庞维国，2011）。

3. 阶段性

在线创意产生的过程具有阶段性。如前所述，詹姆斯·韦伯·扬在《创意的生成》一书中将完整的创意产生细分为 5 个阶段：收集信息，加工信息，创意孵化，创意产生，创意的实践、修改与发展，这也为创意产生提供了指导意见。也有研究者将创造性观点生成分成两个阶段：知识激活阶段和观念生成阶段。在第一阶段，个体主要是将长时记忆中的知识提取出来并临时储存在工作记忆中，在线网络环境下，信息的易得性有助于线索的提取；在第二阶段，个体将激活的知识信息重新组合，或者将知识运用到新的领域进行创造性观点生成（Mednick，1962）。而在在线互动背景下，创意产生的各个阶段更可能出现重合、互换，比如在创意产生过程中可以及时搜索网络信息，也可以通过在线互动孵化创意。

4. 灵活性

在线创意的产生环境随着互联网时代不断地发生着变化，目前新兴的环境包括在线群聊、在线互动社区等，能够随时随地地使个体获得外界的信息，与他人进行交流，产生观点的碰撞从而促进个体创意的产生。一个非常典型的例子是，在线环境与教育相结合，产生了新的课堂方式翻转课堂，表面上我们可以理解为是对传统教学方式的反转或逆转，具体是指学生可以借助互联网查阅资料，在没有老师的指导下独立完成学习，然后在课堂中实现老师与学生、学生与学生之间的互动。这种教学方式打破了传统教学模式，学生的学习方式更加灵活，这有助于激发学生的学习兴趣和大脑对知识的个性化建构。

（三）在线创意产生的形式

1. 同步的创意产生

在线创意产生相比于传统的创意产生，最大的一个特点是它为团体提供平行性和匿名性的交流方式。团队成员可以同时发表自己的观点而不需要等到其他成员发表结束后才有机会表达，也可以避免面对面讨论产生的观点评价焦虑。大多数研究采用电子头脑风暴的范式，即参与者通过基于文本的即时通信工具（如 QQ 聊天室、微信群）在电子设备屏幕上进行在线讨论，成员在某一规定的时间内在电脑键盘上输入自己的想法，他们的想法被可视化并重新阅读几次。参与者可以随时提出自己的观点，也可以针对小组其他成员的观点提出更有创造力的观点。适当的同步沟通环境也能为创造力提供更多的可能性，研究表明基于同步网络环境下的课堂环境对于提高学生创造力有着促进作用（Wegerif et al.，2010；Sternberg，Lubart，1995）。在网络环境中，成员间的互动会由于意见不一致产生认知冲突，认知冲突能够触发更多的信息交流和辩证性互动，进而促进在线创意产生。可以说，同步的创意产生有更强的社会性（Offir et al.，2008），可以加速小组内部信息的交流，对于小组成员而言也能体验到更强的兴奋感和主动性。

2. 异步的创意产生

尽管同步的在线创意产生突破了空间的限制，小组成员只需要通过互联网和一个可联网设备就可以加入讨论，但这种形式的创意产生仍然需要小组成员同时在线完成。鉴于现实中参与者共同参与的时间难以协调，并且创意产生的过程也非一蹴而就，异步的创意产生形式也越来越被企业以及研究者所重视。异步的创意产生中，参与者可以在任意时间自愿进入互联网平台发表自己的创造性观点，产生一种集思广益的效果。其中，最具代表性的就是众包现象。

众包（crowdsourcing）是互联网时代下产生的创意产生新模式，即某一组织突破了内部结构，号召网络群众共同参与组织内部活动，汲取广大在线网民的智慧，为开放式创新问题提供解决方案，降低创新成本，提高工作效率。因此，互联网大众就是小组成员，形成一个巨大的创意产生团队，网民一旦产生创造性观点就可以在论坛上发表观点、留言。但是这也降低了互动性和参与的积极性，且创造性观点的质量也难以保证。此外，也有专门针对相对小规模的小组建立的交流平台，同时满足同步和异步创意产生，如小组支持系统（Group Support Systems，GSS），这是一种基于计算机的网络系统，该系统支持小组成员针对某一共同任务开展讨论，为小组成员提供讨论的平台，有助于更高效地产生解决方案。DeSanctis 和 Gallupe（1987）将其定义为一种在小组讨论中结合沟通，计算机和决策技术来支持问题的制定与解决的系统，这可以为团队创意产生提供同步和异步的创意产生平台。

总的来说，同步和异步的在线创意产生都突破了物理空间的限制，为创造性观点产生营造了良好的环境。同步的创意产生增强了在线创意产生过程的互动性，加速创意的碰撞和孵化，也能提高参与者的交流积极性，但是在互动时间、参与广泛度上相对局限。异步的创意产生突破了时间的限制，允许创意产生过程有相对充足的孵化时间，也允许更多的参与者加入其中，集思广益，但异步的创意质量参差不齐，参与者之间的思想碰撞较弱，较零散，缺少组织性，因此有效的观点筛选和评估机制对于创新管理尤为重要。

第三节　电子头脑风暴与创意产生

在创造性研究和具体的实践中，头脑风暴是一种常用的技术。大量研究表明，它能促进创意的产生。在互联网普及的时代背景下，它借助网络媒介，延伸出一种新的形式，即电子头脑风暴。运用这种新的技术形式，创意产生研究又呈现出一系列新的变化。

一、头脑风暴概述

“三个臭皮匠，顶个诸葛亮。”很多时候，一个人容易陷入固着的思维方式中，更难进行创造性工作，在当前快节奏、高生产率的社会背景下，合作创新能力已成为一项个人成功的重要条件。

在团体创造力中，头脑风暴就是被广泛应用的一种观点产生的技术。头脑风暴由 Osborn（1957）正式提出，是一种针对特定主题产生替代想法或解决方案的一种方法。从一开始，头脑风暴的目标就是产生一长串想法，其中一些想法能激发想象力，并有助于产生独特和建设性的想法。

参与者在进行头脑风暴时需要遵循四条准则：①不要评价别人的观点（criticism is ruled out）：团队成员以及主试都不能在头脑风暴过程中对其他成员的观点进行点评，严禁带有反感、厌恶等的非言语行为；②尽可能多地提出观点（quantity is wanted）：要求成员提出的观点、方案越多越好；③自由想象（freewheeling is welcomed）：鼓励成员异想天开地思考给定的问题，把所有想到的观点都说出来，不管有多么奇怪和疯狂；④基于他人的观点加以改进（combine and improve）：成员可以先前表达的观点进行调整，并结合团队成员不同的观点，提出更好的解决方案。成员必须遵守以上四条准则，这能营造良好的观点产生氛围，每个人都能随心所欲地发表观点，即使是那些新颖但疯狂的观点，最后一条也能促进问题解决方案的可行性。

Paulus 等人提出了头脑风暴的认知-社会-动机观（the cognitive-social-motivational perspective of brainstorming），他们提出头脑风暴是团体共同互动的产物，而团体成员之间信息的传递和共享则是联结团体成员之间的纽带。因此，在头脑风暴过程中，其他成员观点的呈现作为社会环境的重要组成部分将会对个体的认知产生影响，既可能成为个体产生创意的来源，也可能激发个体的创造兴趣，进而促进个体以及整个团体在头脑风暴中的成果和表现。Osborn（1957）也指出，个体在团队合作中产生的观点数量是独自一个人思考时产生的两倍，除非单独思考时个体遵循了延迟判断原则（principle of suspended judgment）。该原则可以降低团队成员在提出观点时的焦虑程度，从而增加观点的产出量。

然而随着研究的深入，Taylor 等人（1958）发现当人数相同时，团队并不一定会比个体产生更多的观点，比如名义小组（nominal group）。名义小组是指与真实小组拥有同等成员数量的团体，但是在头脑风暴时各成员独立思考，无互动无交流，最后将所有成员的非重复观点汇聚起来，作为团队的成果。结果发现，名义小组的观点数量是真实小组产生数量的两倍。该结果也被大量的研究所证实。Diehl 等人（1987）列举了 22 个真实小组和名义小组的对比研究，其中有 18 项实证研究表明，名义小组的创造性表现确实优于真实小组，而剩下的 4 项研究由于团队成员数量较少（2 人小组）导致结果差异不显著。

传统的小组头脑风暴产生的观点数量没有多于个体思考时产生的观点数量的原因可能有：第一，产出障碍（production blocking），这是头脑风暴技术本身的程序缺陷，因为这种技术要求团体成员轮流发言，个体可能因为在等待过程中需要记住他人观点而分散注意力，从而导致忘记自己观点，或是因为要努力记住自己头脑中的观点并等待轮到自己发言从而忽略小组其他成员的观点。这些容易导致个体遗忘观点，并阻碍在他人观点上产生新的观点。第二，评价恐惧（evaluation apprehension），尽管头脑风暴强调了非评价、自由表达的准则，但作为一种社会活动，小组头脑风暴仍然不可避免地给团体成员造成一种社会压力，成员可能因为害怕自己观点得到他人的批评、否定、嘲笑等负面评价，而不去表达新颖、偏离常规思路的观点。第三，搭便车效应（free riding）或社会惰化（social loafing），即在团体中产生尽可能多且新颖观点的责任分散至每一个成员，随着团体规模增大，个人的贡献甚至变得无足轻重，个体投入到观点产生的努力就会大打折扣，从而导致观点产出减少。鉴于传统头脑风暴存在的局限，电子头脑风暴能一定程度上弥补以上的不足，越来越受到研究者和其他合作团队的关注。

二、电子头脑风暴

电子头脑风暴是传统头脑风暴在互联网时代的延伸和发展。它的原理是借助计算机网络技术，以在线的形式将具有不同专业背景的个体组成一个团队，让团队成员在固定时间内提出尽可能多的问题解决方案，尽可能产生更多的创意想法。本文将介绍电子头脑风暴的特点及影响因素。

（一）电子头脑风暴的特点

大量研究证明，计算机能够促进在创造性项目上合作的个人之间的交流，从而促进创造力，所以电子头脑风暴的目标就是产生一长串想法，其中一些想法能激发想象力，并有助于产生独特和建设性的想法。EBS凭借着独有的优势，被认为是一种在团队中促进创意产生的有用技术。电子头脑风暴凭借着独特的优势受到了研究者的广泛关注。

1. 即时性

研究发现，电子头脑风暴无论是在观点产出的数量和质量上，还是在满意度水平上，都优于传统的头脑风暴（Gallupe et al.，1992）。这是因为传统的头脑风暴需要组员轮流发言，当参与者想到一些观点而不能及时说出时，他们可能很快忘记或忽略掉他人产生的观点，产生阻碍是在传统头脑风暴中最具影响力的过程损失。而在电子头脑风暴中其克服了传统头脑风暴中只允许一个人表达观点的限制，大家能同时产生观点并且能通过计算机及时收集个体所产生的想法，对于创意产生者来说更加的方便，并且更能提高团队观点产生的效率（Dennis，Reinicke，2004）。

2. 平行沟通性

口头头脑风暴法会使个体的意见受到别人意见的干扰，或是表达机会被剥夺，思维活动被阻断等，这些群体互动的原因使得口头头脑风暴无助于新思想的产生。当参与者暂时没有想到观点而又轮到发言时，就会产生焦虑。而在电子头脑风暴中，团队成员在进行头脑风暴活动时可以减少其他成员的打断和干扰，随时提出自己的观点。这是一种平行的沟通方式，避免了口头头脑风暴的产出阻碍效应，因为小组成员不需要按顺序发言（Gallupe et al.，1994）。

3. 匿名性

电子头脑风暴随着互联网时代发展而来，以计算机为媒介，是一种在线互动技术，为合作提供了一个相对安全的环境。在传统头脑风暴中，大家面对面互相讨论，个体观点的产生会受到社会评价的影响，参与者可能因为害怕别人否定自己的答案或者消极的非言语行为，而不敢表达自己相对奇异的观点。而在进行 EBS 任务时，个体的观点通过计算机显示屏展示在其他成员面前，具有相对匿名性，可以不用考虑外界对自己观点的评价，尽可能提出更多的观点。

4. 观点储存性

在传统头脑风暴中，部分参与者可能会将团队成员的观点记录下来，但这一过程不仅消耗时间和精力，产生额外的认知负荷，还会导致遗漏错过其他成员的观点，而在电子头脑风暴任务中，群体中每个成员提出的观点都被储存在计算机中，用网络连接的计算机使得群体成员产生的观点可以从一个成员的计算机上输入并且显示在群体其他成员的显示屏上，成员只需通过观看电脑显示屏就可知晓他人的观点。这大大减小了个体利用大脑记忆的压力，可以随时查看消息记录，翻阅其他成员的观点，这样既能避免重复观点的提出，又可以促进自己产生新观点（Aiken et al.，1994）。

（二）电子头脑风暴效果的影响因素

纵观以往对在线创意产生的科学研究，大部分是以电子头脑风暴的形式展开的，即通过在线的形式鼓励团队成员尽可能多地提出问题解决方案，收集尽可能多的创意想法。国内外的研究者探究了在线互动背景下电子头脑风暴的影响因素，主要包括个体、团体和任务环境三方面。

1. 团体因素

面对经济的飞速增长以及市场的巨大需求，越来越多的企业组织更加注重培养团队的创新意识，因此个体创造力的研究已经很难满足社会需求了，研究者们也呼吁未来研究应该更关注团队创造力，不断探索团队创造力发挥的作用。一部分观点认为个体是团体的组成要素，个体创造力越高，团体创造力也越高，该观点也被称为“聚合观”；而“整体观”则认为个体的创造力相加并不等于团体所有成员的创造性成果，团体创造力受到成员间互动、团队氛围等团体因素的影响。由此来看，团体对电子头脑风暴的影响是多面的，目前对于团体因素的研究主要有以下发现。

（1）团队类型

团队类型主要包括互动型和名义型。互动型团队是指在头脑风暴过程中，团队成员可以互相讨论、交流，共享信息和观点，成员可以基于其他成员提出的观点进行头脑风暴。在传统头脑风暴中，互动型团队就是指口头头脑风暴团队，也是最常见的头脑风暴方式，即团队成员围坐一圈，面对面地以口头讨论方式发表自己的意见和观点。而在电子头脑风暴中，互动型团队就是类似于聊天室的形式，团队成员在线上进行讨论、交流，共享大家的信息，发表自己的观点。名义型团队是指团队成员在进行头脑风暴的过程中没有互动，只是各自提出观点，最后将所有成员提出的观点整合在一起，形成一个团队的共同成果。在面对面的头脑风暴中，名义型团队就是指团队成员通过纸笔的方式各自将观点尽可能多地写在纸上，最后整合所有成员的观点。而在电子头脑风暴中，名义型团队则是成员通过电脑各自提交观点，最后电脑将所有成员的观点集合成团队头脑风暴成果。

关于互动型和名义型团队的优劣比较，并没有得出统一的结论。名义型团队创意产生表现优于传统头脑风暴，但是和电子头脑风暴的比较则受到团队规模的调节作用。另外，研究还发现，电子头脑风暴无论和传统头脑风暴相比，还是和其他变式相比，团队成员在电子头脑风暴过程中所体验到的满意度都要更高。也就是说，无论结果表现如何，团队成员都更倾向接受电子头脑风暴这种观点产出形式。

（2）团队规模

众多研究表明，团队规模的大小也是影响电子头脑风暴的重要因素之一。由于实验条件的限制，实验室研究考察的一般为小团队（12 人以下）的电子头脑风暴表现，团队人数过多时则倾向于采用异步性电子头脑风暴等方式进行考察。

许多研究发现，当团队人数达到一定数量（8 人）时，电子头脑风暴的优势才更显著，并且发现团队人数和团队类型在对结果的影响上存在交互作用（Barki，Pinsonneault，2001）。研究者对不同人数的团队（4—12 人不等）和不同类型的头脑风暴方式进行考察分析，较为一致地发现，当团队人数少于 8 人时，电子头脑风暴相对于面对面的名义团队而言并没有显著优势，甚至团队产出的观点无论是数量还是质量都还不如后者。然而当团队人数达到 8 人及以上时，电子头脑风暴则表现出了绝对的优势。这一结果说明，二者在不受产出障碍和评价焦虑的消极作用的前提下，当团队人数较少时，电子头脑风暴过程中个体之间的互动有限，不能提供足够的观点信息刺激其他成员进行头脑风暴，进而不能有效发挥其共享观点信息这一优势；然而在团队人数较多时，团队成员之间的互动频繁，交互作用明显，他人观点的呈现能够很大程度上刺激成员的认知过程，进而提高观点产出的数量和质量。

（3）社会比较

社会比较一词最早由 Festinger 提出，认为个体倾向与自己水平相当的他人进行比较，将他人的水平作为衡量自己能力的标准，这有助于个体的自我评价和自我提升。在团队中，个体往往通过合作来产生创造性观点，与其他成员的比较则是一个可能会影响他们自己的创造力的关键因素，进而也可能影响他们在任务中对团队成员观点的关注。社会比较又分为上行比较和下行比较，前者是指个体更倾向与比自己能力稍强的他人进行比较，以设定更高的标准要求自己，进而提升自己；后者则是当个体的自尊心受到威胁时，倾向于和比自己差的人进行比较。

已有研究都较一致地发现，上行比较不仅能提高电子头脑风暴的观点产出数量，也能提高其质量。研究者通过不同方式诱发被试的社会比较，如告知被试其搭档的专业水平、提供其他成员的表现反馈等，发现当被试得知他人表现优于自己时，被试会提高对自己的标准水平，从而提出更多和更高质量的观点。另外，有研究者基于此还发现，通过促进被试进行上行比较能够有效减少团队社会惰化的现象，从而提高团队头脑风暴效率（Jung et al.，2005）。

2. 个体因素

作为创意产生的主体，个体特质也是研究者关注的重要影响因素，比如动机、情绪与认知风格都是重要的个体因素。

（1）创造性动机

关于创造性动机和创造性的关系，以往较多理论和研究表明，动机能够显著提高个体的创造性表现，包括在线创意的产出数量，尤其是内部动机的效果更显著。以Amabile为代表的一些研究者基于认知评价理论认为，内部动机是激发个体创造性的主要动力，是将个体潜能转化为创造性行为或成果的关键因素，而外部动机也即外在奖励，会阻碍创造性行为和产品的产生。国内学者从创造性领域特殊性，内外部动机的考察方式等多方面进行研究，也较一致地发现，相对于外部动机而言，内部动机对个体创造性表现具有显著的促进作用（谷传华，等，2013）。也有研究证明，外部动机是造成电子头脑风暴表现不佳的原因之一。总之，无论是理论还是实证研究都表明内部动机有助于创造性表现。

但是，有研究者认为，外部动机并非人们所想的一样百害而无一利，在恰当的情境下采取合适的外部激励措施是可以提高个体创造性表现的。其中，以Eisenberger为首的研究者以习得性努力理论（learned industriousness theory，1992）为依据，认为外在奖励会通过和创造性行为或成果建立强化关系，进而促进个体的创造性表现。奖励的关键在于应该及时对个体的创造性行为或成果进行奖励，而非普通、常规性的成果进行奖励。也有研究发现，不同情境下的外部动机对创造性问题提出的作用不同，在正性评价情境中的个体的表现并不会受到评价的抑制作用。

后来，Amabile（1993）重新调整了理论，提出了动机协同理论，认为内部动机对创造性行为和结果的影响始终具有积极的促进作用，而外部动机并非毫无作用，一些外部动机可以和内部动机结合，协同促进个体的创造性表现，尤其是当个体内部动机非常强烈的时候，这种协同作用的动机可以提高员工的工作满意度和工作表现。总之，动机作为个体特质之一，会影响其创造性行为和结果的产生。

(2) 认知风格

长久以来，认知过程特别是发散思维过程是创造性研究领域的主要课题。认知风格作为认知的重要成分，势必会参与到创造性活动的认知过程中并对其产生影响。Higgins (1997) 的调节定向理论 (regulatory focus theory) 认为，人们在调节目标、情绪以及行为时存在两种基本的动机取向：促进定向 (promotion focus) 和预防定向 (prevention focus)。预防定向与安全需要相关，目标是避免安全受到威胁。处于促进定向状态时，个体知觉周围环境是良性的，个体可以去追求成长、成就以及自我实现，这时个体倾向于采用整体的加工风格，超越当前已知的环境中的信息去分析、思考问题，通常创造性会得到提高。处于预防定向时，个体知觉周围环境是具有威胁性的，倾向于采用局部的加工风格，注意范围就会相对地变窄，把注意集中于如何解决当下的问题，审视周围环境然后找到阻碍目标实现的因素，而不是去创造性地解决问题。

调节定向理论下的整体与局部加工风格，很大程度上是一种会随环境发生变化以适应环境的认知风格。而场依存、场独立的认知风格则是一种相对稳定的、习惯化的认知风格，比较少受到环境的影响。它对创造性的影响方式与整体局部加工风格也许是不一样的。在场认知风格对创造性的影响研究中结果是混合的。研究显示，场独立型个体在创造性的各个维度上表现都更好 (Miller, 2007)，但也有结果表明场独立型个体只在灵活性维度上与场依存型个体存在差异。在不同领域和情绪状态下场认知风格对创造性的影响存在着差异。对于场依存个体来说，允许外界信息进入到加工过程中的倾向使他们的艺术创造性得到提高，他们的创造性思维过程更多的受愉快情绪的促进；对于场独立个体来说，对外界信息进行抑制的倾向使他们的科学创造性得到提高，愤怒情绪能促进其创造性思维的过程。使用线上头脑风暴任务的研究表明，场独立个体的创造性要高于场依存个体。

（3）社交焦虑

社交焦虑是一种最普遍的焦虑类型，社交焦虑障碍患者的害怕通常表现为回避社交情境，或者是强忍焦虑情绪参与社交活动。在人际互动中，社交焦虑的个体认为自己创造力不足，这使得他们对自己的能力产生了极大的不安全感，加之他们恐惧他人评价，因而其社会表现极大受限，在许多公开的情境中错失了展现自己的机会。此外，还有研究者探究了社交焦虑对个体在团体中创造性表现的影响，结果表明，高社交焦虑个体在团体头脑风暴中的创造性表现较差，在单独头脑风暴时表现较好（Camacho，Paulus，1995）。电子头脑风暴作为传统头脑风暴的变式，综合了传统头脑风暴与名义团体的优势，因而大大提高了观点产出率，有效促进了虚拟团队的创造力。此外，电子头脑风暴是一种基于文本的沟通工具，它为团体提供平行性和匿名性的交流方式。团体成员有更好的机会来记录自己的想法，并在计算机界面即时与他人交流。电子头脑风暴的高匿名性也减少了因评价恐惧造成的观点流失，尤其在存在冲突或身份、权力不对等的场合下（Dennis，Valacich，1993；Heslin，2009）。研究表明，高社交焦虑被试在电子头脑风暴中的新颖性得分显著低于低社交焦虑被试。

3. 任务环境因素

创造力研究的“4P”模型提出，一个良好的创造环境能够提高创造力。互联网大环境在很大程度上促进了创意产生的广度、频度和深度，产生了很多创新且适用的想法。而在实验室环境下，研究者也发现了一些对在线创意产生有影响的因素。

（1）他人创意线索

线上创意任务中，信息线索是指电子头脑风暴中其他成员呈现的信息所组成的环境，也即成员呈现的观点线索，主要包括呈现观点的数量和质量（新颖性）。头脑风暴的原则之一，就是要求团队成员在头脑风暴过程中参考他人的观点，在他人观点的基础上提出自己的观点。而电子头脑风暴正是基于这一要求，为团队成员提供分享观点的平台，以供互相参考观点，刺激成员的认知过程，激发他们观点产出能力。以往研究更多考察的是电子头脑风暴在产出障碍和评价焦虑等方面的优势，在近几年，观点呈现对创造性观点产出的影响也开始逐渐受到研究者们的关注。

研究发现，他人观点的可查看性对团体成员观点产出具有显著影响。Paulus 等人最早提出对头脑风暴中观点线索的考察，先后提出和完善了认知-社会-动机模型（Paulus，Brown，2007）。他们认为头脑风暴是团体共同互动的结果，观点的交流和共享是连接个人和团队的纽带，因此，对他人观点的注意和加工则在整个头脑风暴活动中起着非常重要的作用。随后的一系列相关实证研究发现，其他成员的观点呈现无论在数量上还是质量上，都会刺激个体的认知活动，从而提高观点产出的数量和质量。另外，有研究者对比电子头脑风暴和书面头脑风暴发现，前者比后者能关注更多其他成员的观点，并且当排除这一差异时，二者观点产出的差异并不显著，也即电子头脑风暴的相对优势也会随之消失（Michinov，2012）。然而也有研究者提出反对意见，认为关注他人观点不但没有提高团队观点产出数量，反而降低了观点的创造性和新颖性，其主要原因是成员在查看他人观点时会受团队一致性影响，从而阻碍其提出更新颖、更独创的观点；当预先要求被试对他人观点进行关注，并不会显著提高观点决策的质量。

总的来说，在电子头脑风暴任务中，线索多的条件下创造性观点产出的数量与质量显著高于线索少的条件；线索数量对创造性观点产出质量的影响受到动机水平的调节，对于动机水平低的个体，线索数量越多，其观点产出的质量越高，对于动机水平高的个体，线索数量的促进作用不显著；不同线索质量条件下，线索越新颖，团体成员产出的观点数量越多；不同创造性动机水平的个体，其创造性观点产出的数量也存在显著差异，动机水平越高，其产出的观点数量也越多。

（2）话题敏感度

一些研究者考察了话题敏感性这一任务特征对头脑风暴中个体创造性表现的影响。有研究者认为，当参与者就某个社会敏感性较低的话题（即没有争议）进行讨论时，个人动机可能会更低，因此观点产出的效率也会降低。而在观点产出的过程中，如果参与者没有足够的动力去产出，那么电子头脑风暴与其他头脑风暴方法相比没有任何优势（Pinsonneault et al.，1999）。以往一些电子头脑风暴的参与者之所以没有足够的动机去表现，可能是因为研究主要采用低敏感性话题作为实验任务，与更易激发参与者兴趣和参与动机的高敏感性话题相比，低敏感性话题本身的特性在一定程度上损害了参与者的积极性。

值得注意的是，以往的研究中对话题敏感性的界定主要基于研究者一方而非参与者一方。因此，有研究者指出，参与者在头脑风暴过程中对社会话题的敏感性感知亦是重要的，尤其是对于有评价恐惧的社交焦虑个体。虽然参与者认为艾滋病和暴力犯罪主题（高敏感性话题）比讨论停车和旅游主题（低敏感性话题）更重要、更有趣，对高敏感性话题进行头脑风暴时更能提高他们的注意力（Barki，Pinsonneault，2001）。但与此同时，他们在讨论艾滋病和暴力犯罪主题时确实比讨论停车和旅游主题时体验到更严重的评价恐惧。

由于高敏感性话题会增加小组成员的评价恐惧和焦虑水平，以及他们感觉到的认知一致性（cognitive conformity，围绕观点的社会可接受性）的压力，因此研究者担心这可能会大大降低参与者的产出率。评价恐惧是一种典型的评价式焦虑，它是一种具有跨时间、跨文化的相对稳定的社交焦虑认知成分。研究发现，在电子头脑风暴任务中，被试在高话题敏感性任务中观点产出的数量更少、适用性更高；社交焦虑与话题敏感性的交互作用显著，高社交焦虑被试在高话题敏感性任务中的新颖性得分显著低于低社交焦虑被试，但在低话题敏感性任务中，两者新颖性得分的差异不显著。在面对高敏感性话题时，社交焦虑者可能会产生应激反应，并体验到更多的生理和消极情绪唤醒，从而影响到他们在团体互动中的创造性表现。

（3）指导语

线上创意生成平台越来越多地被用来产生创造性的创意产品。除了尽可能提供一个自由开放的创意环境以外，如何引导参与者开展创意产生活动也可能影响创意产生。在线创意生成工作中，任务指导语一般采用开放式提问来阐述需要解决的问题。线上社区中，任务指导语是主要的交流方式。因此，仔细起草问题指导语是在线创意任务成功的关键因素，有研究调查了三个不同的任务指令的类型对在线创意结果的影响（Chaffois et al.，2015）。无限制（unbounded）指导语允许参与者尽可能生成他们所能想到的任何创意，没有任何限制；建议性（suggestive）指导语告诉参与者什么是有创意的想法；禁止性（prohibitive）指导语则指明了什么是没有创造力的观点。通过对全球在线创意生成平台 eYeka 的实证研究发现：禁止性指导语使参与者生成了最具独创性的创意；建议性指导语有利于人们产生最具可行性和最有价值的想法；无限制指导语被发现是最低效的。因此，在线上创意平台，禁止性指导语和建设性指导语的结合使用，可能是激发创意的一种有效又经济的办法。线上创意任务可以分为两步：①使用禁止性指导语任务情境来激发人们的独创性；②使用上一步得到的最具独创性的创意来编写建议性指导语，促使参与者提高创意的可行性和价值性。

总的来看，电子头脑风暴中团队成员的创造力水平不仅受到团队因素的影响，如当团队规模大于 8 人，或优秀的其他成员诱发上行社会比较时，电子头脑风暴的创意更佳；也会受个体因素的影响：高内部动机、低社会焦虑、促进定向认知风格与高线上创造力相联系；任务环境如更多的信息线索、低话题敏感性、适宜的指导语都能激发人们的在线创意。在电子头脑风暴任务中，需要综合考虑各种影响因素来促进人们更好地发挥自己的创造潜能。

第三章　网络与创造性人格

一个人表现出来的创造能力跟个体的人格和动机是密不可分的，个体的人格特征和动机可能会促进其创造能力的发展，激发其创造能力，也可能妨碍其创造能力的发展和发挥。在在线的教育和教学中，特定的人格和动机通常会受到网络背景的影响，也会影响个体对网络的使用和教育教学的效果。

第一节　创造性人格的特征

心理学领域关于创造性人格的系统研究始于 20 世纪 50 年代，在人们呼吁研究创造力的同时，关于创造性人格的研究也开始系统地展开。创造性人格是指人们在特定的环境影响下逐渐形成的、在创造活动中发挥积极作用的气质和性格倾向，是与创造有关的兴趣、动机、价值观等内在动力系统与相对稳定的行为模式的统一体。它可以与特定的情境等因素一起，引发、促进、调节和监控人们的创造行为。半个多世纪以来，研究者通过对创造性个体的分析，对创造性人格进行了描述，也探讨了人们心目中关于创造性人格的看法或内隐的创造性人格。

一、创造性人格的突出特征

1967 年，美国心理学家吉尔福特（J. Guilford）描述了创造性人物通常具有的八种人格特征。它们分别是：有高度的自觉性和独立性，不肯雷同；有旺盛的求知欲；有强烈的好奇心，对事物的运动机理有深究的动机；知识面广，善于观察；工作中讲求理性、准确性与严格性；有丰富的想象力、敏锐的直觉，喜好抽象思维，对智力活动与游戏有广泛兴趣；富有幽默感，表现出卓越的文艺天赋；意志品质出众，能排除外界干扰，长时间地专注于某个感兴趣的问题之中（林崇德，1999）。

在此基础上，威廉姆斯（F. E. Williams）等也总结出四个典型的创造性人格倾向：冒险性、好奇性、挑战性、想象力，并据此编制出用于测量人们的创造性人格倾向的问卷。其中，冒险性是指在创造活动中勇于探索和面对挫折的倾向，好奇性是指喜欢新鲜的刺激或活动、对活动结果保持探索性的倾向，挑战性是指面对问题解决或创造活动的复杂性和困难而勇于探索的倾向，想象力是指善于超越现实、对未知的事物或创造活动及其结果给出多种幻想或可能性的倾向。

关于创造性人格特征的研究结果并不完全一致，这与创造活动领域的差异有关。例如，生物医学领域的杰出专家通常具有以下特征：有高智力水平、求知欲、创造性想象、灵活性、观察能力、职业热情和坚持性（Roco，1993）。高创造性的自然科学家通常思维更开放、灵活，更有动力和雄心，但又缺乏社交能力，甚至在人际交往中表现出某种程度的傲慢、自信，不够友善。来自科学领域和艺术领域的研究证明了这一点，Richardson（1995）发现，与科学领域的学生相比，艺术领域的学生表现得更加独立，更喜欢改变，更加女性化，而科学领域的学生则表现得更加独断专行。Roy（1996）用卡特尔 16PF 量表对 51 名艺术家和 51 名非艺术家进行了比较，发现艺术家通常更内向、更独立而且头脑敏感（tender-minded）。

相对稳定的人格倾向通常具有一个发展和形成的过程。研究发现，儿童青少年时期的人格通常具有明显的发展性特征。托兰斯（Torrance，1974）调查发现，善于进行创造性学习的学生通常具有一系列颇具特色的行为，如好奇、喜欢提问、思维灵活、独立行事、善于探索等。具体地说，他们富有好奇心，喜欢不断地提问；思维和行动具有独创性、独立性；想象力丰富，喜欢叙述；有主见，不随大流，不依赖大众的观点；喜欢探索事物间的各种关系；对事物的错综复杂性感兴趣，喜欢用多种思维方式探索复杂多样的事物；主意多，思维流畅；喜欢进行试验；性格顽强、坚韧；喜欢虚构和想象，敢于幻想。与普通学生相比，他们在学习过程中也通常有着不一样的表现，例如，他们不满足于对教学内容的记忆，而是喜欢自己探求未知的世界；对自己感兴趣的事物愿意花大量时间去研究和探索，同时思考问题的范围与领域不受外界人和事物的限制；不一定按规定时间进行学习，他们除了完成必要的课堂作业外，会花更多的时间在阅读课外书或从事其他课外活动上；不仅能掌握课本上或课堂上老师教授的知识，而且能对教师和书本上的知识进行批判、有选择性地吸收；对语词或符号特别敏感，在和别人的交流过程中发现问题；他们常执着于难以解决的问题并追寻答案，喜欢寻找缺点并进行批判，对自己的直觉能力往往比较自信，相信并坚持自己的直觉（林崇德，1999）。

二、创造性人格的本质

综合有关的研究结果，不难发现，所谓的创造性人格，其实是人们的天赋本性的自发体现。关于早期心理发展的研究表明，人从一出生（甚至更早）就开始了理解和探索世界的活动。正是在此过程中，人们的创造性的人格逐渐形成。他们逐渐积累了关于外部世界和自身的知识，在此基础上形成各种适应性的行为方式。也正是在此过程中，人们理解和探索世界的倾向充分地表现出来。这也是一种主动适应外部世界的倾向。它是外向的创造性人格形成的基础。

在此意义上，主动的适应是外向的创造性人格形成的现实驱动力。正是这种驱动力，推动着个体对世界充满了好奇，乐此不疲地进行各种尝试，面对各种困惑或问题情境表现出不懈的挑战性，进行着各种可能的冒险，并对未知的世界充满了猜测和想象。人类的个体似乎是这个世界的“天外来客”，当意识到这个世界的存在时，他们对它似乎一无所知，头脑中充满了一系列“是什么”“为什么”“会怎样”的困惑或问题。这种回答问题的冲动促成了他们探索世界的行动，而正是在这个过程中，这种外向的、探索性的倾向会逐渐稳定下来，成为所谓的创造性人格。

换言之，创造性人格倾向人人皆有，它是人的本性的自然显露。就如同要丰收就需要耕地，要耕地就需要创造耕地的机械一样，在适应环境的过程中，人们的创新探索是一个自然的过程，创造倾向也是一个自发展露的过程。

但是，后天的社会环境可能阻碍人们的这种天性展露的倾向。过度的限制可能会约束人们对世界的求知欲和想象力，磨灭人们探索和改变环境的勇气。因此，自发的创造性人格倾向通常并不能自然地延伸和发展，而只能在社会文化环境所圈定的有限范围内发展。因此，后天的创造性人格更像是人们的自然本性与社会文化的混合体。它是人们在适应社会环境和文化的过程中形成的产物。换言之，人不仅要适应自然，也要适应人本身，后天的创造性人格是由适应自然的本性与适应人本身的需要两个方面共同促成的。

这并不意味着后天的社会环境和文化是一种绝对的消极限制。由于纯粹的天然的创造性人格倾向或本性不可避免地具有利己性，人们为了适应自然可能会摧毁自然，为了适应外界可能会破坏外界，出于利己的冲动可能进行无限制的探索或创造。因此，这种外向的创造性人格倾向客观上需要适当的文化约束。只有这样，它才可能转化为一种建设性的而非破坏性的力量。

三、创造性人格的社会适当性

与创造的价值属性相应，创造性人格也具有显著的社会适当性。换言之，能够促进人们创造性的人格倾向通常是向善的，能够得到社会的认可，具有高度的社会价值，而不是相反。那些损害人类的根本利益、危及人类社会可持续发展的人格特征并不属于创造性人格的范畴。创造性人格通常是智慧的体现。

对中国近现代社会名人尤其是社会领袖人物的研究发现，无论哪个年龄段的社会名人，包括政治家、社会活动家等，他们的人格结构中都表现出明显的伦理倾向（谷传华，2011）。在童年和青少年时期，这些社会名人最突出的人格特征包括合群、机智、勇敢、激进、真诚、上进、自尊、友好、聪明、坦率、爱国、诚实、自信、坚强、认真、泼辣、力行、勤奋、刻苦、充沛、理想主义等。到成年初期后，他们的人格仍然保持了这种显著的伦理倾向或社会适当性。一方面，他们的人格表现更为多样化，人格结构更丰富；另一方面，他们的人格倾向也变得更积极，更适当。他们表现出更为丰富多彩的积极的人格特征，包括知耻、克己、出众、勇敢、有为、细心、独立、真诚、坚定、上进、沉着、自尊、果断、能干、聪明、冷静、自觉、爱国、自信、认真、敏感、有恒、踏实、创新、理智、力行、勤奋、深刻、条理、富有心计、坚韧不拔、礼貌等。

进入成年中期和晚期后，这些社会名人的人格倾向显示了更明显的社会适当性，展示了一系列更为突出的、向善的人格倾向，如知耻、克己、出众、勇敢、有为、细心、独立、真诚、坚定、上进、沉着、自尊、果断、能干、聪明、冷静、自觉、爱国、自信、坚强、认真、敏感、有恒、踏实、创新、理智、力行、勤奋、礼貌、深刻、条理、富有心计、含蓄、深沉、坚韧不拔、实事求是、大度、客观、体谅。

具体地说，中老年期是社会领袖人物的人格转折期。在此之前，也就是儿童青少年时期和成年初期，他们的人格特征是以建功立业、获取社会成就为主要驱动力的，而进入中年以后，虽然建功立业仍然是一种重要的人格驱动力，但总体上立德扬名逐渐成为他们的人格发展的主要驱动力。因此，青少年时期和成年初期的社会名人们表现出来的是外向性的人格特征，中老年时期则展现出内向性的人格特征。也正是在中年以后，他们展现出突出的自律乐群的人格倾向，无论身处何种社会地位，他们都显得非常自觉、克己、爱国、合群、热情，显示了高度的积极上进、尽职尽责、奋发有为等倾向。

很明显，在不同的年龄段，这些社会名人的人格具有一定程度的年龄差异，但无论在哪个年龄段，积极的品质都在其人格结构中占据绝对优势，都显示了向上的、向善的、建设性的特征。在这些社会名人的人格结构中，很难看到那些消极的、向恶的、破坏性的人格倾向。创造性人格的这种社会适当性有助于社会的延续和可持续发展，也是这个群体得到社会认可的基本条件。

创造性人格的这种社会适当性对于人类社会的保存和延续具有非同一般的意义。以建功立业为唯一导向的创造性人格可能让个人青史留名，赢得千秋功臣的声誉，但“一将功成万骨枯”，因而也是短暂的、不长久的。但是，注重身后名德的创造性人格则具有长久的、积极的社会价值。它可以推动社会的向善、向上的进步，促进人们的自我更新和完善，而且可以不断提升个人的人生境界。一言以蔽之，社会的发展、个人的进步需要有道德的创造，也需要有道德的创造性人格。

第二节　网络与创造性人格

作为巨大的信息载体和综合媒介，互联网具有跨时空性、共享性，在网络使用过程中也具有去抑制性特征。这客观上为创造人格的成长和发挥提供了有利条件。从另一个方面来看，也为创造人格的健康发展带来了挑战。

一、网络的去抑制性特征与创造性人格

网络去抑制性是指在使用互联网的过程中，社会规范、文化约束在心理上对人们施加的限制会降低，网络使用者可以在心理上自由地进行自我表露，表达真实的观点和感受，而不必担心来自他人的威胁。这与网络使用的匿名性有关。由于人们在使用互联网的过程中通常不需要提供真实的姓名和身份，他们可以摆脱来自现实的人际压力，仅仅通过网络传达信息，表露自我。

近年的研究表明，去抑制性的网络自我表露有助于促进人际沟通。人们在隐匿自己的真实身份也不需要亲临现场的情况下，可以实现顺畅的人际交流。即使是那些在线下比较羞怯、有社交焦虑的人，也能从网络交往中获益。在在线交流中，他们可以很好地避免现实中可能会出现的社交焦虑，而不必担心来自他人的消极评价及其对自尊带来的威胁。在师生交往过程中，学生也能通过网络表达自己的真实想法和感受，有助于形成平等和谐的师生关系。此外，网络的去抑制性还有助于改善人们的心理健康状况。通过在线的自我表露，一些抑郁症患者可以获取网络支持团体的同情和社会支持，从中受益。而且，通过这种去抑制性的网络自我表露，人们也更可能获得别人的反馈信息，在这种交流过程中促进自我认同的发展。

研究表明，人们在网上表现的开放性人格倾向会影响他们的在线交流，也影响着他们的创造力，而这种虚拟的开放性也影响着他们在现实世界中的开放性及其作用，进而对现实中的创造力产生影响。换言之，在线的交流与虚拟的或在线的开放性相互影响、相互促进，二者又不可避免地对现实世界的人格和创造力产生影响。这与网络的去抑制性特征密不可分。

这种去抑制性有助于为个体松绑，减少其现实中可能存在的各种妨碍创造性思维和人格表现的心理限制。在现实生活中，由于亲临其境，无法隐匿自己的真实身份，人们可能会承受较大的人际交往的压力，担心负面的社会评价，因而可能畏首畏尾，不敢表达真实的想法、感受，这会在一定程度上限制创造性思维，对其创造活动的开展带来负面的影响。显然，对现实社会压力的过分担忧会妨碍创造性人格的成长。由于害怕失败及其带来的社会风险，人们在创造活动中可能选择逃避或退缩，而不是面对挑战；由于担心他人对创新的负面看法，人们可能会选择从众而放弃积极的创新。

在此意义上，网络的去抑制性在一定程度上有助于创造性人格的发展和表现。但是，也不能忽视这种去抑制性对人格发展带来的风险。毫无约束的在线自我表露也可能突破基本的道德规范，给他人和社会带来不良的影响。通过在线形式进行的肆无忌惮的自我表达也可能促成人们的畸形人格，一旦转入真正的线下的现实生活中，就无法适应，无法与他人形成良好的人际关系。在这种情况下，是很难实现所谓的创造或创新的。因此，不能割裂线上的网络交往与线下的现实交往，而应把线上的交往看作线下生活的一部分，将前者当作后者的补充和辅助。这样，才更有利于健康的创造性人格的发展。这也是确保创造性人格的社会适当性的基本条件。

二、网络-家庭-创造性人格

显然，作为一个巨大的信息载体和综合性媒介，互联网对人格的发展具有不可低估的影响。这不仅体现在互联网使用的经历对网络使用者本身人格的影响，而且体现在个体人格形成和发展的过程中，体现在互联网对人格发展环境的影响。对创造性人格的影响也不例外。首先，网络信息具有共享性，教育及其有关的信息和资源不断上传、更新、增加、积累，为人们进行家庭教育提供了巨大的便利。人们在互联网上分享的教育和受教育经历，围绕家庭教育进行的讨论和反思，都为人们开展有效的家庭教育提供了参考信息，也推动了人们对自身教育的反思。这必然会影响创造性人格的发展。

家庭环境对个体人格发展的影响是巨大的，其原因在于，家庭不仅可以提供个体人格发展的物质环境，包括各种玩具、书籍和学习资料，而且可以创设人格发展的精神环境，包括亲子沟通、家庭氛围等。不可否认，互联网可以为这两种环境的创设提供便利。

首先，互联网可以提供人格发展和教育方面的书籍、玩具等信息。在互联网普及的时代背景下，人们可以轻而易举地获得这些信息，为学生提供相应的教育资源。这不仅影响着他们自身人格的发展，而且影响着每个家长或教育者的教育知识和能力，影响着他们为孩子创设的家庭环境。

其次，网络上关于家庭教育的专业网站、专业平台和教育软件、专业文章和书籍，关于家庭教育的在线讨论，特别是人们在各种相关论坛上的分享和讨论，对家长教育素质的改变可能具有明显的作用。通过这些专业的信息以及讨论和反思，人们通常会意识到某些家庭教养方式的消极影响和另一些教养方式的积极影响，进而为孩子创设更适当的教养环境，塑造更有利的家庭氛围。通常，这种在线的讨论受家庭社会经济地位的影响较小，只要能够使用互联网就可以参与其中，获取相关的信息。在互联网使用便利的环境中，以前需要通过专业培训才能获取的信息和知识，家庭通过互联网则可以轻而易举地获得。

如前所述，人的发展生态系统论认为，家庭是孩子人格发展的微系统。在家庭中，家长是影响儿童人格发展的重要他人，他们的行为和态度会直接影响儿童，儿童也会直接影响家长。因此，互联网对家长的影响会间接作用于儿童。在此意义上，互联网实际上构成了儿童人格发展的外系统，互联网普及的宏观环境则构成了儿童人格发展的宏系统。

Campbell 和 Verna（2007）调查了九个国家的高创造性儿童及其家庭教养方式，发现有助于促进儿童创造力的教养方式涉及期望（expectations）、工作伦理（work ethic）、交流（communication）、家庭作业（homework）和责任（commitment）五个方面。在有效的家庭学业氛围（academic home climate）中，儿童通常具有接受挑战的能力、对自己的能力充满自信、对学习和学校具有积极的态度等一系列积极的表现（如表 1 所示）。

表 1　家庭学业氛围的构成成分及其积极结果

家庭学业氛围的构成成分	积极结果
接受挑战的能力	帮助儿童认识生活的困难以及学校中的挑战
对能力的自信	对学科（数学、科学、阅读和政治）的咨询
对责任的认可	教育孩子用他们自己的能力与智慧解决自己的问题
积极的态度	形成积极的态度鼓励工作、促进发展

续表

家庭学业氛围的构成成分	积极结果
对学校和教师的积极态度	学生积极地看待学校
能力上的归因	学生理解表现自己才能的责任
努力的归因	学生必须了解需要努力工作来完成任何重要的事情
信仰	发展积极的公共信仰，成为良好公民
认识的发展	家长用任何方法来促进智力的发展
好奇心	健康的好奇心是要被鼓励的
渴望学习	使学生意识到学习将在学校中发生
形成工作的规范	培养工作的习惯
期望	培养短期和长期的期望
兴趣	鼓励孩子的先天兴趣
许诺	学生必须认识到许诺的意义
合作	在家里的合作将会扩展到其他地方
动机	提供刺激来实现
对权威的赞扬	告诉学生尊重权威
社会化	告诉学生进行可能的认可和同伴关系
价值观	鼓励对长期学习和道德的高度评价
交流的方式	用各种积极的方式进行每日的交流

显然，在良好的家庭学业氛围中成长，对学生的创造力和学业能力的发展具有积极的作用，对其创造性人格的发展也具有积极的影响。在此过程中，互联网的适当利用有助于这种家庭氛围的形成，互联网的教育资源可以提高家长的教育素质，这有助于进一步促成这种良好的家庭氛围。

张文新和谷传华（2004）在总结有关研究的基础上发现，有助于儿童创造性人格发展的家庭氛围通常具有知识性、接纳性、和睦性。知识性是指家长能够通过各种渠道为儿童提供各种知识和信息，创设一种信息丰富的家庭文化氛围；接纳性是指家长能够无条件地接纳孩子，创设允许孩子自由探索和表达的家庭文化氛围；和睦性是指家长能够在家庭中创设一种良好的人际关系氛围和和谐的家庭氛围，让儿童青少年拥有良好的亲子关系。显然，如果能适当地利用互联网教育资源，有效地利用互联网提供的各种辅助性的沟通手段，网络将成为家长创建良好家庭氛围的辅助手段。这也必然有助于儿童青少年创造性人格的发展。

最后，作为一种综合性的信息媒介，互联网的出现还更新了学生生活和成长于其中的微系统环境。Johnson 和 Puplampu（2008）认为，以儿童为核心，互联网与计算机、手机、移动音频设备、移动视频设备、电视机、电子软件、电话、电子书等各种电子产品一起，构成了一个特殊的生态技术子系统，它是当代儿童一种特殊的微系统。互联网及各种电子产品会直接影响儿童人格的发展，儿童也会直接作用于这个子系统中的各个要素。这非常符合当前儿童青少年的现状。他们可以直接通过上述电子产品获取各种信息和知识，也可以利用上述媒介进行人际交往，甚至可能形成一些相应的行为习惯和性格特征。当然，互联网和各种电子媒体对儿童人格的发展具有双重影响，既可能是积极的，应用不当也可能产生消极影响，既可能促进儿童知识、技能的提高，又可能造成网络成瘾、游戏成瘾、体质下降等身心问题。近年来大量的网络心理研究充分地证实了这一点。

三、网络对社会文化和学校教育的影响

通常，网络信息具有跨时空特征，无论何时，无论何地，只要能够便利地使用互联网，人们就可以自由地获取想要的信息，而不受时间和空间的限制。这种巨大的便利性也促成了社会文化氛围的巨大变化，进而影响着人们人格的发展。

首先，它更新了个体人格发展的宏系统。宏系统是一种宏观的环境系统，包括了宏观的文化、价值观氛围、政策环境、社会制度等，其中价值观又是精神文化的核心。它对儿童人格的发展产生渗透性的影响。互联网的普及为人们呈现了多元化的价值观，这为家庭教育和学校教育和人际关系带来了挑战，客观上也对传统价值观

造成了冲击。一方面，它可能提高儿童人格的开放性，让他们更乐于接受新鲜的信息，对各种事物更为包容和接纳；另一方面，也可能让他们变得无所适从，甚至受到错误的引导，接纳错误的价值观。近年来，随着国家一系列与网络管控有关的法律政策的出台和实施，互联网环境得到了净化。这客观上为儿童人格的成长提供了一种更健康的网络环境，创设了更适当的宏系统环境。

Rudowicz 和 Ng（2003）总结指出了文化影响创造力的四种方式：其一，不同的文化对创造力的理解是不同的，东方文化重视合作、权威和集体，西方文化追求个性化、民主和自由，它们对新颖性和原创性的内涵理解并不完全一致，相对而言，东方文化更强调在与基本的社会文化标准一致的前提下形成新颖的想法和产品。此外，东方文化更强调理性的、有逻辑的创新，而西方文化重视直觉在创新中的作用。其二，在不同的文化背景下，人们对创新价值的看法和态度不同。德国、美国等国家的文化更看重创新的实用性，也非常重视培养和鼓励学生的创造性，而在希腊、菲律宾等国家的文化中，教师和家长并不欣赏学生的创造性思维和独立性、批判性，而更欣赏和看重学生的服从、合群、真诚和健康、社会适应能力等特征。这对学生创造人格的发展造成了间接的影响。其三，在不同的文化背景下，人们创造性的表现方式有所不同，有的文化鼓励和支持创造性的、个性化的行为方式，有的则对此采取抑制的态度，而更注重保持现有的社会秩序。其四，在不同的文化中，人们养育孩子的方式有所不同，这也间接影响儿童创造性人格的发展。一些文化强调给予儿童充分的表达和行动自由，而在另一些文化中，父母更喜欢采用高控制的养育方式，对儿童的心理和行动有较多的限制。

互联网的普及提供了巨大的便利，让人们有可能接触和了解各种各样的文化、习俗和社会规范，了解各种各样的教育观以及各种各样的行为方式和教育方式，各种文化相互交融和整合。这容易促成人们各方面的观念和态度的变化，导致人们养育方式的变化、生活和行为方式的变化，这又会对人们的创造行为、对儿童的人格发展产生影响。

事实也证明，互联网的使用影响了人们的内隐创造观，也影响着儿童人格的发展和实际的创造力。内隐创造观是指人们内心对创造活动、创造力的看法。它会影响人们对创造活动的态度和参与创造活动的热情，影响人们的创造动机，进而影响人们的创造行为和实际表现出来的创造力。家长和教师的内隐创造观间接地影响着学生的创造观、创造动机和创造行为。如前所述，当父母和教师对创造行为的态度、对创造性人格特征的看法发生变化时，他们对学生的创造性行为方式的反应也会发生变化。如果教师和家长对创新持一种乐观的看法，他们就会包容、支持、鼓励学生的创新行为；反之，如果教师和家长对创新持一种负面的看法，他们就会抑制学生的创新行为。

其次，互联网的出现和普及也在很大程度上改变着学校教育环境，更新着教育教学方式，进而对学生人格的发展带来了巨大影响。一方面，互联网的出现和普及改变着教师的教育观念，改变着他们对创新和创造的看法和态度，这会间接影响学生的人格发展；另一方面，互联网技术的广泛应用不断更新着学校教育手段，不断更新的教育技术让教育教学更为多样化，为网络使用者提供了更方便、更丰富的教育教学资源。这也在客观上影响着学生的知识结构、能力和人格倾向。

其一，网络技术和多媒体技术可以影响教学效果和课堂气氛，为教师的教育教学活动提供了多种可能性。传统的教育教学以教师讲授为主，而基于网络技术和多媒体技术的教学可以采用更灵活生动的呈现方式，将教学内容和任务呈现给学生，引导学生自主地探究和讨论，独立地得出结论，有助于学生创造性人格和创新思维能力的发展。在这种情况下，教学效果和课堂氛围通常更好，也更容易激发学生的学习兴趣和热情。

其二，在线教学，包括近年来兴起的慕课这种大规模在线教学方式，客观上也有利于学生获取更丰富的知识和信息，为学生知识结构的改善、创新能力的提高提供了巨大的便利。虽然这种教学方式具有很多局限性，但是，由于它突破了时空限制，学生可以根据自己的节奏、学习能力、知识水平，灵活地安排学习进度，自主选择学习内容，大大提高了学习的自主性。

最后，网络也可能为师生交流和沟通提供了一种辅助手段，有助于增进师生关系，形成良性的师生互动和教育氛围。这对教育教学效果和教育目标的达成也可能起到积极的作用，对学生人格发展的影响同样不可忽视。

学校是影响儿童人格发展的另一个微系统环境。学校教育者尤其是教师对学生人格的发展发挥着举足轻重的影响。互联网对教师的教育观和教育行为的影响，对学校文化氛围的影响，对学校物理和精神的影响，都会直接影响和塑造学生的态度和行为，影响着他们的价值观和性格。在此意义上，在促进学生人格健康发展的过程中，应该充分发挥互联网的积极作用，而尽量避免其消极的影响。

第三节　网络与创造动机

大量研究表明，人们总体的创造力水平与其从事创造活动的动机密切相关。创造动机是创造活动得以开展的驱动力。人们在创造活动中表现出来的动机可能与网络的使用具有密切的关系。在线的学习和创新行为如果能够激发出人们的内部动机或适当形式的外部动机，就可以大大提高人们的学习和工作效率，取得良好的效果，因为由内在兴趣、价值感和信念驱动的内部动机以及适当的外部动机经常与较高的创造力相联系。

一、创造与动机

创造动机是激发、启动和维持人们创造活动的动力。在创造活动中，它的作用主要体现在两个方面。其一是激发和导向作用，即它可以激发、引起或启动人们的创造行为，使之朝向创造的目标。其二是维持作用，即它可以引导人们克服创造过程中遇到的各种困难，在一定时间内维持人们的创造行为。

根据不同的标准，可以将创造动机分为不同的类型。从动机的来源来看，创造动机可以分为内部动机（又称为内在动机）与外部动机（又称为外在动机）。外部动机是人们为了满足外界的要求、达到创造活动之外的目标而产生的驱动力，当人们为了得到某种奖赏或逃避惩罚而从事创造活动的时候，这种创造的动机就属于外部动机。与此相反，内部动机来源于个体对事物或创造活动本身的好奇心、求知欲和浓厚的兴趣，当人们产生了“是什么”“为什么”“会怎样”等一系列疑问时，就容易促成内在的探究动机。

通常，无论内部动机还是外部动机，都可以促成特定的创造活动。两种动机之间也是相互影响、交互作用的，而且会相互转化。它们的作用与特定的任务、情境特征以及个体条件密切相关。尽管如此，但更多的研究表明，内部动机似乎更有利于创造活动的开展和维持。Amabile（1983）提出了内部动机假说，认为内部动机有助于提高人们的创造力，改善人们的创造性表现；外部动机则可能损害人们的创造成就，不利于人们创造性的发挥，进而降低人们的创造力水平。这是因为，内部动机强烈而稳定，可以让人们以极大的兴趣和热情投入创造活动中，激发人们无限的想象力，而通过外在奖赏或惩罚而诱发的外部动机容易变化，人们因过分关注活动结果而常常畏首畏尾。创造活动通常持续较长的时间，需要耗费人们巨大的精力，而内部动机更有利于克服由此带来的困难。这种假说得到了很多研究的支持。但是，另一方面，外部动机对创造活动的积极作用近年来也得到了很多研究的支持。因此，内部动机与外部动机的作用不是绝对的，而是相对的。

成就动机水平也会影响人们的创造力。成就动机是人们力求在活动中取得成功和最佳成绩的动力。当一个人希望成功的动机强于避免失败的动机时，其总体的成就动机水平通常较高；相反，当一个人避免失败的动机水平显著高于希望成功的动机时，其总体的成就动机水平通常较低。换句话说，前者属于高成就动机，后者则属于低成就动机。在创造活动中，高成就动机的人更渴望成功，他们会投入极大的热情沉浸其中，愿意通过不懈的努力面对和解决创造活动中遇到的各种难题和挑战，表现出高度的独立性和直面挫折的勇气，因而更有利于创造。相反，低成就动机的人则害怕失败，他们很难面对创造活动中的各种挑战和困难，也不愿意承担创造活动带来的各种风险，倾向于选择那些容易完成的任务，以避免失败给自己带来的负面评价。

二、在线学习过程中的内在动机

自我决定理论（self-determination theory）指出，自主动机和受控动机是两种性质不同的动机，它们可以促成不同的行为和工作效率、学习成绩。在自主动机背景下，个体对所做的事情本身有兴趣或坚定的信念而自愿、自由地去行动，而在受控动机背景下，个体是出于避免内疚感的需要或屈从他人的要求而去做某一件事情。

自主动机又包括内部调节、整合调节和认同调节三种形式，其中，纯粹为了追求个人内在的兴趣和快乐而行动属于内部调节的动机，这是自主程度最高的一种动机；接受了外界施加的某个目标，把它视为自己的重要目标，使之成为个人的一种核心价值观和信念，这属于整合调节的动机，它整合了个人的自主决定的目标和外在的目标，因而也是一种自主程度较高的动机；由于认可了外界施加的目标的价值而为此目标而行动则属于认同调节的动机。这三种自主动机驱动下的行为往往效率更高，效果更好（Ryan，Huta，Deci，2008；郭永玉，等，2019）。

与此相反，为了获取外部奖励或避免惩罚而行动的动机属于外部调节的受控动机，为了避免内疚感而行动的动机则是一种内摄调节形式的受控动机。与自主动机相比，受控动机驱动下的行为往往效率较低，效果较差。

按照这种理论，自主需要、胜任需要和关系需要是三种基本的需要，通过满足这些需要可以增强人们的内在动机。自主需要的满足可以让人们体验到行动的自由和自我控制感，胜任需要的满足可以让人们体验到完成一件事情的胜任感、成就感，关系需要的满足则可以让人们体验到一种归属感和来自他人的尊重、认可和支持。

网络支持的在线学习的效果受到学习者动机性质的影响。通常，当在线学习能够激发学习者的内在动机的时候，学习的主动性和创造性就会显著提高，学习效果就会有明显的改善。Amabile（1996）认为，内在动机对创造性的发挥是有利的，而单纯的外部动机对创造性的发挥常常是有害的；某些协同的外部动机（synergistic extrinsic motivation）或积极的外部动机，如对创造性观念的奖励和认可、由工作反馈引发的外部动机，也可以与内部动机相结合，对创造活动发挥积极的促进作用。在网络情境中，特定的环境条件与这种内部动机或适当的外部动机相结合，其积极影响表现得更为明显（Ma，2021）。

研究表明，在线学习过程中，动机是一个不可忽略的影响因素。根据自主决定理论，那种能够满足自主需要、胜任需要、关系需要的在线教学环境更容易激发学生的内在动机，让学生在学习过程中产生自控感、胜任感、归属感，他们才更可能积极地面对和解决学习中遇到的问题，进行创造性的学习，学业成绩和学习效果通常也更好（Hartnett，2016）。换言之，能够满足上述需要的在线教学才更可能激发创造性学习的动机，更好地培养学生创造性地解决问题的人格倾向。

有研究者考察了大学生在线学习成绩与在线学习满意度的影响因素，发现大学生的学习动机以及使用计算机和互联网的自我效能对他们的在线讨论的分数和课程满意度产生了直接的、积极的影响。如果学生能够具有较强的学习动机，愿意通过在线学习获得相应的知识和能力，而且对互联网和计算机的使用也具有足够的自信和胜任感，那么，他们的学习效果通常更好，对课程学习的满意度通常更高，问题解决的积极性、主动性和创造性也会更明显（Wei，Chou，2020）。在此过程中，使用互联网和计算机的自我效能感也会影响学生的学习动机。这很可能是因为，作为技术支持和物质手段，对互联网的熟练使用能力构成了学生在线学习的心理条件。一个能够娴熟地使用互联网和计算机的学生，才更可能得心应手地处理学习中的问题，而对互联网使用缺乏自信的学生很可能更关注互联网本身而不是学习内容和学习问题的解决过程。

三、网络使用对创造性人格和动机的影响

由于网络本身的特征，相对于非在线的活动，基于网络的活动或在线活动通常会对个体产生一系列迥然不同的效应或影响，其中，网络的共享性、智能性与便捷性以及网络使用过程中的匿名性或去个性化、虚拟性、跨空间性等方面，都会对人们的创造人格和动机产生显著的影响，让网络创造呈现出与线下创造截然不同的特征。

首先，网络的共享性意味着网络使用者可以与其他使用者进行平等的信息交流，进行知识、思想、情感的分享。他们既可以通过互联网这种介质向他人介绍、表达或分享自身的经验，也可以平等地接触或获得其他网络使用者分享的信息。由于特定的知识和信息是人们进行各种创造或创新的基础，网络的这种特征显然为创造活动提供了极大的便利，在互联网普及的条件下，人们不必再通过线下的传统手段获取信息，而是可以在线上快速地获取创造所需要的各种资料或信息，从而大大提高了创造活动成功的概率，也提高了创造或创新的效率。在此过程中，由于网络使用简化或加速了创造过程，降低了创新的难度，因而提高了人们进行创造或创新的动机，而创造活动本身又促进了主动性、探索性等创造性人格品质的形成。

其次，互联网的智能性为创造活动的开展提供了很大的智力支持。由于互联网可以在一定程度上替代人们的信息加工功能，减轻人们在创造或创新过程中的一些智力劳动，因而也在客观上降低了人们对创新的畏惧感，让人们更可能参与创造包括网络创造。例如，

信息获取和搜索的智能性在很大程度上将人们从繁琐的资料翻阅和查找工作中解放出来，网络信息汇总和数据运算的智能性可以在一定程度上减轻人们在创造过程中经常涉及的繁琐的信息处理和加工负担。如果人们试图寻找一种解决问题的方法，那么，他们往往可以对网络提供的归类信息进行综合分析，从而找到适当的问题解决方案。显然，网络提供的这种智力支持也可以激发人们进行创新的动机，提高人们进行创造活动的自信和自我效能感。

再次，由于互联网的虚拟性可以让网络使用者进行去个性化的表达，降低了他们的社交焦虑和对消极的社会评价的担忧，他们更可能对特定的问题或主题产生表达自身独特的观念，更可能对特定的问题提出独特的、与众不同的解决办法，也更可能提出值得探究的困惑或问题。创造或创新本质上是一种有目的的探索过程，而这种探索行动的结果常常是未知的，甚至具有一定的风险，可能在物质上、经济上和心理上给个体带来消极的影响或后果，社会领域的创新、科学技术领域的创新、艺术领域的创新都是如此。因此，在现实生活中，创新常常需要人们具备敢于面对失败或挫折、敢于承担风险的勇气。互联网的虚拟性和去个性化特征则可以在一定程度上缓解这种来自社会评价的压力和焦虑，进而促成人们创新的动机和探索性的人格品质。基于在线的电子头脑风暴的研究就说明了这一点。

最后，网络的跨空间特征也让人们不必再将创造互动局限于特定的场所，而是可以拓展到整个虚拟世界。他们可以在网上的各种虚拟场所（如各类论坛或板块）进行各种创造，包括提出各种创意，进行各种文艺创作，进行各种创造性的人际合作。在此过程中，人们的自主需要得到了满足，因而更容易产生开展或参与创造的意愿和动力。

四、网络环境与创造动机的协同作用

研究表明，人们进行创造或创新的动机通常会与网络环境的特征发生交互作用，二者一起对在线学习或创造的结果、效率或满意度产生影响。网络使用者的动机会受到网络环境的影响，也会影响网络环境，并最终影响在线学习或创造活动的结果。

关于在线学习效果的研究证明了这一点。有研究显示，如果网络环境能够满足在线学习者基本的心理需求，就可以增强其自我调节的积极性，进而促进他们的知识迁移，实现在线课程的学习目标（Hsu，Wang，Levesque-Bristol，2019）。如果在线学习者在学习过程中能够获得及时的、完整的反馈信息，通常会取得较好的学习效果（Hoi，Sahoo，Lu，Zhao，2018；Van Popta，Kral，Camp，Martens，Simons，2017）。这种反馈来自在线学习的同伴，效果也很明显，这不仅有利于增强学生的学习动机，而且能够提高学生的认知灵活性，使之能够灵活调整自己的认知过程和学习方式。在特殊时期（如发生疫情这类公共卫生危机时期），也可以看到网络环境与在线探索和学习动机的这种相互影响（Aguilera-Hermida，2020）。

而且，对不同的在线学习内容，学习动机和目的不同的学生也会有不同的表现。有研究探讨了在计算机课程的在线学习过程中，相对于分享作业和发帖信息，学生观看讲座幻灯片和视频讲座的时间更长，观看频率也相对较高，这说明他们更愿意访问这些信息（Li，Tsai，2017）。这对在线课程设计和创造性学习的促进都具有一定的参考价值。当然，学生的网络学习表现与课程的类型及其能够满足学生不同需要的程度也可能存在某种联系。有研究显示，在学习心理学课程的过程中，满足学生关怀和归属的需要而不是自主和知识掌握的需要，更有利于提高学生的学习满意度，改善他们的学习体验（Seiver，Troja，2014）。他们的学习效果也可能更好。

此外，在利用网络资源进行自主学习的过程中，动机还可能与个体的其他特征发挥交互作用。研究表明，有过在线学习经验的学生在参加在线学习时往往具有更有效的学习策略，在线学习的动机也更强；当学生在线学习的动机和积极性较高时，他们的自我效能感和课程满意度也会提高，学习成绩和学习效果也往往更好。在线学习中的自我调节和对课程内容的专注，可以与为用户提供的友好的在线学习平台和研讨机会一起，改善学习者的学习效果和学习满意度（Wang，Shannon，Ross，2013）。二者之间的这种结合也更可能提高其创造性学习的积极性。

第四章　网络支持下的创造性学习和教学

在创造或创新要求高涨、互联网日益普及的时代背景下，创造性学习与教学也借助于网络这一综合性媒体而日益深化。目前，网络支持下的创造性学习和教学已经成为当前教育教学改革的重要内容。

第一节　创造性学习与教学

什么是创造性学习？什么是创造性教学？或者说，什么样的学习才属于创造性的学？什么样的教学才能称得上是创造性的教？对于这些问题，长期以来，一直是众说纷纭。探索创造性学习和创造性教学的规律，首先应澄清这些概念。从总体上看，国内外学者对创造性学习与创造性教学的界定各有侧重。

一、创造性学习和教学的研究历史

其实，创造性学习（creative learning）和创造性教学（creative teaching）的思想由来已久。在20世纪上半期盛行的进步主义教育哲学的影响下，早在1927年，美国威斯康星大学（University of Wisconsin）教育系教授、威斯康星中学校长H. L. Miller就曾结合当时的教育实践写了一部名为《创造性学习和教学》（*Creative Learning and Teaching*）的著作。在这部书中，他认为每个学生都具有极大的发展潜力，因此，学校不应为任何一位学生设定发展的上限。在他看来，学生学习的过程应该是一个自我实现、不断发现自身潜力的过程，是一个自我发现、自我调整、自我完善、自我改变、自我实验和自我创造的过程，而不是一味“定制”或“锻造”的过程。教育或教学也不是按照某个既定的目的为社会输送某种“定制品”或“零件”的过程，不是呈现某些知识或结论的过程，而是一个解放学生思想、激发学生创造性、让学生自己去探索和发现的过程。在这部书中，作者侧重从如何教学的角度，探讨了创造性学习问题，创造性学习被看作创造性教学的结果。显然，他的这些观点反映了美国当时盛行的进步主义教育思想，尤其是儿童本位的主张。事实上，进步主义的这些思想深深影响了美国的教育，尤其是改善了当时的课堂气氛，促进了师生关系的民主化，而且至今仍有着深刻的影响。

受皮亚杰结构主义理论的影响，美国著名教育家、认知心理学家杰罗姆·布鲁纳（Jerome Seymour Bruner，1915—2016）提出了知识结构、分析思维和直觉思维、螺旋课程、发现学习、启发法等一系列概念，并在《教育过程》（*The Process of Education*）一书中系统阐述了其结构主义教育思想。他强调，要让学生学会学习，要大力提倡启发教学。这些思想激发了随后的一系列教学改革，这些教学改革涉及数学、自然科学以及语文、社会科学等学科的教学。同时，也激发了一系列相关的学术探索。例如，1967 年，密歇根大学的 B. G. Massialas 与 J. Zevin 结合具体的研究，论述了如何在生物学、地理、语文、音乐、社会等学科中促进学生分析思维、发现学习能力的发展，主张激发学生探索的动机，让学生通过所给的材料推导出自己的结论，发现特定的概念和一般概念之间的关系。

进入 20 世纪 70 年代以后，随着对创造性研究特别是创造性思维研究的深入，人们开始从创造性思维的角度探讨学习过程。在这方面，E. P. Torrance 等人的观点最为典型。1970 年，美国佐治亚大学（University of Georgia）的 Torrance 和加拿大维多利亚大学

(University of Victoria）的 R. E. Myers 也出版了一本名为《创造性学习与教学》(*Creative Learning and Teaching*）的书。在书中，他们将创造性学习与创造性教学并提，认为二者是统一的，它们都发生在创造性学习的过程之中。在创造性学习过程中，学习者会敏感地觉察或意识到某种问题或缺陷、知识之间的不连续性或知识的缺口、不和谐或某种缺失的成分；会收集各种信息并加以综合；会确定困难所在或缺失的成分是什么；会寻找解决办法，进行猜测，或形成假设；重复检验和修正、完善这些假设，并最终得到和呈现自己的结论。这是构成创造性学习过程的基本阶段。通过创造性学习，产生了对学习者来说新颖、独特的信息，形成了新的技能。在每个阶段，都包含强烈的创造动机在内。换言之，创造性学习实际上是一个融创造动机、创造性认知和行为于一体的过程。表现为：愿意投入有意义的事情之中；面对困惑、挑战、不完善、不和谐、无秩序时，很想知道真相或解决问题；综合已有知识，形成新的组合，或者确认不连续性是什么，以确定困难所在，或简化问题；想出多种新的办法和可能性，使问题的解决过程更为详尽、明确；判断、评价、检查和检验这些可能性；舍弃那些不成功的、错误的或没有应用前景的解决办法；选择最优的解决办法，使之富有吸引力和美感；向人传达或传播这些研究结果。

相应地，创造性教学就是这样一个创造有利条件，让学生处于上述情境之中，提高他们的创造性的过程。在创造性教学过程中，教师能够创设一种具有高度“反应性”的环境：及时意识到学生的需要，进行相应的引导；能够倾听学生的看法和感受；尊重学生的意见，并作出相应的反应；不挖苦和讽刺学生；能肯定学生努力学习的行为。Torrance 总结指出，创造性教学应能允许学生按照自己的方式工作和学习；应能根据学生的具体情况调整课程安排；不让学生因创造性行为受到心理的和身体的惩罚。而且，为了创造一种“非惩罚性”的环境，教师通常需要创造一种接纳和宽容的氛围，改变一个群体（小组、班级、学校等）对创造性行为的看法。

Torrance 等人在实际研究的基础上指出，创造性教学是可能的，其效果是可见的；通过教学，学生能够学会创造性思维，学会创造性地解决问题。尽管人们对创造性教学的看法并不完全统一，一些人包括教师甚至认为教学并不能提高学生的创造性。但是，更多的证据表明，创造性教学可以促成学生多个方面的转变：从不具备阅读能力转变为具有较高的阅读能力；破坏性行为减少，学习成绩提高，建设性行为增加；创造性行为增多；从疏远现实转变为接近现实；从社交中的孤立和被拒斥状态转变为被接纳的状态；打架、敌对等问题行为减少，言语技能提高；对学校和学习的热情提高；自信心提高，能够创造性地表达自己的观点；注意力增强；心理问题减少。

关于创造性学习的更为系统的论述出现于 20 世纪 70 年代末。1979 年，J. W. Botkin，M. Elmandjra 和 M. Malitza 提出了创新学习（innovative learning）的概念。在他们看来，学习是人们获取知识、进行生活、开发创造性的活动过程，是人们为适应新环境而进行准备的过程。随着人类社会的发展，人类需要面对的世界和问题日益复杂，在这种日益提高的复杂性与人类自身的适应能力之间的差距也在加剧，而创新学习是人类消除这种差距的基本途径，也是适应新环境的必要手段。所谓创新学习，就是与传统的维持学习（maintenance learning）相对的，能够引起变化、更新、改组，提出一系列问题的学习。他们认为，维持学习是获得固定的世界观、方法、规则，以应对已知的、重复发生的情况的学习，它可以提高我们解决既定问题的能力，让我们保持现有的体制和生活方式。它对于社会的稳定和正常运转都是不可缺少的。但是，人类要适应各种冲突和变化、长久地生存和发展下去，就需要进行创新学习。

Botkin 等人认为，创新学习的基本特征是预期（anticipation）和参与（participation）。在学习过程中，人类应该预期可能出现的事件和矛盾以及可能采取的各种措施或应对方法。通过预期性的学习，我们可以选择那些对我们有利的事件或情境，并采取相应的措施；可以避免那些不利的、灾难性的事件，并提出新的方法或方案。同时，创新学习要求广泛的参与，这种参与可以是国家、地区、群体水平的参与，也可以是个体水平的参与。如果说维持学习是根据一定的计划，遵循既定的程序，有着明确的目标和任务的问题解决学习，那么，创新学习就是发现和明确地界定、表述问题，对问题进行分类的过程。通过创新学习，可以批判和质疑传统的思想和行为，而努力促成必要的变化。换言之，它的价值不在于维持现状的稳定，而在于促成对我们有利的变化。这种观点将创新学习与维持学习相比较，在整个人类社会发展的宏观背景下讨论了创新学习的意义，可以说是较早地系统论述创造性学习的观点。

20 世纪 80 年代以后，人们开始广泛使用创造性学习的概念，出版了一系列关于创造性学习的著作，深入分析了各个阶段的创造性学习的规律和方法，如《鼓励天才学生的创造性学习：方法和技术手册》（*Encouraging Creative Learning for the Gifted and Talented*：*A Handbook of Methods and Techniques*，Treffinger，1980）、《早期教育：创造性学习活动》（*Early Childhood Education*：*Creative Learning Activities*，Barbara，1983）、《创造性的问题解决：基础课程》（*Creative Problem Solving*：*The Basic Course*，Isaksen，Treffinger，1985）、《创造性学习练习手册》（*The Handbook of Creative Learning Exercises*，Engel，1994）。此外，研究者还提出了一系列关于创造性学习的新观点。例如，Treffinger 等人（1983）从创造性思维研究的层面，总结了有关创造性学习的理论研究，其中包括认知、理性和语义学的观点，人格和环境的观点，人本主义观点，心理分析或心理动力学观点等，还提出了创造性学习的三层模型：包括发散思维、思维与情感的复合以及迎接现实挑战的创造性活动。需要指出的是，上述学者通常将创造性学习与创造性教学并提。

近年来，有关的研究仍在全球范围内继续，在欧美国家尤其如此。在美国国际技术教育协会下属的全国教育技术学习标准

(National Educational Technology Standards for Students，NETS)中，第一条就是创造性和创新。在美国学校图书管理员协会(American Association of School Librarian，AASL)为21世纪的学习者制定的标准中，也突出强调了学生能创造新知识，要求学生能够表达自己的新见解，创造出能够在现实生活中应用的新产品(Johnson，Lamb，2010)。在具体的研究中，人们也日益强调创造性的学与教。例如，Bob（2006）结合自己的研究与有关的研究，从创造性的学与创造性的教两个方面总结了创造性学习的研究和实践。此外，还出现了以创造性教学为名的出版社，如在美国加利福尼亚州成立的创造性教学出版社（Creative Teaching Press，CTP)，就是这样一家以创造性教学为旗帜，专门出版面向3到14岁儿童的读物的出版公司。

人们在注重理论研究的同时，更为注重创造性的学和教的具体方法，开发了一系列实用性很强的课程，甚至成立了专门的研究中心或公司。例如，在美国密歇根州就成立了创造性学习与教学中心(The Center for Creative Learning and Teaching，CCLT)，从事实用课程的研究和开发，在小学儿童和残疾青少年中开展了一系列探索性的研究。在美国佛罗里达州也成立了创造性学习中心（Center for Creative Learning)，以D. J. Treffinger为首的一批研究者将多年研究的成果应用于实践，致力于开发人们的创造性和特殊才能。他们所服务的机构涉及学校、政府机构、艺术馆和科学中心乃至教堂和国际教育机构。将研究与有关的社会服务结合起来，成为创造性学习和教学研究的重要趋势。

自20世纪80年代以来，国内研究者也开始重视创造性学习和教学问题。出于教育改革的要求，国内的很多实际教育工作者和教育理论研究者逐渐意识到创造性学习的重要性。近年来，国内教育界提出了“自主学习”“研究性学习”等观点，并进行了系列探索性研究。但是，从总体上看，他们直接关于“创造性学习”的论述都不太系统。林崇德较早地从心理学的角度剖析和倡导创造性学习。

在国内学者中，他关于创造性学习的思想颇具代表性。他率先提出重复性学习与创造性学习的两分法。他认为，重复性学习是以教材和书本为中心的、人云亦云的学习，创造性学习则是用于探索、除旧布新的学习，它是创造性教育的一种形式，能充分体现学生的主体性，反映在学习策略和方法、学习动机、学习目标等多个方面（林崇德，1999，2000）。他探讨了创造性学习本身的发展，指出创造性学习是从发现学习和创造性思维逐渐发展而来的。他认为，创造性学习强调学习者的主体性，在创造性学习过程中，学生不仅是教育目的的体现者，而且是学习活动的真正的主人，表现出高度的积极性和主动性。就创造性学习的学习目标而言，学生不仅可以获得教师传授的知识，还能分析和质疑书本或教师传授的知识，自主而有选择地学习和吸收。就学习活动本身而言，能进行创造性学习的学生不仅接受知识，而且在进行的探索中不断除旧布新，发现新的知识，运用批判性思维，不断反思和监控自己的学习活动和学习过程，并进行及时的调整，以获得最佳的学习效果。

学生进行创造性学习的基本条件是创造性的教，创造性的学通常需要创造性的教作为前导，创造性的学通常是创造性的教的结果。创造性的教要求教师改变对书本知识进行生硬灌输的教学方式，而真正将学习者放在学习“主体”的位置上，给他们充足的探索、发现和解决问题的机会和自由，创造性的教更重要的是创设一种允许或促使学生进行创造性学习的环境。

此外，将创造性学习和教学跟互联网联系起来是未来创造性学习与教学的主要发展趋势。互联网的迅猛发展改变了人们的生活和联系方式，同时也促进了教育和教学方式的改革。近年来，教育者日益重视互联网在教学中的应用。基于互联网的教学（Web-Based Instruction，WBI）成为教学改革的一项重要内容。所谓的远程教学、网络课程等，都是这种新的教学活动的表现形式。

互联网自身的特点决定了它在现代教学和创造性学习中的独特优势。B. H. Khan（1997）总结了互联网学习环境的 28 个特征，其中包括：具有交互性，可以使用多媒体，系统具有开放性，可以在线查询，设备、距离和时间相互独立，可以遍及全球，可以电子形式出版作品，脚本语言和标准的网络地址具有全球范围内的一致性，可以提供在线资源，可以自由发布信息，可以进行跨文化互动，可以共享多专业领域的资源，网络资源的生产实现工业化，使用者可以自我控制，高度便利，容易使用，可以独立存在，可以提供在线支持，可以创设解决现实问题的真实的学习环境，网络资源具有高度的安全性或可控性，可以减轻使用者的体力负担和环境的负担，无歧视性或公平性，可降低使用者的代价，进行课程开发和保持比较容易，可以进行合作学习，具有主页和超链接等正规和非正规的环境，可以进行在线评价，可以创设虚拟社区、虚拟教室等虚拟的文化环境。也正因此，借助于网络，教育者可以进行灵活、高效和富有创造性的教学，学生也可以进行合作学习、师生互动和跨文化的交流。而且，借助于互联网，还可以进行以学习者为中心的网络教学，通过头脑风暴法、角色游戏、创造性写作、案例推理等方式，切实提高他们创造性思维能力和批判性思维能力。近年来进行的有关研究证实了这一点（Bonk，Reynolds，1997）。

二、创造性学习

创造性学习究竟具有哪些基本的特征和内涵？综观国内外有关的学习理论，创造性学习主要具有以下几个基本特征和内涵（谷传华，周宗奎，范翠英，2010）。

其一，创造性学习既体现在学习过程上，又体现在学习结果上。从学习过程来看，创造性学习需要学习者进行创造性的认知活动，特别是运用创造性思维，找到适合自己的学习方法，发现问题，并创造性地解决问题。这里的问题不仅包括特定学科或专业领域内的学术性问题（例如，不同的理论观点为什么存在冲突?），还包括日常生活中需要应用专业或学科知识解释或解决的问题（例如，为什么不同的人面对同样的事件感受却不一样?）。从学习结果来看，通过创造性学习获得的知识不同于通过简单的接受学习获得的知识，前者具有充分的实践或经验基础，是学习者对问题独立思考、积极探索之后的发现和体悟，后者则是借助于语言的理解实现的，缺乏对知识获得过程的实际体验。通过创造性学习，学习者能够自主地获得特定的知识，形成特定的态度，拥有对知识获得过程的直观体验。进行创造性学习的学习者能够体会到自己对知识的“掌控感”，切实感到知识是“自己”的，而不是别人“教”给的。创造性学习的结果对学习者是一种自我强化，获得知识的乐趣就是一种强化物。

其二，创造性学习的本质是一种自主的探索活动。在创造性学习过程中，学习者是学习活动的真正的主体，在兴趣和求知欲的推动下，他们可以自由地选择和发现问题，通过努力，以某种适当的方式找到问题的答案，也可以有目的地观察生活，从周围的生活环境中搜索各种与学习内容或问题有关的现象，为有关的理论或观点找到恰当的解释。

其三，创造性学习的核心是积极投入的思考或实践，其中整合了学习者创造性的认知过程和人格倾向。面对学科或专业的任务，学习者首先是拥有学习的热情和内在动机，他们愿意投入地思考与任务有关的现象或问题。在此过程中，学习者应能勇于打破常规，以丰富的想象力和高度的好奇心、挑战性、冒险性，从多个角度进行灵活、变通的思考，找到最适当有效、最有创造性的解释或问题解决方案。他们必须了解自己的认知、人格和学习特点，不断自我反省，在此基础上选择适合于自己的学习方法和策略，找到适合自己的学习途径和学习方式。

近年来，互联网在学习过程中发挥着日益重要的作用。网络支持下的创造性学习，是学习者在教师的指导下，以网络媒体为手段，充分发挥网络媒体的功能，创造性地提出问题、解决问题的过程。概括地说，网络支持下的创造性学习主要具有以下几个基本特点。

其一，创造性学习对信息获得手段的多样性具有特殊的要求。从学习过程上看，创造性学习需要学习者广泛地搜集信息，进行创造性的认知活动，找到适合自己的学习方法，发现问题，并创造性地解决问题，包括特定学科或专业的学术性问题（例如，不同的理论观点为什么存在冲突?）和日常生活中需要应用专业或学科知识解释或解决的问题（例如，为什么不同的人面对同样的事件感受却不一样?），进而获得特定的知识，形成特定的态度，拥有对知识获得过程的直观的体验。创造性学习需要学习者具有充分的实践或经验基础，拥有极为丰富的、可资利用和选择的信息，只有这样，他们才更可能发现问题，发现问题的多种解决方法以及所获得的知识在生活中的多种应用方式。因此，在创造性学习过程中，多种多样的信息获得渠道或手段是必不可少的。

其二，网络支持下的创造性学习的本质是借用网络媒体进行的自主探索。在兴趣和求知欲的推动下，学习者个人或群体通过互联网或其他途径，广泛地搜集与教学内容和教学要求有关的、自己感兴趣的信息，在此基础上自主地确定自己要深入探讨的问题，然后，围绕问题广泛地搜集信息，找到多种可供选择的解答或问题解决方案，再通过面对面的讨论、网上聊天室、BBS或其他聊天软件进行自主的、深入的讨论，确定最佳的问题解决方案。学习者还可以通过互联网搜索与学习内容有关的现象，为有关的理论或观点找到多样化的、可能的解释或证据，从而实现知识的灵活迁移。

在网络媒体的支持和辅助下，学习者一方面可以从对问题的独立思考和积极探索中进行发现和体悟，强化创造性学习的结果；另一方面可以从内容丰富而形式多样的信息、自由的在线合作和讨论获得强化。如果应用得当，互联网信息的丰富性、生动性、学习者之间的积极互动有利于激发学习者进行创造性学习的内在动机。

其三，网络支持下的创造性学习具有高度的应用性和生活性。一方面，创造性学习本身需要密切联系现实生活，充分利用身边的各种资源，包括互联网信息，才能发现生活中存在的、与学习内容有关的各种问题，并找到问题的答案，而且，学习者需要将学习的结果或所获得的知识迁移运用于生活，分析生活中的各种现象，解决生活中的各种有关的问题；另一方面，互联网所提供的信息也是与日常生活密切相关的，学习者可以从网络阅览或下载各种学习和学术的信息资源，通过互联网，更容易发现特定的学习内容或知识与生活的联系。

可以说，创造性学习最重要的特征是它的应用性和生活性，即学习者的学习活动与他们自身的生活密不可分。无论多么抽象的学习内容，都可以与生活或生活中的现象联系起来，都可以转化为生活中的实际行动，或者从生活中的现象中找到佐证。创造性学习本身就是知识在生活中的应用过程，各个学科或专业的学习皆如此。

在中小学阶段，这一点尤其明显。在数学学习过程中，进行创造性学习的学生通常能将数学的数字以及各种原理与生活中的各种现象结合起来，能够把所学的原理或定理灵活地运用于生活中，解决生活中的实际问题；而且，他们还能在生活中产生各种疑问，提取或发现新的数学问题，并进行相应的探索。在语言课程（语文、外语等）的学习过程中，他们通常喜欢将所学运用于语言的表达过程中，换言之，他们喜欢运用所学进行自由地表达，描述生活或表达自己的想法、感受。在自然科学系列课程（如物理、化学）的学习过程中更是如此。创造性学习者不仅善于观察和发现生活中的各种有趣的现象，而且乐于探索这些现象背后的原因或机理。这也是创造性得以增强的基础。

在高等教育阶段亦如此。例如，在教育学的学习中，学习者可以把教育规律运用到对各种教育现象和问题的分析中，或者从周围的教育活动中，找到诠释这些规律的各种现象或事实。在心理学专业的学习中，心理活动的基本规律可以用来解释人的各种行为，心理学知识本身即来自对人类（或动物）心理和行为的分析。在发展与教育心理学中，不同年龄阶段的心理发展特点不仅可以与学习者各阶段的生活经历和教育、教学相联系，而且可以从不同阶段的人的行为获得“诠释”和“佐证”。对教育与心理研究方法的学习也不例外，访谈、观察、实验、问卷调查等方法与学习者了解教育和心理的追求和热情密不可分，他们只要愿意探讨人的心理和教育活动，就必然会用到各种研究方法。

正是在“用”的过程中，学习者才能真正地领略知识和学习的价值，才能真正地获得知识。也正是在“用”的过程中，学习者才乐于积极地探索、投入地思考，表现出浓厚的学习兴趣和高度的学习动机，才愿意开动脑筋，显示出高度的挑战性、冒险性、想象力和创造性的思维能力。因此，毫不夸张地说，“用”是创造性学习的核心，它本身既是创造性学习的动力，又是创造性学习的基本方式，贯穿于创造性学习的各个基本环节。同时，它还是教学设计的基本出发点。

其实，很多创造性的发明都是学生创造性学习的结果。通过创造性学习，中小学生甚至都可以做出很多令人惊讶的发明创造。他们首先是善于结合所学知识，从生活中发现需要解决的问题，或者产生某些疑惑。例如，有的学生发现晾衣架经常被风吹落，就产生了如何才能让衣架防风的问题；有的学生看到口香糖经常粘在地板上难以擦掉，就试图找到一种解决的办法；还有的学生看到鼠标经常沾满灰尘，就试图找到一种有效避免灰尘的办法。其次，他们能在问题的引导下，收集各种可用的资料，应用各种现有的资源，进行多次试验或探索。他们会翻阅书籍，上网查询，搜集相关的资料，也可能向老师或专家询问，获得他们的帮助。最后，他们能够综合各种相关的信息，凭着坚强的意志和耐心，最后找到解决问题的办法。例如，上述学生通过对问题的思考，不懈地实验、改进，发明了防风变形衣架、口香糖残渣清除剂、防尘鼠标。当然，创造性学习者也能根据教师提出的问题进行探索性的、富有成效的学习，得到自己的独特发现。

创造性学习者善于将课堂知识延伸到生活中，而不是把课堂教学内容作为只需要记住或背会的东西。例如，有的学生在化学课上了解了水和油的物理化学性质，然后，就发明了一种辨别正常食用油与地沟油（一种经过多次使用之后加工而成的、违法贩卖的“食用油”，食用后严重损害人体健康）的办法。活学活用，是创造性学习者的重要特征。当然，在创造性学习的过程中，非常重要的是学习者始终具有探索的兴趣和动机，这贯穿于他们的整个学习过程。

三、创造性教学

如前所述，创造性的学在很大程度上依赖于创造性的教。换言之，在学校教育中，创造性的教可以说是创造性学习的基本条件。尽管人们对创造性的教（以下统称创造性教学）的程序和方法具有不同的看法，但一般认为，创造性教学通常具有以下特点。

首先，教师鼓励学生的自由探索，给学生充分的自由。学生可以自由地提问和讨论，可以自由地做实验，检验他们的想法或假设，可以自由地搜索学习所需要的各种资源。同时，他们可以自由地选择自己的工作或学习方式，可以独立地探索和学习，也可以进行小组学习和探索。他们可以根据自己的需要选择适当的方法。

其次，与鼓励自由探索相联系，教师并不注重对学生的惩罚，而是为学生创设一种宽松的、开放的学习环境。教师尊重每个人的特点或个体差异，尊重每个人的看法和感受，也尊重每个人所具有的巨大潜力，不用同一种标准要求不同的学生，也不用简单的对或错判断学生的反应或行为。因此，每个学习者都具有心理上的自由和充足的安全感，他们不必担心自己的行为或反应会遭到老师和同伴的批评、讽刺或挖苦，他们完全可以根据自己的兴趣进行自由地探索。

最后，教师能通过创设特定的教学情境或特定的问题情境，激发学生的探索兴趣和创造热情。他们注重对学生的引导而不是灌输，注重启发而不是说教，注重对学生活动的参与、帮助而不是生硬的命令，注重培养学生的自主性和独立性而不鼓励他们依赖和顺从。换言之，在教学过程中，他们扮演着创造性学习的激发者、引导者、参与者和辅助者的作用。而且，他们还能根据学生的个体差异，灵活地调整教学内容和教学方式。

不容否认，要促进学生的创造性学习，必须形成相应的教学模式，以教导学，才能收到最佳的效果。所谓教学模式，就是在一定的教学思想或理论指导下，围绕特定的教学目标，为设计和组织教学而形成的教学活动的基本结构。它可以看作一套开展教学活动的方法论（唐文中，1990）。在某种教学模式下，需要恰当地组织和调控教师、学生、教学内容、教学手段、教学的时间和空间等条件，形成某种相对稳定的操作程序、评价标准和方法。与创造性学习的特点相应，创造性的教学模式通常具有以下特点（Gu，Zhou，Fan，2010）。

首先，促进创造性学习的教学模式能促使学生学会“用自己”。促进创造性学习的教学，实际上是让学生学会运用自己已有的智力和人格“资源”，产出创造性的学习行为和学习结果，形成相应的知识、观念和态度。这种教学模式以创造性理论特别是创造性教学理论为基本指导思想，它本身就是创造性的，创造性教学是创造性的教与创造性的学的统一。

在静态的结构上，创造性是由创造性认知、创造性动机和人格等构成的整体；从动态的运行过程来看，创造活动是在促进创造性的环境中，人们在特定的创造动机和人格的推动下，进行创造性认知和行动的过程（Gu，2005）。R. J. Sternberg 等人在 20 世纪 90 年代初提出的创造性投资理论（investment theory of creativity）认为，创造性的思维和行为是智力、知识、思维风格、人格、动机、环境等多种资源综合投入或者交汇的产物，它们以不同的方式相结合，而在不同的领域产生不同的创造能力（Sternberg，1991）。创造性教学就是要让学生在学习过程中学会“投资”，即在创造动机、人格的激发下，以创造性的思维风格，运用已有的知识和智力资源，产出创造性的观念和行为。

研究表明，以培养学生的创造性为目的的教学通常能够创造民主的教学气氛，允许学生有不同的看法，对学生的意见暂缓评判；能提出开放性的、不限于单一答案的问题；允许学生独立学习，不打击或排斥学生的失败或错误；让学生奠定知识基础；改进作业和评价的方法（陈龙安，1999）。创造性教学对教师的知识、技能、人格、工作方法都是一种严峻的挑战，他们需要变传统的教学方法为鼓励创造性的教学方法，创设以导为主、宽松自由的教学环境。许多研究显示，创造性教师能够在课堂上支持学生的个人自治，赋予学生展示创造性的权力和机会（Kwang，2005）。他们解除了在学生身上施加的束缚，让他们在遵循基本伦理原则的前提下，获得认知表达、人格表达的自由。简言之，创造性的教学是让学生拥有“用自己”的自由和勇气，而不是缩手缩脚，不敢说或不愿说、不敢想或不愿想。

其次，促进创造性学习的教学模式能够促使学习者学会“用知识”“用经验”。它鼓励学习者利用教学任务中规定的知识，分析现象，解决问题，真正实现学以致用，能够让学生在这种用的过程中深化对教学内容及其价值的理解，并形成对学习的积极态度。学生也正是在这种用的过程中，完成对知识的建构，更新自己的知识结构。另一方面，这种教学模式能够促进学习者运用自己的经验，将学习内容与自身的经验联系起来，通过经验分析加深对学习内容的理解，同时，通过所获得的知识也会加深对经验的理解。

实际上，知识获得和创造活动的过程本身就是“用”的过程，一方面，学习者正是在“用”的过程中，才能真正地掌握创造性学习的途径和方法。另一方面，学习者正是在探索自身经验（如观察到的各种现象、思考和实践活动的经历）的过程中形成了有关的知识、观念和态度，并有所发现（这可以看作具有个人价值或意义的创造）。即使是伟大的创造性亦如此。Gardner（1993）通过对爱因斯坦、毕加索等 7 位高创造性人物的分析，发现了创造性发展的“十年规则”，即一个人从初学者成长为一名能取得伟大成就的专家，至少需要十年左右的准备、积累和锻炼。在这段时期内，个体的认知能力和专业知识不断地得到积累和应用。也正是在这个“用”的过程中，他们常常会找到与自己的兴趣、能力“完美匹配”的专业，发现自己所选择的专业的未来发展方向和需要革新之处，并为之努力。

显然，这种教学模式强调学习与生活的密切联系。杜威的“教育即生活”“教育即生长”“教育即经验的改造或改组”的观点与陶行知的“生活教育”观固然有其不足之处，但它们都强调学习与生活的紧密结合。要促进学生的创造性学习，也必须鼓励学生运用自己已有的知识和经验，促进外在知识的内化，形成真正“属于自己的”知识。

最后，促进创造性学习的教学模式还能够促使学生“用环境”。这里的环境，包括学习者周围可利用的各种环境条件，如自然事物、教学手段、图书馆和各种电子数据库、网络和电视媒体；也包括学习者周围能够进行各种合作和帮助、提供各种信息和沟通机会的人，如教师、同学。在教师的引导和启发下，学习者通过观察和与他人讨论，提出与学习内容有关的、自己感兴趣的问题，然后，通过图书、电子数据库、网络等渠道，搜集与问题有关的信息，或者与周围的人进行合作、讨论，最终找到问题的多种解决方案，并通过自主思考或小组讨论，确定最佳的解决方案。

因此，促进创造性学习的教学模式往往是以“用”为核心，将教师、学生、教学手段、教学内容和方法、教学的时间和空间等条件有机地组织起来。在此过程中，作为教学的设计者和学习的引导者，教师本身也应当积极地“用自己”“用知识”“用经验”“用环境”，以创设有利于创造性学习的环境和氛围。

在创造性地教的过程中，教师通常首先激发学生对学习内容的兴趣，然后引导学生自己发现问题，或者，由教师呈现特定的问题情境，让学生自己充分利用各种可用的资源，搜集相关信息，找到解决问题的最佳途径，或者圆满地回答问题。一位美国小学教师在历史教学过程中，给学生讲了很多引人入胜的历史故事，引起了学生的极大兴趣，同时也给他们留下了很多疑惑，其中包括一系列没有固定或唯一答案的问题：“中国的昨天和今天是什么样?”“谁对

‘二战’负有责任?”“纳粹德国失败的原因是什么?”“对美国投放原子弹持什么意见?”“今天避免战争的最好办法是什么?”。学生下课后根据老师的要求，自己到图书馆查阅资料，或者通过上网、与人讨论等方式，最终给出自己的回答。在教学过程中，教师首先是激发了学生强烈的学习动机，其次是引发了学生的一系列疑问以及对问题进行探索的行动。最后，在教师的引导下，他们通过整合了以往的知识和新获得的知识，形成了更为全面的知识结构，并形成了合理的态度。在这一过程中，学生的创造性潜能被激发出来。但是，要做到这一点，教师首先要充分发挥自身的创造性，制定合理的教学目标，创造性地设计教学过程、配置教学资源、使用教学手段。换句话说，教师的创造性常常是学生创造性开发的前提条件。在此过程中，教师自身往往对教学本身具有高度的热情、浓厚的兴趣、强烈的责任感，对学生具有足够的爱心和耐心。这是教师全身心投入教学活动的基础。很多优秀教师的教学经验充分证明了这一点。

概括地说，创造性教学是教师创设适当的学习环境，通过特定的教学方式，激发学生探索学习内容的兴趣和动机，以最大限度地开发其创造性潜能、促进其创造性发展的过程。创造性地教与创造性地学是不可分割的，创造性的教通常是创造性的学的基本条件，或者说创造性的教是创造性的学的外因，而创造性的学通常是创造性的教的结果。换言之，创造性的教会促成创造性的学。另一方面，创造性的学反过来也影响着创造性的教，创造性学习客观上要求教师采取相应的创造性的教学方式，形成相应的师生关系，在此过程中，教师个人的教育行为和人格也在发生着潜在的变化。因此，创造性的教与创造性的学是相互影响、相辅相成的，它们共同构成了完整的创造性教学过程。

四、创造性的学习和教学对个人发展的意义

创造性学习和教学对个人发展的意义不仅表现在对学习者个人的发展方面，而且表现在对教师个人的发展方面。

（一）对学习者个人发展的意义

创造性的学与教对于学习者的人格发展具有极为重要的意义。J. W. Botkin 等人（1979）在《学无止境》一书中高度评价了创新学习对学习者个人发展的意义。他们认为，创新学习的基本目标之一是提高学习者的自主性（autonomy）。在他们看来，自主性意味着独立做事、尽可能自立或摆脱依赖的能力，对个人而言，自主性是自我实现的一把“钥匙”。其实，创造性学习不仅可以促进学习者自主性的发展，也可以促成他们的创造性人格。

首先，就对自主性的发展而言，创造性的学与教的确可以让学习者逐渐成为学习的主体。在传统的教学方式下，教师注重知识的灌输和对学生的控制，学生往往只是被动地接受所谓的知识。他们对学习内容尤其是各种问题很难有自己的看法和主张，自我表达的愿望受到压抑。他们所要学习的就是教师直接告诉他们的那些东西。显然，这种传统的教学很容易促成学生对教师的依赖性，促成他们对“教”的依赖性，而且容易导致学生的厌学情绪。一旦离开教师，学生往往感到无所适从；一旦脱离原来的教学方式，他们往往感到难以适应。与此相反，创造性的教学却可以让学生充分地发挥自主性。学习成为学生自己的事情，他们首先是愿意学习，或者说，具有较强的学习动机。他们对所学的东西充满兴趣，愿意去探索和尝试。而且，他们乐于探索适合自己的学习风格或学习方式。在此过程中，原来的被动学习转变为主动学习，用人们常说的话就是，由“要我学”转变为“我要学”。学习成为学生生活的一部分，满意的学习结果和学习探索的兴趣也成为一种十分重要的强化物，不断增强他们的自信心。

事实表明，创造性学习者往往具有强烈的求知欲，喜欢向教师、同学与自己提出各种问题。他们想象力丰富，喜欢表达自己的看法，不随大流或人云亦云，思维流畅，对一个问题能给出多种解决的办法或答案，而且，他们敢于探索、试验，善于发现新的问题，也敢于否定现有的结论。他们还喜欢虚构、幻想，独立地做事和学习。

所有这些，其实都是学习者的自主性或主体性的表现。

其次，在创造性学习的过程中，学习者对知识和技能的学习能力会显著增强，学习技能也会逐渐形成。创造性学习者知道如何有效地学习，能逐渐根据自己的特点选择相应的学习策略。相应地，学习过程也由原来的“我不能”转变为“我能”。林崇德（2000）总结了创造性学习者的特征，他认为，创造性学习是一种运用学习策略的活动。创造性学习者擅长新奇、灵活而高效的学习方法，可以能动地安排学习，有较系统的学习方法，他们常常具有良好的学习习惯，在选择学习方法时往往遵循学习的规律。他们善于概括，将知识系统化等，大大提高了学习效果，增强了创造力。

林崇德（2000）总结指出，创造性学习者在学习兴趣和动机、学习态度以及学习目标等方面都具有自身的特点。他们通常具有强烈的好奇心和旺盛的求知欲，喜欢各种智力活动，意志品质出众，能排除外界干扰而专注于自己感兴趣的问题；喜欢花大量的时间去深究事物的变化机制，独立思考，以找到问题的答案，喜欢寻找事物的缺点并加以批判，相信自己的直觉能力。而且，他们经常以名人名家作为学习的榜样和奋斗目标。他们不满足于只是记住老师所教的内容，而是喜欢探索未来的世界。他们善于发现问题，甚至在与别人交谈的过程中也是如此。他们还能批判地接受和吸收各种信息。这些人格品质，其实都与创造性的学和教密切相关。

当然，创造性的学与教与学习者的人格之间是相互影响的。由于创造性学习需要特定的人格因素的参与，这种学习活动本身理所当然地成为一种人格训练的“场所”，与创造性学习相应的一系列人格品质会逐渐成长起来。另一方面，具有某些创造性人格品质的人更可能去进行创造性学习，成为创造性学习者，他们的创造性人格倾向也会在这种学习过程中进一步增强和稳固。

（二）对教师个人发展的意义

如同创造性的学可以促成学生的创造性人格一样，创造性的教也可以促成教师个人人格的变化和职业本身的发展。早在 1927 年，

H. L. Miller 就指出，在创造性的教学过程中，教师必须改变他们自身的固有观念，努力发掘每个学生的潜能，尊重每个学生的个体差异，因材施教，而不是像在传统教学方式下那样，定期检查学生的作业，只是为了发现学生的不足和缺点。同时，他们必须改变自己的课堂行为和教学方式，不是根据学生的最后成绩为他们简单地贴上不同的标签，而是引导学生提出和发现问题，指导学生进行探索和知识整合。教师必须给学生充分的自由，在理论上，学生不仅可以选择课程，而且可以选择适合自己的教师。这种观点看似激进，但是它在某种意义上突出了创造性教学对教师的特殊要求。

事实上，创造性教学过程的确促进了教师自身的成长。在创造性教学过程中，教师发挥着相对特殊的作用。教师通常需要鼓励学生的自主探索，因此他们要认真安排一学期或一学年的学习活动和学习内容，在适当的时间呈现给学生。教师的主要任务是启动和维持学生自主探索的过程，并进行适当的管理；奖励和强化学生创造性的行为，参与学生的探索活动。他们需要学会尊重所有的学生，以平等的观念和姿态，促成民主的教学氛围。否则，他们将很难进行创造性的教学。在这一过程中，教师自身的教学能力也得到了提升。

早在上个世纪 70 年代，E. P. Torrance 等人就研究了擅长创造性教学、有助于学生创造性发展的理想教师的特征。他们的研究发现，在教师、教育管理者和行政人员看来，理想的创造型教师通常具有下列特征：喜欢与学生在一起，看重所有的学生，对学生一视同仁，在学生需要帮助时能够提供热情的帮助，敢于承认自己的错误，信任学生，具有幽默感，比较有耐心，容易交流，为学生取得的成绩感到自豪，性格温和而友好，言行得体而又体贴入微，能够清楚地表达自己的想法，兴趣广泛，自信而宽容，能够为学生的权利而斗争，等等。其中，最重要的还是关心学生，态度诚实，敢于承认自己的缺点和错误，信任学生，但他们未必严厉。很多研究都得到了类似的结论。这意味着，在创造性教学过程中，教师要能更好地促进学生创造性的发展，或者说要成为一名合格的创造型教师，他们通常需要具备上述品质。换言之，创造性教学可以训练或促成合格的创造型教师。

第二节　网络支持下的教育改革与创造性教学

在互联网日益普及、创造力日益成为教育改革焦点的今天，创造性的学与教呈现出更强的时代特征。在汲取传统教育教学优点的基础上，人们开始发挥网络在教育传播中的巨大优势，将创造教育与网络进行深度融合，形成了网络支持的独具特色的创造教育和教学方式，让创造性的学与教变得更加多样化和便捷化，也更智能化。

一、创造教育与教育改革

综观国内外的教育改革，可以说，开发学习者的潜能，促进学习者创造性的发展，始终是世界教育发展的一个基本趋势，也是近年来各国教育教学改革的一条主线。

从总体上看，欧美国家的教育改革，特别是近一个多世纪的教育改革，是紧紧围绕儿童自身的发展与国家实力的提高展开的。18世纪，法国启蒙主义思想家卢梭（Jean-Jacques Rousseau）的自然主义教育思想唤醒了人们对儿童心理发展规律的意识，引发了儿童研究运动（child-study movement），启发人们从深层思考如何根据儿童心理发展的规律进行教育。他的思想典型地反映在他的名著《爱弥儿》（*Emile*）中。他被称为“儿童研究运动之父”，被认为是“发现”儿童的人。在随后的一百多年中，卢梭的思想一直影响着人们对儿童教育的看法，也潜在地影响着教育改革的进程。

进入20世纪以后，特别是在20世纪前半期，实用主义教育思想在美国占据统治地位。实用主义哲学家、教育家杜威（John Dewey）是这一教育思想的代表人物。他提出“儿童中心”“在做中学”“教育即生活”等著名的教育主张，认为儿童天生充满了主动性和好奇心，教育者应给儿童自由成长和探索的机会。这些思想深深影响着美国当时的教育改革，大大改善了儿童在教育教学中的地位和师生关系，至今仍具有十分深刻的影响。

进入 20 世纪 50 年代以后，实用主义教育思想因其教学内容过于简单、不利于增强国家竞争力而遭到批评。在美国，教育改革日趋强调严格的学业标准和文化知识的学习，以培养有真才实学和高度竞争力的人才，最终提高国家的竞争力。但是，如何提高教育的效果以及如何促进成功的教和成功的学，仍然是现代教育改革的基本思想。换言之，创造性的教与学一直是教育改革的主题之一。

中国的教育改革其实也走着一条类似的道路。1993 年 3 月，中共中央、国务院发布了《中国教育改革和发展纲要》，该纲领性文件指导了上世纪 90 年代至 21 世纪初的中国教育发展。在这份文件中，明确提出，“必须把教育摆在优先发展的战略地位，努力提高全民族的思想道德和科学文化水平，这是实现我国现代化的根本大计”。而且，还指出，“必须坚持教育的改革开放，努力改革教育体制、教育结构、教学内容和方法，大胆吸收和借鉴人类社会的一切文明成果，勇于创新，敢于试验，不断发展和完善社会主义教育制度”；要“遵循教育规律，全面提高教育质量和办学效益”；而且，要“不断提高教师政治和业务素质”。需要指出的是，在这份文件中，“创新”一词只出现了一次。这说明，对提高教与学的创造性的问题还没有引起人们足够的重视。

2010 年 7 月，中国政府正式发布了《国家中长期教育改革和发展规划纲要（2010—2020 年）》，这是中国进入 21 世纪之后对教育改革和发展方向的宏观规划。在这份纲领性的文件中，要求进行“拔尖创新人才培养改革试点、推进素质教育改革试点”。它突出强调了“提高国民素质、培养创新人才的重要性和紧迫性”，把“优先发展、育人为本、改革创新、促进公平、提高质量”作为教育改革的基本工作方针，要求“创新人才培养体制、办学体制、教育管理体制，改革质量评价和考试招生制度，改革教学内容、方法、手段，建设现代学校制度”，“着力提高学生的学习能力、实践能力、创新能力，教育学生学会知识技能，学会动手动脑，学会生存生活，学会做人做事，促进学生主动适应社会，开创美好未来”。在人才培养体制上，明确要求“创新人才培养模式。适应国家和社会发展需要，遵循教育规律和人才成长规律，深化教育教学改革，创新教育教学方法”。要求改革教学和学习方式，“注重学思结合。倡导启发式、探究式、讨论式、参与式教学，帮助学生学会学习。激发学生的好奇心，培养学生的兴趣爱好，营造独立思考、自由探索、勇于创新的良好环境。适应经济社会发展和科技进步的要求，推进课程改革，加强教材建设，建立健全教材质量监管制度。深入研究、确定不同教育阶段学生必须掌握的核心内容，形成教学内容更新机制。充分发挥现代信息技术作用，促进优质教学资源共享”；而且，教育要“注重知行统一。坚持教育教学与生产劳动、社会实践相结合。开发实践课程和活动课程，增强学生科学实验、生产实习和技能实训的成效。充分利用社会教育资源，开展各种课外及校外活动。加强中小学校外活动场所建设。加强学生社团组织指导，鼓励学生积极参与志愿服务和公益事业”。要“注重因材施教。关注学生不同特点和个性差异，发展每一个学生的优势潜能。推进分层教学、走班制、学分制、导师制等教学管理制度改革。建立学习困难学生的帮助机制。改进优异学生培养方式，在跳级、转学、转换专业以及选修更高学段课程等方面给予支持和指导。健全公开、平等、竞争、择优的选拔方式，改进中学生升学推荐办法，创新研究生培养方法。探索高中阶段、高等学校拔尖学生培养模式”，参见《国家中长期教育改革和发展规划纲要（2010—2020 年）》。该文件对培养创新型人才，促进教育改革做出了详细的指导建议。

显然，激发教师积极性和创造性、激发学生学习的创造性、激发社会各级组织和机构的创造性，形成创新的教育环境，成为中国未来教育改革的基本方向。在这份文件中，“创新”“创造性”“首创”等字眼出现了 66 次，这说明，教育创新已经引起中国政府和社会各层人士的充分重视，成为中国教育发展的基本主题。

需要指出的是，创造性的教与学，也成为这份文件中的内容之一。所谓“创新人才培养模式”“创新教育教学方法”，其实就是要求进行创造性的教育和教学。而“注重学思结合。倡导启发式、探究式、讨论式、参与式教学，帮助学生学会学习。激发学生的好奇心，培养学生的兴趣爱好，营造独立思考、自由探索、勇于创新的良好环境”，则是关于创造性的教与学的更具体的表述。

综观各国的创造教育，无论是教育理论还是教育方法、课程设置都在不断拓展和深化，但教育目的都是致力于培养具有创新意识和创新能力的人才。而在推行创造教育和教学的过程中，也毫无例外地会结合互联网这一时代背景，将互联网作为重要的教育手段和教学媒介。事实上，在互联网日益普及的今天，网络也成为创造教育和教学无法忽略的组成部分，为创造教育和教学的开展提供了强大的技术支持。

二、教育信息化改革与创造性教学空间的拓展

随着互联网技术的广泛普及，教育出现信息化和网络化的倾向，网络教学、网络学习逐渐成为与传统教学和学习相互补充、相辅相成的教学和学习形式。在此过程中，人们也逐渐融入创造性学习的理念，强调通过在线的方式培养学生的创造性学习能力，提高其网络创新意识。与此相应，各国政府也陆续出台了有关的促进性的政策，提出了一系列指导性的意见。例如，早在2000年，美国教育部就发表了旨在推进在线学习和教学的白皮书《网络学习：将教育放在孩子的指尖上》（*E-learning：Putting A World-class Education at the Fingertips of All Children*），阐明了美国中小学教育技术和网络学习的目标和实施途径。

在这种国际背景下，中国也掀起了教育信息化改革的浪潮。2018年4月，我国教育部印发《教育信息化2.0行动计划》，强调将教育信息化作为教育系统性变革的内生变量，推动教育理念更新、

模式变革、体系重构，让我国成为在教育信息化发展水平领先世界的国家。其基本目标是到 2022 年基本实现“三全两高一大”的发展目标，即教学应用覆盖全体教师、学习应用覆盖全体适龄学生、数字校园建设覆盖全体学校，信息化应用水平和师生信息素养普遍提高，建成“互联网+教育”大平台，从提升师生信息技术应用能力向全面提升其信息素养转变、从融合应用向创新发展转变，努力构建“互联网+”条件下的人才培养新模式、发展基于互联网的教育服务新模式、探索信息时代教育治理新模式。

该计划还强调要构建一体化的“互联网+教育”大平台。引入“平台+教育”服务模式，建成国家数字教育资源公共服务体系。通过推动信息技术与教育的深度融合，使教育信息化从融合应用向创新发展演进，让信息技术和智能技术深度融入教育全过程。通过这种融合，全面提升教师与学生的信息素养，使之具备良好的信息思维，能够应用信息技术解决教学、学习、生活中的问题（中华人民共和国教育部《教育信息化 2.0 行动计划》，教技〔2018〕6 号）。

新冠肺炎疫情的暴发进一步推动了“互联网+教育”的快速融合，利用线上教育资源教与学成为新常态。2019 年中共中央、国务院印发的《中国教育现代化 2035》文件指出，要加快信息化时代教育变革，普及优质数字教育资源。《教育部等五部门关于大力加强中小学线上教育教学资源建设与应用的意见》也指出，到 2025 年，基本形成定位清晰、互联互通、共建共享的线上教育平台体系，覆盖各类专题教育和各教材版本的学科课程资源体系，涵盖建设运维、资源开发、教学应用、推进实施等方面的政策保障制度体系。文件指出学校要加强学生线上自主学习指导，帮助学生制订线上学习计划，有效利用平台学习资源，合理选择其他线上资源，科学安排课后学习时间，主动做好预习复习、开展探究式学习和项目式学习等，促进学生养成自主学习习惯，提高自主学习能力。2022 年 3 月 1 日，教育部召开新闻发布会，将“国家中小学智慧教育平台”资源全部免费开放使用，将平台资源的常态化应用纳入教育、教学管理基本要求。这也为儿童和青少年使用数字资源提供了便利，对于促进教育公平具有重要的意义。

显然，以上这些政策是我国适应互联网普及的时代背景，促进互联网与教育深度融合从而最终提升人才的创造性能力的重要举措，也反映出我国能够及时、科学、高效地应对新冠疫情所带来的不良影响。在此过程中，数字资源服务的普及和国家教育资源公共服务体系的建立将为大众提供进行学习和创造探索的条件，也为创造性的教育和教学提供了更广阔的空间。

三、网络对创造性教与学的影响

不可否认，无论对创造性的教还是对创造性的学，网络都在发挥着越来越大的作用。在实际的教育教学活动中，尤其是伴随着教育信息化改革的不断推进，网络对创造性教与学的作用日益凸显。

（一）网络对创造性教学的作用

教学活动的价值就是使学生通过获取知识，得到最大化的发展，成为符合社会需要的人才。当代的社会，具有信息爆炸、千变万化的特点，故而衡量人才的一个重要标准就是是否具有创造力。采用创造性的教学方法，培养创造性人才是目前教学肩负的特殊的历史使命，也是近年来，世界各国教育发展的趋势。随着多媒体技术和网络技术的发展，网络教学应运而生，并日益普及。这种全新的教育形式，主要以多媒体技术为依托，在网上进行跨时空、跨地域，实时或非实时的交互式教学活动。

网络教学是一种新型的教学方式，主要是利用多媒体技术和网络技术为学生创造一个全新的学习环境。借助多媒体技术和网络技术，教学内容的外在形式，内在结构以及教学方法都会有所变化发展。

首先是教学内容的外在形式和内在结构的变化。

传统的教材中，主要是描述性的文字和补充说明性的图形、图表，不能用声音、动画等来展示，教师在教授过程中也是通过简单的图表、文字来教授，最多可以演示一些较为简单的场景。多媒体技术的产生，可以通过处理将教学内容用文字、图形图表、音频、视频、动画等多种形式表现出来，将日常生活中不易见到的现象通过多媒体技术表现出来，教学生动有趣、易于学生理解。例如，对于抽象的、概括性的概念、原理可首先用文字描述，然后用动画来虚拟实景过程；对于事实性知识则用声像演示；等等。

知识结构是学科知识之间的逻辑关系，是学科内含智力因素的信息源。教学内容的内在结构就是学科知识结构的组织设计。传统的文字教材及其辅导材料都是以线性结构来组织学科知识结构的、知识内容的传递特点是单向性的，阅读时顺序性很强，学生只是在教师的指导下获得正确的事实、概念、原理及其层次逻辑关系，学生在学习过程中对教师的依赖性很大。因而，传统的教材是一种教授材料，学生利用它学习自由度不大，灵活性不强，且难以促使学生从已有的知识结构向新的知识结构有效迁移，而多媒体教材是一种以接近人类认知特点的方式来组织、展示教学内容及构建知识结构。用网络化结构来组织教学内容，其信息组织方式是一种非线性结构。多媒体的非线性网络结构把信息的组织形式与信息内容呈现的多样性、复杂性结合起来，为学生提供了一种动态的、开放的结构化认知形式，既包括了学科的基本内容，又包括了学科内容之间的逻辑关系，既注重知识的形成过程，又注重知识的结构，使教学内容的统一性与灵活性得到了完美的结合。所以，多媒体计算机教学课件是在教学内容的组织安排上强调学生的主动参与来构建知识结构的，是以自主学习为目标的。教材的意义由传统的“教材控制”转变为“学习者控制”。

将教学内容外在形式的生动化与内在结构的科学化紧密地结合起来，能够适应各种教师教学和学生学习的需要（张宝霞，2001）。一方面，充分的教学资源为教师备课提供了素材。在传统的教学中，这种资料的来源与种类显得非常有限，缺乏灵活性、方便性和交互性，给教师的教学造成了不便。随着互联网与校园网络普及，教师可以通过检索或访问专业网站获得各种形式的教学资料，如文字、图像、声音、动画（甚至是三维虚拟现实的动画）、视频以及教学课件等形式，这些教学资源可以直接使用在教学上，也可以被教师重新组织加工，或作为制作辅助教学系统的素材来使用。有了这些教学资源的支持。使得教学手段更加多样，教学内容更加丰富灵活，可以大大地提高教学的效果和质量。也为教师更新与扩展知识结构提供条件。进入21世纪，各学科知识的更新速度成几何级数递增。各学科教师原有的知识逐渐“老化”，所以，要想更好地适应时代的要求，适应新教学结构的要求，就必须及时更新知识结构。网络上的知识更新速度快、范围广，并且可以不受时间与空间的限制，适合教师结合教学需求更新知识，而网络是其最好形式之一。另一方面，充分的教学资源也为学生扩大知识面提供了条件。在网络教学环境下，学生可以根据自己的基础与薄弱点，有的放矢地进行自主的学习，可激发他们的学习积极性，使其知识结构更加合理，同时弥补了课内知识的不足。

其次是对教学组织形式的影响。

“任何教学活动必须采取一定的组织形式才能实现。教学组织形式主要解决教学活动如何组织，教学时间和空间怎样有效地加以控制和利用的问题”。传统的教学组织形式是以班级授课为主，班级授课制以课堂讲授为主，教师是教学的中心，由教师决定教学内容、组织教学方法及教学进度。班级教学虽然比以前的个别教学提高了效率，但是它无法适应人的个性和特点，学生始终处于被动的学习环境中。现代多媒体与网络技术的教学应用将打破以教师为中心的班级授课形式，以学生为中心的个性化、合作化教学形式得以实现。多媒体技术与网络技术结合打破了时间和空间的界限，建立了一种开放性的教学环境。利用多媒体网络进行教学，主要是基于多媒体的双向交互性，“使用户在网上传递电子邮件；在网上传输和获得电子发行物；在网上任何一个数据库中检索资料；获得公众可共享的免费计算机软件，操纵各种远程计算机设施等。人们不受地理环境的制约，在方便地占有资料基础上，通过网络和世界的专家进行交流，产生新的概念和思想，探索自然界的奥秘和人类社会的发展”。因而，利用多媒体网络将教室同全国及世界各地同类多媒体教室相连，学生可以在自己的终端前听远方教室中的教师讲课，可以同网上的专家、教师、同学之间对话，讨论问题，也可以通过联网的图书馆查询文献资料，共享信息资源，甚至可以通过网络学习完成学业。发展多媒体网络教学必然冲击传统教学组织形式，使得教学从传统的密集型课堂教学走向个别化、分散化、家庭化和社会化，课堂教学不再局限于有形的教室中，教师教学讲课面对的学生不仅仅是一个人或一个班级，还可以包容传统的教学单位，也能包容更大或更小的教学单位，教学活动的空间和时间得到了扩展，即虚拟教室的出现（刘世文，2001）。

具体来说，网络为教学提供了充分的空间，即在现实环境的基础上增加了虚拟环境。在网络的环境下，可以进行各种方式的教学活动。

（1）利用网络多媒体环境进行教学。多媒体网络教室可为教师与学生提供各种配套的教学设备，在教学过程中，师生可借助多媒体计算机、实物投影仪、触摸屏、电子白板、电子广播等先进工具来展开教学。通过网络，学生可以获得图、文、声、像相结合的信息，并且可以通过电子举手等方法，实时与教师或同学交流。

（2）利用网络课件进行教学。网络课件与单机课件最大的不同在于网络课件可以实现教学的双向交互，从而最大限度地实现学生的“自主”学习与教师的“教授”相结合。由于网络课件的内容是教师事先根据教学计划设计好的，因此，学生的学习是在教师与课件引导（导航）下进行的，可以避免由于“自主”学习而产生的“迷航”现象。同时，网络课件可以包括单机课件所有表现形式，达到其他教学手段所达不到的教学效果。

（3）利用教学网站进行教学与管理。开发并建立学科教学网站，是实施学科教学的好途径。教学网络可以为学科教学与管理提供一个比较完整的虚拟环境。一个典型的学科教学网站可以实现如下功能：①提供各种教学资源与辅助教学资源，如各类课程讲稿、课件、教学案例、教学演示、辅助学习资料等；②提供各种交互手段，如问题讨论室、BBS、课程电子邮箱等；③学生管理，如学籍管理、学生的行为权限管理、学生成绩管理、学生学习记录等；④教学资源管理，如更新本网站内各种教学资源及其他相关网站的连接等；⑤网上练习与测试；⑥教学辅助工具，如搜索工具、各类与教学相关的软件、留言板等。利用学科教学网站进行教学，可以最大限度地实现教学过程以学生为主的新教育思想，达到教学改革的目的，提高教学质量（张晓宁，2010）。

最后是对教学方法的影响。

教学方法是教学活动中的主要成分，合理使用教学方法会促进教学任务的有效完成。现代教育中，正从传统的教授式逐渐转变为启发引导式，追求教学相长，老师和学生共同学习成长，以促进学生自主性学习，培养创造性品质。多媒体和网络技术应用于教学过程后，促进了教学方法综合化的转变，相应出现了新的教学形式，具体如下。

（1）教学演示。使用 PPT、Flash、音频、声频等呈现教学内容。提供直观的、形象的多重感官效果的视听觉材料，是一种最有效、最直接的信息传递方式，有利于知识的获取。可为学生展现不能观察到或不易观察到的事物，提供生动活泼的直观形象思维材料。这种方式简单便捷、易于理解，适当应用可激发想象力。

（2）协作讨论。这是多媒体网络教学中最具特点的教学方法。传统的课堂教学中师生的交流限制在固定的时间、空间结构中，交流只能局限于师生之间。多媒体网络教学基于多媒体计算机联网，不但师生之间可以交流，而且网上学习的各类人员都可以交流沟通。同时，这种交流超越了过去双向交流依靠口语表达的单一形式，它们之间的交互协作有可能是文件、数据，也有可能是语言、图形、图像，通过计算机传输来实现，为启发引导式教学创造了共同讨论交流的条件。

（3）发现式教学。布鲁纳曾经指出：“教学过程是一种提出问题解决问题的持续不断的活动。”多媒体计算机课件采用网络化结构形式，每个节点包含不同媒体信息的知识点，各知识点之间的链接逻辑关系构成了教学内容的知识结构，整体上为教学提供了发现学习的思维轨迹。这种思维轨迹是学习者的高层次思维技能，需要应用一定的教学策略将学生的学习引导到知识间的逻辑关系上，而不是放在个别节点中的知识点上，这样，发现式教学就能以多媒体教材内容的整体知识结构为基础，使学生通过教师的引导有步骤地进行学习。

（4）模拟教学。多媒体与网络技术具有动画模拟现实的能力，能够把教学中的抽象概念原理、真实的实验过程等形象生动地表现出来，给学生真实学习情境，帮助学生获得示范性的知识，把握概念原理的实质。在这种情况下，模拟教学把枯燥无味的知识和有意义的实例联系起来，利于学生掌握新知识并把所学知识有效地应用到实际生活中。另外，多媒体计算机教学能提供声画并茂的教学情景。语言的描绘、文字的表述、图像的演示、动画的模拟、音乐的渲染为学生创设了一种具有生动形象的教学氛围，激发其学习的兴趣及学习热情。学生还能够以各种游戏、角色扮演等方式主动参与到教学过程中，领悟到所学内容主题的情感基调及基本内涵，做到情与理的统一。

（5）自主学习。多媒体网络教学是建立在学生主动参与、自主控制基础上的一种教学活动。教师利用多媒体与网络技术，创造性地为学生构建多途径、多方式学习知识的开放教学环境，学生借助多媒体网络技术主动地参与教学过程中进行自主学习。如：查询和访问课程计划；查询和访问不同类型媒体的教学内容；和教师及其他同学、专家直接进行一对一的交流；查询网上多种信息源，利用环球信息检索系统可进行远程信息检索，共享世界各地提供的与课程学习有关的数据资源。这种基于多媒体网络教学环境的自主学习教学方法是一种高级的主动的教学活动方式，满足了学生的个性需求，照顾了学生的个别差异，是真正意义上的个别化教学的具体表现。

（二）网络对创造性学习的作用

网络环境自身的特点，为创造性学习的实现提供了多种便利条件。首先，网络环境下的教学可以运用多种不同的信息呈现方式——文字、图像、图形、声音、动画等。所以，若将多媒体、网络技术融于传统课堂知识讲授中，会使学生体验到形象、生动、直观的课堂。例如通过多媒体技术与仿真技术相结合生成视、听、触觉一体化的虚拟环境。在学习中，把问题融合于虚拟情境中，学生以自然方式与虚拟环境中的信息进行互动，在这样一个超越现实、身临其境的综合学习环境中，学生的思维不再受到多种主客观条件的限制，很容易触景生情，产生丰富的联想。在虚拟现实的环境中，学生不再是一个旁观者，而是作为一个实际的参与者进行各种学习和操作，这样强烈的外部刺激会使学生处于一种强烈的感受之中。所以学生不再只是被动地接受，而是高度活跃地参与到学习当中，从而产生积极的心理体验，进而产生强烈的求知欲望，充分发挥自己的想象力和创造力去探寻新的知识，进入主动性地创造学习中。

其次，在网络教学模式中学习者可以排除交际恐惧和负评价顾虑，积极主动地从感兴趣的真实任务中承担学习责任，有意识地调节自我认知手段，完成学习任务，成为独立的学习者。合理的指导、科学的评价使学生能从学习，而不是考试中体验自信和成就感。总之，计算机基础教学成果的最终载体在学生身上，在网络环境下的教学是以学生创造性学习为主，以教师指导为辅的协作式教学模式（杨慧，等，2011）。

最后，网络中纷繁的信息量、资料库、论坛，为学生拓宽知识面、激发想象力提供了现实条件。学生可以利用这些资源进行网上练习、网上提问、扩展阅读等。

除此之外，还有实证研究探讨了如何利用基于网络的技术，并结合现实生活中的科学材料激发学生的创造性。结果发现这种教学方式增强了学生表达的敏感性、流畅性、灵活性、独创性，而且在线互动和老师的提问可以激发学生的创造性（Jang，2009）。而且，Dodge和March于1995年开发了WebQuest课程软件，提供了一种结构性的学习探究框架（Dodge，2007；WebQuest.org，2007）。WebQuest要求学习者深入思考以分析和应用复杂的信息，提供了一种吸引人的在线教学和学习策略，它是一种以构建创造性学习为基础的有效工具（Sanford，Townsend-Rocchiccioli，Trimm，Jacobs，2010）。

四、网络在创造性教学活动中的实际应用

（一）在线教育与创造性学习

根据中国互联网络信息中心（CNNIC）发布的《第48次中国互联网络发展状况统计报告》，截至2021年6月我国网民已达10.11亿，互联网普及率达71.6%。其中移动互联网使用者即手机网民10.07亿，占网民总数的99.6%。在这种背景下，网络学习迅速成为人们的一种重要学习方式，网络支持的在线教育迅速成为一种教育潮流。报告显示，截至2020年12月，我国在线教育用户规模达3.42亿，占网民整体的34.6%；截至2021年6月，我国在线教育用户规模达3.25亿，占网民总数的32.1%。事实上，自2018年以来，我国在线教育的发展可谓如火如荼，其形式也丰富多样，在满足了各类网民的教育需求的同时也带来了传统教育形式所未有的挑战。迄今，中国的远程教育平台，如学堂在线、中国大学慕课，已经提供数千门开放课程。

随着互联网的普及，国外的在线教育或远程教育起步更早，发展迅速。美国就是典型代表。早在2014年秋季，美国就有280万大学生通过在线教育完成所有课程，290万大学生注册网络课程；而且，近几年来，慕课即大型开放在线课程（Massive open online course，MOOC）迅速发展，全世界数百所高校和科研机构在各大慕

课平台（如 Coursera，edX，Udacity）相继提供成千上万门课程，仅仅在 2012 年到 2015 年间，美国开设慕课课程的院校就由 2.6%迅速上升到 11.3%。目前，世界主要国家包括美国、英国、加拿大、澳大利亚等国，慕课发展迅速。我国也顺应这种历史潮流，加快了慕课建设，建立了中国自己的慕课平台，如中国大学 MOOC，这大大促成了优质教育资源的共享，也促进了网络技术与教育的深度融合，为学生信息素养和创新能力的发展创造了优越的条件。

不同于传统的非在线教育方式，在线教育拥有一系列突出的技术优势。一方面，不仅课程的受众范围大大拓展，适合大量的学习者进行在线学习，满足大量人群学习和信息获取的需要，而且，在线教育课程本身也突破了传统的线下课程的时间、空间和人数的限制，课程资源是开放的、便于学习的，学习者在学习过程中可以根据自己的需要自主安排，利用多元化的学习工具和丰富的课程资源进行自主学习，充分满足了自主的需要。根据自主决定理论，这显然更有利于促进他们的创造性学习，促成学习者创造性的发展。

目前，在线学习的主要形式除了慕课这种大规模的在线开放课程的学习，还包括单一的网上学习、线上的网络学习与线下的传统学习和面授相结合的混合式网上学习，以及围绕某个学习目标将面对面学习、工作训练和实训等结合为一体的整合式网络学习等。

不仅如此，在高校开展的创新创业教育也与互联网紧密联系在一起，逐渐形成了“互联网＋”式的创新创业教育模式。2021 年 10 月 9 日，我国教育部在北京举行的新闻发布会明确提出，“十四五”期间，我国将建立一个全覆盖、多层次、个性化的创新创业教育体系，其中包括一批国家级双创学院、国家级双创实践教育中心。显然，这一创新创业教育体系也将深度融合互联网这一时代要素，努力形成“互联网＋”为基础的创新创业方式。这实际上是一个促进大学生进行创造性学习和探索的模式。事实上，教育部已经联合有关部门，开展了一系列中国国际“互联网＋”大学生创新创业大赛。同时，还结合互联网普及的这一时代特征，采取了在高等院校开设创新创业课程、培养双创专职教师、建立国家双创示范基地等系列举措，提升了学生的创新意识。

（二）美国 K-12 教育中的网络教学实践

美国的 K-12 教育是基础教育的统称，指从幼儿园到 12 年级的教育阶段，其中，K 指的是 Kindergarten（幼儿园），12 指的是 12 年级，与我国小学一年级到高中三年级（12 年级）基本一致。美国非常重视网络教育对 K-12 学生发展的作用，比如网络教学可以提供个性化发展、全面发展的资源与支持，这也是促进 K-12 教育改革的重要方式。从网络教育的主体来看，可以从教师指导和学生自主学习两个方面探讨美国 K-12 教育体系下如何应用网络进行创造性教与学的。

教师指导为主的应用方式是把网络作为教学媒体，引入传统的教学模式中，用以增大信息量或是丰富信息类型，包括教师调用网络资源作为演示材料，学生按照教师指定的内容与方法上网学习，其应用形式包括下列的一些方面。

(1) 资料检索。网络具有资料库的功能，共享着世界各地、不同科目的大量信息。材料类型繁多，有文本、图像、影视等。并且，网络资源主题明确，将不同内容分门别类，可以从多个角度查询。在课堂上围绕特定的主题，教师或学生从网上检索相关的资料，与讲授、讨论、自学、练习等方法配合，可丰富教学内容，能够激发学习兴趣和开拓学生的思路。同时也培养了学生的信息检索和应用技能。

(2) 教学游戏。研发一些与教学要求、内容相符的主题游戏，在游戏中设置与教学内容有关的栏目和网站链接。按照知识和技能掌握的水平设置游戏竞争的等级。例 CEO. GLOBE 是一面向 K-12 的地理主题的网上游戏。有三种游戏类型：一是发现，即在一个简单的地图提示下，游戏者找出国家、城市、河流、山脉等的地理位置；二是竞猜，用选择和填空的方式回答某一专题方面的问题，每一专题可以自选 10 种以下的问题类型；三是游历，在一个简单的线索提示下，学生探索地理之谜，如古城堡、最深的湖泊、最大的洞穴等。这些游戏可纳入教学计划中，作为教学的一个环节，用于激发学习的兴趣，或者是学生在游戏中巩固已经掌握的知识。另一方面，教学游戏方式对于培养学生的探索意识和能力以及合作精神也具有重大的作用。

(3) 虚拟实践活动。虚拟实践活动是学生在教育网站创设的仿真情境中学习，要求情景逼真、系统性强。例如：Barrier 运用了虚拟现实技术，令学生可以操纵虚拟轮椅到多种场所，体验残疾人的生活和情感，以加深对残疾人的理解。再者，Virtual Frog Dissection 是运用数字图像技术的青蛙解剖实验，可以让学生模拟青蛙解剖的全过程。学生能够选择欲解剖观察的器官和步骤，并且能够调整图像的尺寸和观察角度。利用虚拟实践活动可以让学生对难以亲身体验的事物有较为真实的感受。

(4) 指导自学及在线练习。根据已经存在的教育网站，在老师的指导要求下，学生按照步骤自我学习。教师也可以根据已经研发出的教学软件，让学生在线完成练习任务。

学生自主学习的方式主要表现为学生以发现学习方法和小组协作学习的形式来应用网络资源，学生的学习结果通常表现为研究报告、模型、电子作品等。主题概括、专题研究和 Webquest 是其中的一些主要学习方式。

(1) 主题概括。学生在自由地浏览有关某一主题的网站时，通过对这一主题进行多方面的思考，形成对主题的概括性认识。这可以促进高级智力技能的发展。例如，The Twenties 是一个介绍美国 20 年代社会状况的教学网站，在导言部分，提出学习任务。浏览活动部分设置了 6 个栏目，如“种族主义”“汽车”“爵士乐”等。每个栏目有一个链接，并提出浏览时的活动任务，如“汽车”栏目的活动为“阅读网页中的概述：列出 20 年代汽车改变社会的方式；讨论为什么说 20 年代是汽车的时代”。在总结部分做简要的概括，要求学生完成一篇报告，主题为社会生活现象与社会发展变化之间的关系。

(2) 专题研究。组织学生围绕一个比较概括的主题，如月球、地震等，利用链接列表，选择并访问有关的网站，根据自己的兴趣和设想来获取资料，完成专题研究。该方式比较充分地发挥了学生的自主性，侧重于培养学生的信息应用能力和学习能力（张军征，2002）。

(3) Webquest。Webquest 是目前美国 K-12 教育中以学习者为中心的最受欢迎的学习方式之一。该方式通常用于一个单元的教学，学生按照 6 个部分的顺序和要求，利用网络资料进行探索性的学习。除个别化活动外，强调与他人（如同学、父母、专家等）的交流及小组协作，详见本书“基于网络的创造性教学模式”。该方式能促进有效的知识和技能学习，同时有助于发展学生各方面的能力。

（三）网络在创造性学习中的应用方式

在互联网时代，创造性学习对信息的特殊要求使网络媒体成为一种不可或缺的手段。可以说，网络创设了一种特殊的学习环境。这也是近年来关于网络学习（或在线学习）的研究层出不穷的重要原因（Tsai，2007；Johnson et al.，2008；Krause et al.，2009）。总结来说，网络媒体在创造性学习中的作用主要表现在以下几个方面。

1. 为创造性学习者提供方便而快捷的信息检索手段

在创造性学习过程中，互联网最明显的作用是，为学习者提供学习所需的、极为丰富的信息，包括声音、图像、图形、动画等各种形式的信息资源。网络信息具有开放性、便捷性，信息的传递具有即时性。学习者可以各取所需，按照自己的学习特点，从各种搜索引擎（如 Google、Baidu）及时而有效地获得上述各种资源。网络媒体可以在最短时间内为学习者提供他们所需的各种信息，节省大量的时间和精力，用于创造性的思考、深入的讨论和自主的探索。

知识、信息是创造活动的基础，正所谓“巧妇难为无米之炊”。H. Gardner（1993）在个案研究的基础上，总结出创造性发展的“十年规则”，即一个人至少需要十年左右的准备和积累才能从初学者成为某一个领域的专家（张文新，谷传华，2005），而专业知识的积累是其中非常重要的方面。互联网不仅为学习者专业知识的积累创造了十分有利的条件，提供了创造活动所需要的各种最新的信息，而且提供了对于各类问题的不同观点，供学习者比较、甄选和评判，促进其批判性思维能力的发展。

2. 促进创造性学习者之间、学习者与指导者之间的个性化互动

网络学习环境具有交互性。学习者可以进行人机互动，通过BBS、网络聊天室、聊天软件、电子邮件、博客等方式进行人际交流。学习者通过互联网形成学习共同体或进行合作、竞争的学习小组。一方面，学习小组内的成员可以就每个共同的研究问题，进行在线讨论和切磋，自由地表达观点或感受，不同的学习小组之间也可以展开辩论和竞争；另一方面，学习者还能与教师或指导者进行充分的讨论，教师可以在线提出问题或呈现问题情境，学习者可以通过电子邮件或网络聊天室等方式，就学习过程中出现的问题及时向教师询问，教师则可以给出即时的解答。这样，教师或指导者、学习者就构成了一个基于网络的学习共同体。

与面对面的接触和交流不同，网络互动相对不受时空条件的限制。以计算机为中介的沟通不仅有助于建立新的人际关系，而且有助于保持已有的社会联系。更重要的是，网络交互通常具有匿名性，学习者可以以个性化的方式表达自己，避免了当面交流可能会有的拘束和社交焦虑，而获得心理的自由。研究一致表明，心理的自由是一种重要的创造性人格特征，也是创造性得以展现的一个基本条件（张文新、谷传华，2005）。在创造性学习过程中，学习者通过这种自由的沟通和讨论，可以找到与学习内容有关的、自身感兴趣的问题，在广泛查阅资料、搜集信息的基础上进行充分的讨论，从而找到问题的多种解决方案。有关的研究表明，这种基于学习共同体的探究方式可以显著增强学习者的自我效能感，提高协作学习的成绩，其中教师与学生之间的互动有助于提高学习者的学业成绩和学习满意度（Johnson et al.，2008；Krause et al.，2009）。

3. 提供创造性学习所需的工具和技术

在创造性学习的过程中，学习者通常可以通过互联网获得所需的工具和技术，包括各类测验、数据分析工具、编程技术等。例如，学习者可以从网络下载心理测评软件或通过在线测量，了解自己的性格、气质和学习能力特点，更好地认识和调控自我；在学习之前，学习者还可以在线评估自身的心理准备状态；在问题解决过程中，可以从互联网下载数据分析软件，进行实证数据的分析。这里，互联网成为创造性学习的辅助工具或手段。

4. 为创造性学习活动提供网络教学方面的支持

近年来，远程教育、网络课程等基于网络的教育（Internet Based Education）日益普遍。据估计，美国目前约 2/3 的高校都开设了网上课程，与此相应，国内各类学校和教育机构的网络教学也在迅速普及。基于网络的教学既拓展了教学的空间，又革新了传统的课堂教学方式。这种新的教学方式照顾到了学习者的个体差异，学习者可以根据自己的特点和掌握知识的情况，自主决定学习进度，操控学习内容，而不必像在传统的课堂教学中那样与全班保持同步。这实际上是一种自主学习条件下的“因材施教”，或者说是“因材自学”。而且，它避免了传统课堂往往突出少数优秀学生而忽略普通学生的缺陷，避免了一些学生因性格、气质特点而缺乏学习机会之类的问题。

在创造性学习过程中，学习者能够体会到学习的自主性，更容易激发学习的兴趣和动机。一方面，学习者对学习进程的自主操控可以让他们体验到对学习的控制感和自我效能感；另一方面，网络信息形式的多样性，信息资源的开放性，人机交互性，特别是网络教学中师生之间、生生之间的相互作用，更利于激发学生学习的兴趣和内部动机。而强烈的兴趣和内部动机是激发创造性的基本动力（Sternberg，2007）。当然，这也是创造性学习的基本条件。

5. 网络支持的创造性学习的注意事项

显然，互联网在创造性学习中发挥着不可忽视的作用。一些研究表明，网络支持的学习通常以个人、群体或课题为中心，学生得到的反馈较多，对提高学生的学习成绩、学生的参与、学习动机和满意度等都有积极的效果。但是，在此过程中，教师或指导者的引导也至关重要。有研究表明，如果只是为学生提供使用网络的机会，而不给予相应的指导（如信息检索方法的指导），学生也难以形成学习共同体或者积极地使用互联网，网络自然难以发挥它对学习的促进作用（Orey et al.，2003）。Bekele 和 Menchaca（2008）总结了1996—2006 年间有关网络学习的实证研究，也发现其中 55％的研究中，学生的学习效果与传统的学习方式无显著差异。如果能用多媒体为大学生呈现真实的问题情境，支持学生通过合作解决问题、完成知识建构，通过网络为他们提供问题解决所需的资源，进行灵活的在线指导，那么，学生就能较好地完成“基于网络的问题解决学习”任务（Fischer et al.，2003）。

另一方面，我们也应注意互联网可能给学习者带来的消极影响。研究表明，适度上网有利于个体认知、个性和社会关系的发展，过度上网特别是上网成瘾，则可能导致个体的孤立感、孤独感、攻击倾向并降低自尊，给他们的学业、职业、经济生活、社会交往、身体和心理健康带来不利影响（Douglas et al.，2008；Subrahmanyam et al.，2001）。因此，教师在引导学生运用网络进行创造性学习时，应尽可能地趋利避害，消除网络的消极影响，而发挥其积极影响。

第五章　网络教学与创造性

作为一种新的教学形式，网络教学包括教师基于网络的教与学习者基于网络的学，包括了二者之间的交互作用。有效的网络教学对创造性思维的发展发挥着重要的作用。由于网络的特定属性，基于网络的教学通常能发挥传统教学所无法代替的作用。对学习者来说，基于网络的学习通常能给予他们更大的自主性和更大的选择空间，在适当的教学条件下，他们的学习兴趣和动机等非智力因素往往可以得到最大限度的激发，从而显著地提高学习效果。

第一节　网络教学和网络学习的特征

作为互联网普及的自然结果，基于网络的教与学，即网络教学和网络学习，与传统的、面对面的教和学具有很多差异，探讨这种新的教学活动的规律并有效应用是提高教学效果的基本条件。

一、网络教学的特征

20 世纪末，随着互联网技术的迅速发展，网络教学逐渐成为一种新的教学方式。它以多媒体技术和网络技术为依托，通过在线的方式和相应的教学方法，开展教学活动，实现教学目标。与传统的面对面的教学不同，作为一种全新的教学方式，它在教学内容、教学组织形式以及教学方法方面都发生了一系列的变革，呈现出一系列特有的时代特征。

与传统教学不同，网络教学通常能够以多样化的形式呈现教学内容，能够结合学生知识结构的特征形成特定的教学内容。在此过程中，教师不仅能够以文字、图形和表格等形式平面地、静态地呈现知识，而且能够借助于多媒体以音频、视频、动画的形式立体地、多方位地呈现教学内容，可以将抽象的知识以具体化、形象化，甚至可以模拟事物形成的具体过程，更便于学生理解和掌握。例如，在传统的物理课程教学中，主要以教材、文本、图表的形式呈现教学内容，而在网络教学中，就可以通过教师的教学音频、视频、动画、电子课件以及各种相关的网络资源等形式灵活地传达教学内容，甚至可以将平时不易看到的物理变化过程采用虚拟仿真技术模拟出来，将晦涩抽象的知识变得更易于接受和理解，更丰富多彩、生动有趣，更容易激发学生的学习热情和兴趣。

网络教学还打破了传统教学的组织形式。在传统教学中，主要在特定的时间和地点进行班级授课，由于受制于特定的时间和空间，教师通常需要控制教学的过程、进度和教学方法，严格按照固定的顺序进行教学活动，以达到预期的教学目标。在此过程中，学习者常常处于被动地位。与此不同，在网络教学过程中，教师的教学和学生的学习都可以打破时间和空间的限制，借助于网络技术，教师可以将准备好的课程内容上传到网络，供学生在便利的时间和地点进行学习，也可以在预定的时间和网络空间，针对特定的教学内容开展教学活动，形成在线的实时课堂。学生可以根据自己的能力水平、兴趣爱好和需要进行个体化的学习，也可以与其他学习者形成特定的学习小组，进行合作学习和研究。学生可以下载、接收教师传达的教学内容和信息，也可以上传和分享自己的学习成果，还可以通过网络与教师、同学进行实时或延时的互动交流。在网络教学过程中，教学组织形式显得更灵活、更多样。

借助于网络和多媒体技术，开展网络教学的方法更多样化。一方面，讲授、演示、讨论、自学等传统的教学方法仍然可以应用在网络教学中，教师可以进行在线的讲授，通过虚拟课堂对特定的实验或活动过程进行演示，也可以在实时的虚拟课堂中就特定的问题让学生进行个别或分组讨论，还可以组织学生针对特定的专题进行自学和研究性学习。另一方面，借助于网络技术，这些传统的教学方法也可以通过多种形式实施。就讲授和教学演示而言，教师可以使用PPT幻灯片、Flash、音频、视频录像等形式进行，教学内容的呈现更灵活多样，也更便于学生接受和理解。就讨论而言，教师可以让学生通过在线的方式自由讨论，发表看法，相互交流，也可以组成各种在线的学习团体或讨论小组，对特定的内容进行深入研讨。此外，学生可以结合教师提出的与教学内容相关的问题进行学习，也可以结合特定教学内容自主地提出问题，通过网络广泛地搜索信息和学习资源，进行自主的探索和发现学习。因此，借助于网络，传统的教学方法实现了在线化、多样化、个性化。

但是，网络教学的这些特征也存在某些天生的劣势。这主要表现在它对网络的绝对依赖性。由于网络这种综合性的媒体是开展网络教学的媒介，网络本身的稳定性就构成了这种教学活动的基本条件。由于严重地受制于网络技术，网络教学的内容、方法和组织形式很容易受到互联网设备性能以及互联网普及率的影响，网络教学的实施客观上需要强大的网络技术力量和多层次的社会系统作为基本保障。在具体的实施过程中，网络教学的效果也会受到学习者的学习动机、人际互动、在线教学方法等多种因素的制约，也可能无法收到预期的教学效果。对于某些领域和教学活动，其教学效果甚至可能逊色于传统的面对面教学。此外，教师的人格特征或个人因素也会显著影响他们的在线教学工作。对209名MOOC教师的调查表明，在教学过程中，教师对经验的开放性影响了MOOC教师的教学自我效能感和工作参与度，他们的利他主义倾向也会通过教学自我效能感间接影响他们的工作参与度，而且，教师在教学中的自我效能感不仅会直接影响他们的工作参与度，也可以调节利他主义倾向与工作参与度之间的关系（Doo，Zhu，Bonk，Tang，2020）。可见，在线教学的效果会受到多种因素的制约。

二、网络学习的特征

与基于网络的教学变革相对应，网络学习的研究兴起于20世纪90年代。当时的研究者多倾向于认为网络学习就是以网络为媒介，将学习材料传递给学习者的过程。随着网络技术的快速发展，网络学习的含义不断拓展和深化，人们越来越倾向于把它看作一个融合了教师、学生或学习者以及丰富的学习过程的教学体系。而网络也不仅仅是一个传播或呈现学习材料的中介媒体，而且是一个承载着整合、传递、呈现教学材料并发挥着在线教学功能的综合性媒体。在网络学习过程中，学习者通过网络获得学习材料，并就学习内容与教师和其他学习者进行互动，获取教师和其他学习者的支持。

网络学习与数字化学习（e-learning）既有联系又有区别。后者出现于20世纪80年代，数字化学习的含义更为宽泛，它包括了借助互联网或者局域网以及光盘、录音带、录像带、卫星广播、交互电视等各种数字化媒介传递学习内容、进行学习的过程。由此可见，网络化的学习特别是基于Internet的学习，是数字化学习的一种特殊形式，也是一种主要形式。

在网络学习过程中，网络本身就发挥着多重功能。其一，网络本身就是知识和信息的载体，也是一个巨大的教学资源库，可以成为像书籍一样的学习工具；其二，通过网络传递和接受信息的技术、技能本身也可以成为学习的对象；其三，网络是一个特殊的教学环境，基于网络的教和学与传统意义上的课堂教学环境既有相似之处，也有巨大的区别，网络学习客观上需要形成一套与网络环境相适应的教学方式、教学策略和方法。显然，与传统意义上的学习不同，网络学习代表了一种新的学习理念和学习方式，呈现出一系列不同于传统学习的特征。

其一，网络学习的形式多样化。在网络学习过程中，学习者可以通过互联网呈现和传递的电子化的学习材料进行独立地学习，教师可以在网络课堂上将学习资料上传至专用的网络平台，供学生在线学习，学生可以自由下载课程配套资源，师生或学习者之间通过讨论区或电子邮件等形式进行交流。学习材料的快速传递是这一类网络学习的突出优点，但是，师生之间、学生与学生之间缺少互动是这种学习方式的突出缺点。除了这种形式之外，学习者也可以进行更智能、更接近现实的网络学习。在这种学习过程中，往往融合了即时通信、网络学习资源、学习评价体系等多种教育和网络元素，师生之间、学生之间不仅能够进行即时和延时的互动，而且，网络学习环境也更多地考虑了学习者的个别差异，让学生能够实现个性化的学习，根据自己的需求选择学习内容，安排学习进度。

其二，网络学习具有高度的便捷性和灵活性。与传统的面对面学习不同，网络学习具有跨时空性，在很多情况下可以打破时间和空间的限制，随时随地进行学习。学习者可以随时从网络了解学习内容，下载学习资源，自主控制学习的进程，根据自身特点和兴趣选择不同的方式达到学习目标。他们可以有选择地播放视频或阅读文本，也可以重点钻研自己感兴趣的内容，可以在达到一般教学目标的基础上进行深入学习，制定和达到更高的学习目标。从空间便利性来看，学习者还可以实现全球性的交互学习，而不必耗费高额的旅行和交通成本。近年来盛行的 MOOC 即大规模在线开放课程，就是一个很好的证明。

其三，网络学习具有高度的自主性和交互性。学习者可以根据自己的兴趣、需要和能力水平，选择学习内容和适合自己的学习方式，决定学什么、不学什么，实现个性化学习。学习者既可以是信息和资源的接收者，也可以是信息和资源的发布者和提供者，与教师或其他的学习者进行实时或非实时的互动。研究表明，在运用 MOOC 进行在线学习的过程中，如果学习者具有较高的自我效能感、存在感以及对课程学习的积极认知，他们就能更喜欢并坚持进行在线学习（Jung，Lee，2018）。

其四，网络学习也可能存在某些弊端。网络和网络教学本身的特征、学习者个人的特征以及二者的交互作用都可能会影响网络学习的效果。由于网络本身的虚拟性，学习者可以在虚拟教室、虚拟实验室、虚拟图书馆、虚拟讨论组等多种情境进行学习，但缺少面对面的真实感，缺乏传统的面对面学习所具有的直接的人际互动体验和临场感。同时，在网络背景下，学习者个人特征对学习效果的影响进一步凸显。网络学习这种虚拟的学习方式也需要学习者具备基本的心理条件，如自主学习的意愿和能力、自我控制能力、时间管理能力。这些常常是确保学习效果、达成学习目标的前提。

如前所述，学生的学业自我效能感、在教学过程中的存在感以及对教学作用的感知都会影响到他们的学习参与度和学习持久性(Jung，Lee，2018)。不仅如此，学习者的因素（如性别、动机）、在线教学环境的特征（如课程水平、课程持续时间、评估形式）和学习成果（如学习成绩、感知到的教学质量）都可能进一步影响学习者对在线学习的态度和参与度。将在线学习者分为不同的类型，并进行有针对性的教学，通常可以为学习者提供更有效的支持和“脚手架”，进行个性化教学（Deng，Benckendorff，Gannaway，2020）。而且，生动的课程内容、教师丰富的学科知识和良好的师生互动能够对学习者坚持在线学习的意愿产生积极的影响，在此过程中，课程难度发挥着明显的调节作用（Huang，Zhang，Liu，2017）。不同的网络教学形式也会影响学习者的学习动机和意愿（Konstan，Walker，Brooks，Brown，Ekstrand，2015；Duan，2021）。

此外，网络学习也可能无法像传统的面对面学习那样获得及时的反馈，因而降低学习者的学习热情。在某些情况下，对网络的过分依赖也容易导致网络学习系统的不稳定，引发学习者的焦虑或不适感。显然，网络学习的效果会受到多种因素的制约。

因此，网络学习既具有自身的优势，又存在一些有待于克服的缺点和劣势。如何根据网络学习的特征设计网络教育、开展网络教学，以更好地促进学生的发展，已成为网络时代的重要课题。

第二节　网络教学与创造性发展

在互联网普及的时代背景下，网络教学对创造性发展具有什么影响以及如何通过网络教学促进学习者创造性的发展成为当代教育工作者的重要研究课题。人们需要在深入了解网络教学理论和创造性教学模式的基础上，找到这些问题的答案。

一、网络教学的理论基础

如前所述，网络教学的效果受到多种因素的制约。当代的网络教学要想取得良好的效果，不仅要发挥各种现实因素的积极影响，而且要从不同的教育教学理论中汲取营养，在网络教学行为与特定的教育理论、教学论思想及学习理论之间建立某种联系。

在多种教育教学理论中，布鲁姆的掌握学习理论和布鲁纳的发现学习观具有浓厚的乐观主义色彩，更相信学习者本身具有的学习潜能。作为当代著名的教育心理学家，布鲁姆强调所有的学生都可以通过适当的方式掌握所有的课程内容，达到特定的教育目标。其中，认知领域的教育目标分为知识、领会、运用、分析、综合、评价六类，而情感领域的目标分为接受或注意、反应、价值评估、组织、性格化或价值的复合五类。在教学过程中，侧重学习过程的形成性评价尤其重要，通过这种评价方式可以及时了解学生对特定内容的掌握情况，以便采取进一步的教学行动。这有助于培养学生的学习自信和达到特定的教学目标。因此，教师应将教材内容分为较小的学习单元，让学生进行学习并进行形成性评价，对于未达标的学生进行必要的补偿性教学。显然，这种教学理论积极地评价和估计了学习者的学习潜力，对每个学生都寄予了乐观的期望。

另一个教育心理学家也是认知心理学家——布鲁纳则从其结构主义教育理论出发，提出了发现学习的思想。这集中体现在 1960 年出版的《教育过程》一书中。布鲁纳认为，学生最应该掌握的是各门学科知识的基本结构，而不是所谓的知识和技能本身，这有助于对知识的记忆和有效迁移。在教学过程中，教师应当引导学生独立地发现知识，而不是自上而下地传授知识。可见，这种理论更注重培养学生的独立探究能力，更强调学生的学习主动性。

与此类似，建构主义学习理论也非常强调学习者的主体性。它强调知识的学习应以学习者为中心，教师通过创设有利于学习的教学情境，促使学生通过协作、对话，实现意义建构。在此过程中，学生是意义的主动建构者，而不是外在知识或外部刺激的被动接受者，教师可以通过发现法、讨论法、谈话法等教学方法，从旁协助学生，发挥教学组织者和促进者的作用。显然，这种思想尤其注重基于学习者、围绕学习者开展的意义建构教学，更新了人们对传统知识和教学的看法。

由于网络教学主要通过互联网提供教学内容，并通过互联网开展教学活动，学生的学习主动性和自主探究显得更为重要。在此意义上，上述理论似乎可以更好地指导网络教学过程。从掌握学习理论出发，在网络教学过程中，可以通过形成性评价，及时评估学习者对具体的教学内容的掌握或目标达成情况，进行及时的反馈，并针对学习者的知识掌握情况进行补偿性的网络教学。此外，在网络教学过程中，也可以借助网络和多媒体的力量，将教学内容具体化、操作化、生动化，转化为一系列难度较小的学习单元，以利于学生达成相应的目标。因此，从掌握教学理论意义上来看，在有效的教学设计的推动下，网络学习者在每门课程的学习中都应有令人满意的表现。

与此类似，从发现学习理论以及建构主义学习理论的视角来看，网络教学也更适合培养学生的创造性学习能力，将学习变成一个类似于科学研究的连续的探索过程。这是因为，在网络教学中，教师通过网络和多媒体可以更清晰地梳理学科的知识结构，设计和展现生动的教学情境，引发学生探究的兴趣。网络学习者也更可能运用网络这种综合性媒体搜索各种有关的资源，以找到问题的答案，形成特定的知识结构。而且，通过网络，学习者也可以形成各种学习和研究小组，进行合作学习和探究。

不过，上述理论在一定程度上高估了学生的学习潜能和学习积极性。事实上，一些学生，包括一些网络学习者，由于原有知识基础和特定的个体特征，并不能主动地进行探究和学习，在学习过程中可能产生畏难情绪，缺乏学习动机，甚至丧失学习兴趣。发现学习理论对学习者的要求更高，学习活动的难度也较大，实际上只有一部分学生适合进行发现学习，他们具有强烈的学习动机，能够进行主动的研究和探索。在网络学习过程中也是如此，最终可能只有一部分学生从这种教学模式中受益。

基于新的网络技术背景提出的终身教育和远程教育思想为当代的网络教学提供了更直接的理论依据，其中，法国教育家保罗·朗格朗（Paul Lengrand）的终身教育思想、美国远程教育家查尔斯·魏德迈（Charles Wedemeyer）提出的独立学习理论以及迈克尔·穆尔（Michael. G. Moore）的交互影响距离理论最有代表性。

保罗·朗格朗提倡持续生命全程的教育，认为学习应当是持续一生的，教育和接受教育的方式应当是多样化的。自我导向的学习应成为终身教育的基本学习方式，学会学习是终身教育的重要保障。学习的内容应当是宽泛多样的，适合多样化的学习需求。通过终身教育，最终促成每个人的自我完善，进而实现社会的和谐和完善。显然，这种思想更符合当前知识更新迅速的时代背景。

查尔斯·魏德迈从远程教育的视角提出独立学习理论，认为突破教育“时空障碍”的途径是独立学习，将教与学分离并设计为一系列各自独立的活动。学生接受教师指导而又独立地完成学习任务。在此过程中，课程开发系统与学生学习服务支持系统就构成了两个主要的教育系统，借助于这个系统，学习者可以自主地选择教育目标和课程，可以自主地决定学习进度，自主地选择学习和考试的方式。在此过程中，师生是分离的，教学过程是通过书本、书写和其他媒体实现的，学习是个别化的，通过学生自己在自身的场所学习，完成学习活动，而且学生能够控制自己的学习进度。

在此基础上，迈克尔·穆尔进一步提出了交互影响距离理论(theory of transactional distance)，交互影响距离就是由物理距离而导致的师生在心理或通信、传播上产生潜在误解的距离。该理论用“远程教育”一词来代替“独立学习”，按照这种理论，由于师生互动、教学设计以及学习自主性等因素的影响，教师与学生在远程教育过程中会产生特定的交互影响距离。当远程教学能够回应学生的个人需要，师生互动或对话比较容易的时候，这种交互影响距离就会缩短；反之，当远程教学不能回应或符合学生的个人需要，师生互动或对话较难的时候，这种交互影响距离就会增大。在远程教学过程中，当交互影响距离增大时，学生对学习目标、学习方式和学习评价的自主性通常会增强。

不难看出，无论是保罗·朗格朗的终身教育思想，还是查尔斯·魏德迈的独立学习理论和迈克尔·穆尔的交互影响距离理论，都可以成为当代网络教学的指导思想。终身教育思想提示人们，人们可以充分利用网络这种综合性媒体，通过网络教学的方式不断更新自己的知识、技能，增进个人修养，不断完善自己。国家也可以充分发挥网络教学跨时空的优势，提高公民素质，增进社会和谐，建设学习型社会。在此意义上，终身教育理论推动了网络教学的发展。独立学习理论和交互影响距离理论则为网络教学和远程教育的开展指明了方向。它们的启示在于，在网络教学过程中，应注重完善课程开发系统与学生学习服务支持系统，力求开发出符合学生实际需要、有助于其自我完善和成长的备选课程体系，同时应注重开发出符合学生个性化需要的学习服务系统，让学生能够自主学习和选择，克服学习过程中可能遇到的各种障碍，能够及时回应学生在学习过程中的各种需要。此外，在网络教学中，由于以网络为中介，也应注意加强师生互动或对话交流，实现顺利的师生沟通，消除心理或传播上的误解。在网络教学中，也应在确保良好的课程结构和师生对话的基础上，促进学生的自主学习和创造性学习，允许他们自主制定学习计划，自主选择有效的学习方法，根据自己的经验形成和建构自己的知识结构。

二、基于网络的创造性教学模式

所谓教学模式是指按照一定的教育思想、教学理论和学习理论的指导，在特定的环境中进行教育教学活动的一种稳定的结构模式（何克抗，1997）。我们以往传统的教学模式都是通过课堂进行的教学模式。而如今网络时代的到来以及网络教育教学的应用对以课堂教学为主要教学模式的传统教学带来了巨大变革。以网络为教学途径的教学实践经验表明，作为一种以互联网为载体的信息化技术在教育中的应用，其对教育的整体发展将会有很大的改变，这一改变决不仅限于局部的、表面的或者量上的，还有更为深层次的改变。网络教学能够引起的（而且需要的）是对教学模式的一种整体性的变革。通过调查研究可以看到，在目前网络发展水平上，有几种网络教学模式已经实现并初步形成了网络化教育模型。

（一）讲授式教学模式

讲授式教学是一种以教师为中心进行系统授课的教学模式，它是传统的班级教学与网络教学相结合的一种新的发展。讲授式教学是指通过网络作为师生之间的交流手段，以教师授课为主的教学方式。它是对传统班级授课制教学模式的继承，因而也是对传统课堂教学模式的一种新发展。当前，基于网络的授课方式主要有基于局域网的教师讲授式教学和基于广域网的教师讲授式教学。

基本教学过程：基于局域网的教师讲授式教学方式采用了多媒体教室中的音频和视频广播、电子举手等多种与传统的班级授课制教学方式十分相似的功能。在多媒体教室中，借助多媒体电子设备教师可以更方便地进行课堂教学。比如，在进行“匀速圆周运动”的教学时，为了使学生更加直观了解匀速圆周运动的概念，教师利用 Authorware 软件制作出 CAI 课件。在课程一开始，教师利用多媒体电子教室的广播功能，为学生们播放小球做匀速圆周运动的动画效果，并说明这是一种质点在圆周上做速度大小不变的运动形式，然后再以一个固定的时间间隔，来展示一个小球的位置与速度的方向的示意图，进而推导出一个质点在进行匀速圆周运动时，其运动方向始终与质点位置和圆心连线相垂直。之后，教师又向同学们介绍了几个关于匀速圆周运动的例子，以加深对匀速圆周运动的认识。

这种教学模式将传统教学与网络教学有机结合。不仅可以进行常规的教学活动，还可以利用网络进行作业批改、模拟练习、小组讨论、团队协作解决问题等活动。这种教学模式将传统教学与网络教学紧密结合，使得双方优势达到最大化，为完全网络化教学提供过渡。教师可以先进行授课内容的讲解，让学生对知识形成感性认识，然后利用网络进行练习，自主式练习解答，由网络进行评判。对重点和难点问题进行分组讨论，分工合作进行解决，减少注意力的分散，提高学习效率。

教师的角色：讲授式教学模式是一种最接近于传统的班级授课制的教学模式，因此，在讲授式教学模式中教师所扮演的角色与传统班级授课模式中的相类似但也有所不同。共同点：这两种教学模式下教师的主导作用没有发生变化，与传统班级授课制一样，教师依然是教学过程中的执行者、组织者和管理者，学生主要通过教师讲授进行知识的学习。而教师也依旧是通过言传身教影响受教育者，使学生身心、行为得到预期的发展，以满足社会需求。在当前网络环境下，如何充分发挥教师通过网络的讲授式教学的领导作用，依旧是提高课堂教学质量的重要因素。不同点：虽然在以网络为基础的讲授式教学模式中，依然是以教师为主导的，但是其主导作用有所改变。对于学生而言，通过教师讲解来学习新知仅仅是获得知识的一种方式，学生可以根据自己的兴趣、学习方式选择更多的网络资源进行知识的获取。

学生的角色：学生在讲授式教学模式中所扮演的角色与传统的班级授课制也存在相似之处和不同之处。相似之处：与传统的班级授课制方式类似，在课堂上，学生主要通过听课（或看课）学习知识，这个过程是被动进行的，因为学生无法自主决定课程内容与学习目标。在这种教学模式下，学生能否积极参与是教学成败的关键。因此，在学习过程中学生仍是学习的主体，要使得这种教学模式能够成功开展，就必须将学生在学习中的主体性进行充分发挥。不同之处：在教学过程中，学生的被动学习地位发生了改变，教师仅仅是学生汲取知识的部分来源，网络中大量的教学资源都可以成为学生获得知识的渠道。学生有更强的选择性与灵活性。

在网络的讲授式教学模式下，师生借助网络这一媒介进行信息传递与交流，发挥了网络的桥梁作用。而对于教师而言，网络是他们进行知识发布、技能传授的重要方式。对于学生而言，网络不是简单地接受教学内容的手段，也为他们提供了丰富的多媒体资料与信息，同时可以结合学生自身认知特点，进行多样化形式的学习。

（二）个别化教学模式

个别化教学模式的特点是以学生为中心，自主学习加辅导。传统的教育以教师教为主要手段，现代教育则更注重学生的学，并提出了要学生“学会学习”的口号。美国教育家杜威提出了“学生从做中学”的教育模式，即强调学生自主学习；我国教育家蔡元培提出“贯穿美育，综合教学”的教育模式，也是倡导学生进行自动、自助、自学，强调自学的重要性。

就基本的教学过程来说，个别化教学模式主要是通过编写基于网络的CAI课件或者是利用嵌有VBScript、javascript、Java等编程语言的网页编写的个别化教学模式。学生在课堂上通过使用CAI课件进行个性化的学习，依照自己的情况按需使用软件进行学习，同时课件会根据学生的不同需求与反馈提供有针对性的教学，以达到以学生为中心的教学方式。

教师的角色：在教学过程中，教师的主要领导地位是不容忽视的；同样，忽视学生的主体性作用也是万万不可的。从哲学层面来看，人皆有主导性。只有充分发挥教师的主导作用和学生的主体作用，才能实现优质的教学，得到高质量教育。在个别化教学模式中，教师的主导地位进一步下降，主要通过个性化的、精心设计的、带有教学信息的个别化教学软件与学生产生直接关系（或交互）。与传统的自学相比，个别化的网络教学辅导方式更为方便，教师可以通过 E-mail、BBS 等多种形式进行指导教学。因此，教师的首要任务就是完成对于教学过程中所需的 CAI 课件的设计并在 e-mail、BBS 等平台解决学生提出的问题，教师不再严格控制或支配学生。

在这种教学模式中，教师所要达到的能力与素质也发生了改变。在设计 CAI 软件的过程中，需要与学科专家、教育技术人员、软件设计师等进行协作，根据学生实际设计出适合学生使用的个别化教学软件，这个过程相比于传统教师是一个全新挑战。大多数教师认为创作个别化教学软件比传统的课堂教学需要更多的时间与精力，对于大多数教师来说也是有一定困难的（Hassan et al. 2020）。实施个别化教学的关键要点是采取什么样的教学策略。为此，教师要考虑学生差异之处，结合学生不同的特点，制定合理的教学策略。总之，在个别化教学中，教师要适应学生。

学生的角色：个别化教学模式中，学生是绝对的核心。CAI 软件或其他适用于个别化教学的媒介与形式都必须符合当前的学生教育的层次和发展过程，从而保证每位学生都可以得到充分的发展。学生可以根据自身学习目的自行设定学习节奏，将自主学习的主动权把握在自己手里，从传统的被动接受知识转变为自主建构知识，通过利用 CAI 软件或者嵌有满足个别化教学的编程语言的网页，将所学知识不断融入自身的认知结构中完善认知。在低错误率小步子的学习序列的学习过程中，通过不断地完成自身的学习任务，获得知识，掌握技能。所以，在这个教学模式下，以学生为中心、以学生为主体，所有的条件和资源都要指向学生，为学生服务。根据 Ramli 等人（2020）的说法，传统教育的过程涉及学生在教室里的物理互动和交流。而对于基于网络的个别化教学模式，学生在学习期间保持注意力、教师激励方面以及师生、生生互动和监督方面都存在一定的困难，会存在管理上的松弛性，学生自主学习的积极性、自觉性是决定学习能否取得成功的关键。

采用网络实现个别化教学模式的过程中，网络的功能主要是提供和解读 CAI 软件，为学生提供具有个性化特征的教学资源和内容。同时，学生还可以在网上针对疑难点对教师进行提问。学生可以通过浏览学习教师自主设计的个别化教学软件或网页进行自主学习。师生之间通过采用 e-mail 或 BBS 等通信手段进行必要的沟通，网络成为联结教师和学生的桥梁，助力实现个别化教学模式中的自学加辅导的学习模式。

（三）探究式学习模式

探究式学习（inquiry learning）是一种将科学家对自然世界研究的科学方法引申到教学的一种模式。具体来说，探究式学习要求学校、教师为学生和外部世界搭建桥梁，鼓励学生探索新的学习环境，学生可以对某一问题、文本或学习资料进行自主搜索和建构信息、寻找不同的答案、进行有意义的学习活动。在网络学习过程中，互联网通过为学生提供多种知识管理相关的程序或平台，提供丰富的超链接，满足了学生多种探究式学习模式的需求。例如，学生可以借助百度搜索关键词，选择性地获取、组织、传播和应用知识。运用维基百科、概念地图可以完成知识的搭建、分类、索引、检索、分发以及评估知识的价值，从而提高学生知识管理水平；使用 Webquest 这样的专题调查，可以充分利用网上的信息资源完成探究式学习。互联网为学生的探究式学习开辟了无数条学习的道路，接下来主要介绍基于 Webquest 的探究式学习模式。

1995 年，美国圣地亚哥大学的伯尼·道奇（Bernie Dodge）提出了以互联网为基础的探究性学习，定义为网络探究（WebQuest）。WebQuest 是一种以探究为导向的学习形式，主要包含 6 个关键属性：①引入主题，一般用提问的方式引起学生好奇；②任务需要有挑战性和可操作性；③过程指的是学生完成任务需要的步骤；④资源，主要来自互联网，以辅助学生完成任务；⑤评估，即评估学生表现时要考虑的定性和定量指标；⑥结论指回顾项目的最终目标，激励学生将研究进一步扩展到其他领域（如图 3 所示）。此外，WebQuest 通过鼓励学生之间交流沟通来促进合作学习，学生可以在网络上针对问题进行讨论、将信息具体化、发表自己的观点。通过这种方式，学生的创造力、创新倾向和自我学习能力可以得到充分的发展。

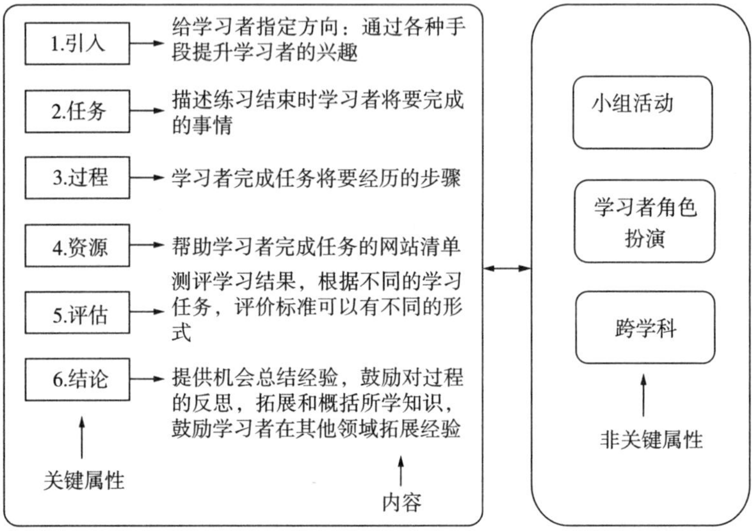

图 3　WebQuest 示意图

研究者 Cruz 和 Carvalho（2007）以“埃及法老”历史知识学习为例，学习者首先了解 WebQuest 网站的基本操作流程，以小组合作的形式在 WebQuest 进行 5 次“埃及法老”的历史知识的课程学习。学生通过制作 PPT 报告、做法老死因的科学报告、日志等形式展现学习成果。结果发现，小组合作促进了学习参与程度，提高了学生的学习动机，也对学生的搜索能力、分析能力、总结能力、文献阅读能力等都有一些的锻炼。但也存在一些问题，比如学生对历史知识的组织较弱，主要集中于知识简单的呈现，而没有进行深入的思考加工，创造性相对较多。因此如果要将 WebQuest 推广到实践教学中，就需要学校和教师合理地引导，而不仅是在形式上按部就班地按照 WebQuest 的 6 个属性展开。

总的来说，这种基于网络的探究式学习作为一种新型学习模式，既是师生共同的挑战，也是极具诱惑力的方式。它突出了学生的主体地位，教师和学生交互式主动探究，充分利用多种资源，特别是网上的资源来进行探究活动和开放性学习。学生能够在探索中获得乐趣，在探索中获得发展，这在学生创新探究能力发展上起着不可忽视的作用。

（四）基于问题的学习模式

在远程学习过程中，创造性学习是由疑到不疑再到疑的通关性学习过程，创造性学习过程也是不断发现问题、分析问题再解决问题的过程（徐阳，张云祥，2011）。简单来说，基于问题的学习（Problem-Based Learning，PBL）就是通过引导学生在解决问题的过程中达到学习的效果（Hmelo-Silver，2004）。基于问题的学习多用于医学生的教学与培养上，其过程包括：发现问题、确定问题、收集资料、分析问题、解决问题、进行反思，这一系列的训练让学生不仅学习到专业知识，更让他们的问题解决能力得到了充分的锻炼。这种学习模式改变了传统的由教师“传道授业解惑”的形式，将解决问题的主角换成了学生。而这些问题往往没有固定的标准答案，可能需要跨学科的解决方案。例如，计划一次长途旅行就需要使用几个学科的知识和技能来解决问题（例如数学和生命科学）。此外，一个好的问题还可以培养学生的沟通能力，因为学生在问题解决的过程中就必须借助团队成员的合作完成最佳方案。Barrows 和 Kelson（1995）提出基于问题解决的学习模式的目的是帮助学习者构建完整且灵活的知识表征，发展有效的问题解决技能，发展自主学习、终身学习的能力，成为一个有效合作者以及提高学习的内部动机。为了达到好的学习效果，一方面，学生可以通过合作学习和自我思考相结合的方式来寻找问题解决的最佳答案，将知识应用迁移到新的问题解决情境中；另一方面，教师则扮演着辅助学生在问题解决中学习的角色，而不是简单的知识传授者，他们需要鼓励学生尝试各种方法验证自己的观点，提高学生更高级的思维能力，比如推理能力的发展，还要给学生提出恰当的问题引导学生自我反思，不断地督促他们思考，自我评估。由此可见，基于问题的学习模式对教师的要求极高，尤其在问题的设计上，并且这种学习模式的耗时也比较长，其效果也受到了一定的质疑（Wood，2008）。

在实际的远程学习过程中，基于问题的学习模式大多是借助网络课程进行，它的特点是：以问题为中心，以学习者为中心，以小组为团队，以教师为指导。具体来说，它强调利用相关的背景或有价值意义的问题情景进行学习设置，对问题进行分层次解析；通过组建学习小组，学习者在解决现实生活中的问题的过程中相互合作，来学习更深层次不易察觉的科学知识，培养学习者的批判性思维；同时借助网络学习资源和学习工具，学会独立自主学习与团结协作学习结合，进而更高效地解决现实问题；最后，教师可以引导学生对学习成果进行评价，对作品进行评议，这样有助于学习者进一步反思。网络环境下，学生可以更加便捷地使用网络资源搜索信息和解决问题，学生之间的合作交流也可以突破空间和时间上的界限，使得问题解决更加高效，学生也更容易在过程中受益。

（五）合作学习模式

“合作学习（cooperative learning）”是 20 世纪 70 年代末由美国教育学家布卢姆研究提出的，目前是当代教育理论、研究和实践过程中获得成果最多、产生影响最大的改革之一，也是被大众所熟知的一种学习方法。该学习模式经常融于其他学习模式中，比如前面提到的探究式学习模式和基于问题式学习模式都强调了学习者之间的合作学习。合作学习在理论和研究层面被证明是有效的，如图 4 所示，动机理论解释认为小组合作学习不仅能够提高学习者自身的学习动机，还可以通过设立小组共同的学习目标，提高鼓励小组其他成员的学习动机、提高帮助其他成员学习的动机来提高整体的学习动机，起初这种动机来自希望小组成功的外部动机，但随着团队凝聚力的加强，个体的责任感增强，成员在互动过程中（如同伴教学、同伴示范、同伴练习、同伴评估和纠正）的学习动机逐渐增强，外部动机逐渐转换为内部动机，从而促进学习。尽管如此，合作学习在实践教学中的普及仍然比较局限。未来研究需要探究在哪些情境条件下，合作学习效果更佳。此外，合作学习的发展也离不开科学技术的发展，比如借助网络、交互式黑板等手段增加合作学习的可操作性。

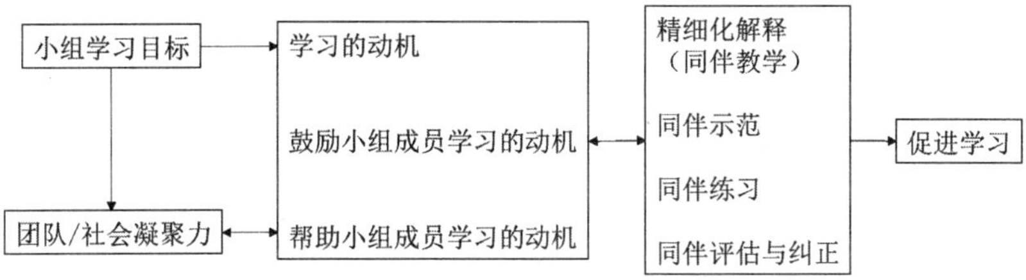

图 4　合作学习促进学习的动机理论解释（Slavin，2015）

基于网络的合作学习（Computer Supported Collaborative Learning，CSCL）是指借助网络或多媒体等其他技术手段，在师生与生生之间营造合作学习的环境氛围，可以针对某一学习内容进行探讨、互动与合作，从而更好地理解与掌握教学内容。在远程教学和学习中，教师既可以作为多媒体课程设计者，也可以与网络技术人员合作，分析并设计出有效的合作学习课程；教师作为管理者，需要对庞杂的网络信息资源进行整合，确定学习任务，创设学习情境，引导学生建立学习小组；学生进行小组合作学习并整合研究成果，对此进行讨论。以上活动都是借助于网络平台展开的，是基于网络的合作学习新模式。广义的基于网络的合作学习也包括异步的在线合作学习，比如在某一个网站上针对某一个学习主题进行讨论交流，这种学习交流社区的时间跨度可以是一年以上甚至更长，这正是网络给学习带来的无限可能。

在进行网络教学时，在努力确保学生学术发展的同时，重要的是不要忽视学生的心理和社会情感方面的学习（Korkmaz，Toraman，2020）。而基于网络的合作学习模式让学生在合作互动中学习知识，锻炼社会交往、沟通能力和问题解决能力，将是未来网络学习的主要形式之一（Dillenbourg et al.，2009）。

（六）总结

课堂教学是现代教育信息技术应用的立足点。在网络环境下，将信息技术与学科教学相结合后，学生依旧是整个教学活动的主体。我们将计算机和网络作为信息技术的核心，培养学生自主学习意识和情感，创造教学环境，将各种教学资源、教学要素、教学环节进行整合，采用“自主、合作、探究”学习，探索“激励-自主、情景-探究、展示-交流”等教学模式，尽可能体现学习过程中的综合性和实践性。它强调以信息技术为手段提高学生学习自主性，充分利用信息技术本身带来的自主探究、多元互动、合作学习、资源共享等学习环境，调动学生的主动性和积极性，使学生在创新思维和实践能力层面都能获得有效训练。计算机网络技术在教学过程中能够提供丰富多样的研究资源、模拟生动活泼的研究情境、极大地拓展了协作领域，提高了协作的效率、也有效改善了学生的学习方式。

当前现代信息技术的发展促使了课堂教学的产生，改变了教学方式与学习过程，使学生成为积极的探索者和个性化的自主学习者，提高了学习能力和工作效率。所以，我们要充分发挥现代信息技术的优势，将学生的智力发展水平以及各学科的特点相结合运用到实际教学过程之中。

虽然网络技术在一定程度上改变了教育的某些环节，也在改变着人们教育的思想、观念、方式和方法，但是，网络教学作为新兴教学模式，还处于初步发展阶段，管理者与开发人员应通过多种途径深入了解教师与学生等用户的需求，不仅是学习内容需求，还包括服务形式、系统功能、系统质量等许多具体问题需要我们不断探索与实践，才能使网络在教育教学过程中得到更好的应用。

三、网络教学对学生创造性发展的影响

在非教学环境下，已有大量研究证明网络使用会促进个体的创造性。Shalley（1995）认为，面对面的交流可能会抑制创造性产品产生，因为个体在面对面的交流中花费太多的时间和精力在无关的细节上，一些非言语线索往往会与信息内容发生交互作用，最终抑制个体的创造性。此外，通过网络间接地进行交流会带来更多的信

息模糊性，降低信息交流的流畅性，也正是由于这种信息交流的模糊性和不流畅性，提高了个体的创造性。个体会基于以往的认知结构，花费更多的时间去解释这些不确定的信息，这种更加精细、深入地利用已有的认知结构同化网络信息的过程更加有利于个体创造性的发展（Kock，2007）。

随着网络融入传统教学的快速发展，研究者和教育工作者都发现网络教学对培养思维的广阔性、独立性、灵活性、敏捷性有着良好的支持作用。网络环境的特点决定了它有利于创造性思维的培养。创造性思维是指“对已有知识经验进行明显的改组，同时创造出新思维成果的思维”。如发散思维、直觉思维等。在强调创新的 21 世纪，培养高素质创新型人才是时代的需要，也是教育事业所面临的巨大挑战。随着时代的发展，在教育中技术和互联网使用频率不断增加，这使得大多数教育者需要实施在线教学、任务和评估。我们应该抓住这样的时代背景，利用更加安全的网络环境，更加先进的科学技术，培养学生的创造性思维。

网络教学资源的多样性和丰富性为创造性思维的培养提供了知识储备的条件，有利于培养发散思维（孟彬，2018）。发散思维又称求异思维，是指对同一个问题，沿着不同方向不同角度对原有的信息加以整合从而想到多种满足条件的思维过程，因此丰富的信息是发散思维的原料，个体有充足的知识才能如鱼得水发挥自己的创造性思维。而网络让全世界的电脑连接起来，进行通信、信息共享。互联网上集中了不同领域的来自世界各地的最新信息，例如历史文化、风土人情、文学艺术、天文地理、海洋生命、军事、环境等。并且网络中各种信息检索工具可供我们查阅世界各地的电子图书馆、书籍、期刊、音像制品等资料，使人们可以在网络信息的浩瀚海洋中畅游，快捷方便地获取信息，这为学生知识的获得提供了便利，大大提高了学习效率，并且扩展视野，进而拓展思路，为创造性思维的知识储备奠定了基础。一般来说，网络教学的资源可以来自两方面。一方面是学校本身具有的丰富的教学资源，包括文字、视频、图片等多种形式呈现的教学计划、教学内容、参考资料等其他资源；另一方面，网络不仅提供了大量的、易于获取的信息资源，还加强了各种相关信息的链接性，借助搜索引擎、学生可以搜索到所有与关键词相关的信息，使得信息不再处于孤岛的状态。浩瀚网络中的资源可以加入数据库中，对其进行合理的分类管理，减少学生在查找利用相关资源时的时间与精力。庞大的网络教学资源数据库使学生能自由地选择最适合自己的学习方式，根据自己的需求自主地对信息的呈现次数、速度进行设置，根据兴趣需求选择性地深入了解某一领域的知识。在网络背景下，学生能够随时随地获取新的来自世界各地的知识，接收世界各国不同文化下对同一问题的见解，并且还可以参与讨论，与不同的观点进行碰撞，从而促进发散思维的培养。

虚拟环境中的网络教学有利于培养直觉思维，提高了创新思维产生的可能性。现在快速发展的 VR，即虚拟现实技术，它所模拟的现实场景以三维立体逼真图像呈现，带给个体前所未有的沉浸感、多维感、存在感。在这样的网络教学环境中，学生的思维不再受到多种客观条件的限制，学生作为一个实际的参与者进行各种学习和操作，可以根据自己感兴趣的知识自由地进行练习和操作，因此个体的学习兴趣更能被激发，思维的翅膀更能尽情放飞。例如现在网络上的电子实验室，学生可以完成种种复杂的甚至是现实中难以实现的实验，并可以方便地观察到物体的结构、运动过程、实验波形等，让学生在实际的动手操作中不断思考，转变思维。也让学生有机会将头脑中的想法付诸实践，模拟现实环境，这打破了时间与空间的限制，比如我们所熟知的孟德尔遗传定律的实验在一堂课上就能完成。这显然会大大提高学习者的学习效率，并激发学习者的求知欲望和创造灵感（郑勇刚，2003）。

多媒体的组合激发了创造性思维的形成。与传统的依靠课本的教学方式不同，计算机辅助教学（Computer-Assisted Instruction，CAI）可以呈现多种多样的信息，包括图、文、声、像等，还可以将这些不同的呈现方式有机地组合起来，以全新的方式传递信息。这种方式也更适用于对空间立体化知识的教学，如原子、分子的结构、分子的结合过程、机械的运动，亲身体验。在教学实践中，建构主义强调以学生为中心，认为学生是知识的建构者。建构主义的理论实践和多模态教学重视运用提问、互动、音视频等方式，充分调动学生多种感官，从而增强其创造性。因此在教学中，应采取多种途径相结合的方式。同时，教师在课堂上应当减少提出记忆性问题，而是增加开放性问题，这样利于培养学生的创造性和批判思维。比如，在英语教学中，教师可以利用网络提供的语言环境和材料，通过音视频的呈现创设情境，提出符合真实生活背景下的问题，激发学生的学习兴趣，引导其用英语思维回答问题，积极地了解构建学习内容。

网络的交互性也激发了创造性思维。网络环境下的交互包括人-人交互、人-机交互。学生可以在网络所搭建的教学环境中，超越时空的限制，与熟人或陌生人进行交流。网络上的交流延续了现实中的互动内容，学习者可以围绕当前学习的主题与在线学习同伴、老师进行交流讨论，表达自己对问题的理解以及解决问题的不同思路，相互分享各自的想法，从而形成自己的认识，这打破了学生个体单一判断思维的局限。网络环境向学习者提供了广泛的交流平台，打破了学生由于地域、时间的差异而不能及时交流的障碍。另外，网络信息的全面性保证了不管学习者的兴趣如何，都能够在某一论坛或小组里找到志趣相投的人，相互分享各自的想法，相互答疑、争辩和评价。另外，网络教学可以提供一种生动、活泼、平等、自由、民主的教学氛围。学生可以自由地通过网络与其他在线学生或老师平等、轻松地探讨各种问题。学生与这样一个充满无限宝藏、充满巨大活力的系统交互学习的时候，他们不再觉得学习枯燥无味，任务艰巨繁重，而是会带着浓厚的兴趣，轻松地去学习。有效的师生交互可以改善师生关系，促进创新过程。

此外，网络中的类比迁移教学可以成为培养创新思维的重要策略。类比迁移是指通过相似性将信息从已知（原始领域）转移到未知（新领域）。在网络中的类比迁移教学如下：在第一阶段，教师用不同领域的例子来确定一个概念。可能通过播放一段视频，不仅介绍这个概念，还为学生提供一个熟悉且相关的上下文。在第二阶段，学生们从自己的生活中反思情况，这样他们可以应用正在研究的概念。在这里，开放式问题使学生更深入地探索创造力，同时适应不同的背景和先前知识水平。在第三阶段中，教师进行调节，学生讨论他们在第二阶段的回答。此时教师应关注不同领域的初始回答，或不清楚解决方案是否正确的回答。第一阶段和第二阶段可以异步进行，并通过包含多媒体和学生指南的技术进行搭建。第三阶段应该同步进行，并通过使用基于网络的视频会议工具来支持。通过促进发现过程、收集想法和整合知识来促进创新思维的发展。因此，第三阶段至关重要。

众所周知，任何事物都是具有双面性的，有利也有弊，网络教学对于创造性思维的培养也是如此。网络为创造性的培养提供了极大的有利条件，但也带来了独特的挑战。比如，学生需要能够浏览、过滤和整合他们在网上找到的信息，这通常需要消耗过多的认知资源，而如果学生全文照搬的话，长此以往，创造性思维反而会有所退化。同时，网络娱乐项目纷繁，对于中小学生有极大的诱惑力，他们很有可能沉溺在网络的世界不能自拔。网络教学虽然丰富了教学内容，但也提高了对教师的要求，这可能会弱化教师在传统教学过程中的主导作用。因此，在网络教学中，我们需要根据网络和创造性思维的相关特点，找出两者的最佳结合点，实现其和谐发展。

（1）教师发挥“领航员”的作用。网络教学弱化了传统教学中教师的主导作用。学生在课堂上的平等与参与意识被激发，因此如果想产生较好的教学效果，教师角色转换以及信息引导的作用应当被重视，教师的教学理念也应更新，来满足不断变化的学生的需求。而且，网络数据库庞大，信息良莠不齐，某些超文本的信息会分散学生的注意力，因此教师在网络教学过程中应该加以引导。同时增加相应的培训提高教师的网络使用能力。根据布鲁纳的发现学习理论，“发现学习”不止包括对未知世界的科学发现，更重要的是学生凭借自己的力量对人类已有的文化知识的再发现。网络教学应该更多强调发现性学习，因此，教师应当根据实际教学内容结合学生的学习情况，合理利用情景式教学，引导学生进行自主学习，激发学生的内在动机，不断提高学生的直觉思维。

（2）学生发挥主观能动性。在网络教学中主体仍是学生，对于学生创造性思维的培养要在学生自愿参与的基础上进行。在网络学习中，学生更要掌握自我组织的学习方式，充分利用文件夹、收藏夹、书签等功能，定期将相关资料归类、梳理、整合，在形成合理化知识结构的同时，培养高层次的创造性思维。学生应加强对信息的判断能力，充分利用信息组织和检索工具，平时多关注优秀专业网站和相关专家论坛，培养自我管理能力和信息导航能力，将有限的时间分配好，让网络真正成为促进学习、激发创造思维的有力工具。面对网络中各种可视化、形象化的知识，学生往往为方便实现即时学习目标而将知识囫囵吞枣，通过简单的复制、粘贴，这样反而会扼杀创新思维的发展，导致思维惰性。

（3）教学方法的创新。有研究者提出的理解型教学十分切合此想法，随着对知识理解层次的深入，前一层为后一层奠定基石，创造力也随着理解的深入得到发展和促进，从而提高了创造性想法的产生。网络情境下的理解型教学设计则充分发挥了网络的信息技术优势，实现教师和学生共同设计、规划教学方案，使学生亲身体验现实生活中发现、分析、解决问题的整个过程，实现师生的平等对话。有研究者以统计学教学为例，将教学分为四个步骤：①提供丰富的知识；②问题的多重理解；③方法教学；④问题解决及扩展。网络可以提供学生丰富的知识，为创造性想法的产生奠定基础，通过网络也可以使问题以多种方式呈现，因此能够让学生产生更多不同的想法。此外，在这些步骤中还要注重学习动机的激发，过程中计算机能够对理解活动进行及时有效的评估，从而激发学生的学习动机。研究者对传统传授式教学与网络理解型教学模式进行对比，结果显示网络理解型教学模式下学生提出的解决方法数量显著多于传统式，并且对知识的理解也更深入，即对统计课堂实施网络理解型教学能培养学生的创造力。另一研究者倡导混合式教学，将网络教学与传统教学相结合，充分发挥两者的优势。认为创造性学习也要建立在良好的教学环境上，但是网络教学教师的主导作用得不到足够的发挥，学生自主性差，容易导致在海量的知识中迷失的情况。因此倡导将网络教学与传统教学教师的主导作用相结合，优势互补，从而达到良好的创造学习教学环境。

（4）建立有组织的学习团队，营造良好的创造氛围。为营造良好的创造氛围，有必要在网络环境中建立具有高度心理开放性、心理相容性、对不同的观点具有容忍性的有组织的学习团体。通过学习团体具有专业水准的指导，使学生的各种创新想法多角度、全方位地碰撞，从而激发创造思维。赞可夫的发展性教学理论的教学原则中提出：理论知识起指导作用、使学生理解学习、使全体学生都得到发展。强调在保证共同的思想方向的前提下，也要发挥对应的个性。因此在网络教学实践中，应注重实现合作化、互补化、个体化三者统一，可以采取将不同方向不同专业学生进行混合编组的方式。不同的个体对于网络信息的把控度以及特长、观点会不同，从而在组内担任的职务、承担的任务都会不同，这样使得学生充分发挥个性，产生观点的碰撞，提高智力因素，促进批判性思维的发展。小组的形式增加了与他人的互动，也提升了学生的非智力因素。对于网络信息把控度较高的学生，可以在闲暇时间进行学习，对于网络信息把控度较低的学生，可以重复学习。在不断的学习中引起学生的思考。

（5）健全网络教学的运行机制，保障网络教学环境。网络教学与传统教学最本质的区别就在于教学环境的变化。网络教学相比于传统的教学，打破了时间和空间的限制，教学地点不再限于校园、教室、班级。学生们可以随时随地进行学习，因此环境的干扰也会增多。合理的运行机制对于网络教学也至关重要，于姣（2022）所做的问卷调查研究表明，有近八成的师生表示高职院校思政课的网络教学机制不够灵活。我们不仅要优化硬件环境，为网络教学提供技术设备上的支持，还要优化网络教学的人文环境，发挥隐性文化的作用。加强对师生的网络规范性教育，使其遵守网络规章制度。使用某些先进技术规范网络言论，适当引导舆论，为教学活动的开展提供良性的环境。

总而言之，网络教学有助于学生的创造力培养，但是网络教学也对教师和学生提出了更高的要求。不仅要重视丰富的知识，还需要关注教学和学习的方法，根据不同的教学目标选取合适的教学方法，合理设计课堂充分利用网络资源，引导学生积极主动参与，才能发挥网络教学的优势，激发学生的创造力。

第六章　网络与创造型教师

创造性学习离不开适当的教育和教学环境。在压制创造性的环境中不可能产生大批具有创造性学习能力的学生。反之，鼓励创造性的环境更有利于创造性学习，而这种环境的核心是创造型的教师。随着互联网的普及和发展，教育信息化也成为不可回避的发展方向，尤其是在新冠肺炎暴发期间，网络教学和学习发挥了重要作用。网络技术的发展对创造型教师提出了一系列新的要求和挑战，也为创造性教学赋予了一种新的色彩。

第一节　网络背景下教师对学生创造性学习的影响

教师承担着“传道”“授业”“解惑”的责任，不仅直接或间接地影响着学生的学习结果和知识、技能及态度的获得，而且直接或间接地影响着他们的学习方法或方式。他们实际上为学生创设了特定的学习环境。自然，教师创造的这种学习环境也直接或间接地影响着学生的创造性学习过程。在信息技术的影响下，网络教学、学习平台提供的资源和应用程序可以支持教学质量，但是教师如何将这些新技术应用到他们的教学中或转变教学方式中也很重要。

一、教师教育观念的影响

教育观念是一个人对什么是教育、如何教育等基本问题的认知或看法，它直接促成了个体对受教育者的态度和行为。作为与学生直接相联系的人，教师的教育观念及其所促成的教育态度、教育行为实际上形成了创造性学习的氛围。

教师对创造和创造性的看法影响着他们对学生创造性表现的态度，影响着他们对学生的期望。教师的期望通常以直接或间接的方式传达给学生，转化为学生的自我期望，进而影响他们的创造性表现，形成创造性发展过程中的“皮革马利翁效应”。

现代中国画艺术家潘天寿在少年时写字作画不太符合规范，经常受到教师的批评。后来担任国文兼书画教师的王先生却对他不拘一格的“烂污画”和“无赖字”不仅不批评，反而持欣赏和肯定态度，认为他的画才是有创意的。老师的这种态度对他是一个极大的鼓励。他意识到自己成为画家的潜能，于是奋发图强，勇于创新，终于成为对中国画发展作出巨大贡献的著名画家。少年潘天寿正是将老师的欣赏和期望转化为自我期望，进而转化为一种创作的动力。显然，在此过程中，王先生的创造观以及慧眼识人、鼓励创新的做法起到了至关重要的作用。如果王先生也像其他的老师那样，对少年潘天寿的绘画大加批评的话，潘天寿的绘画才能就会大打折扣。

当然，这种教育观具有文化差异。相对而言，中国的教师更喜欢那些具有宜人性（agreeableness）特点的学生，这些讨教师喜欢的学生通常自信、友好、有进取心、勤奋、重集体主义、兴趣广泛、反应敏捷、意志坚定。在他们看来，创造性学生的特点更突出地表现在创造性思维能力上，而较少看重创造性人格方面的特征。这与德国的教师形成了鲜明的对比，德国教师喜欢的学生通常是具有创造性的学生，他们更看重学生的创造性人格特征，如愿意尝试、足智多谋、有独创性、喜欢接受挑战等（申继亮、王立娜，2006）。如前所述，教师喜欢学生的哪些特征，期望学生表现出哪些特征，这会通过言语、表情、行为等反映出来，传达给学生，转化为学生的自我期望，影响他们的表现。如果教师不喜欢学生的创造性人格特征，自然学生的这些特征很可能会受到抑制。这也可能是中国学生经常缺乏创造性的重要原因。

在网络普及的时代背景下，教师对采用信息技术进行教学的认知和信念也影响着学生的创造性学习。包括教师对教育变革和技术教学价值的看法和信念，他们对教学和学习的一般信念，对技术素养和相关技能的自我效能感，以及他们在教学中使用信息技术的知识和技能（Lai C.，Jin T.，2021）。由于信息技术的快速发展以及学生对数字素养的需求日益增长，教师比以往任何时候都更需要支持学生发展数字技能并利用技术进行教学（Siddiq et al.，2016；van et al.，2017）。Arkorful 等人（2021）认为，信息技术可以构建具有更强师生互动性的学习环境，有助于发展批判性思维能力，提高学生理解课堂所学内容的能力，促进在数学和科学等核心领域的学习。信息技术在教学中的整合还能激发学生的积极性和学习兴趣，增强他们的自尊和自信。而这些也是创造性所必需的。因此，教师对信息技术应用于教学的态度影响着教师对新技术的应用以及教学效果。

Rogers（2003）提出了创新扩散理论（diffusion of innovation theory），该理论最初被用来解释在教育和教育环境中对技术的使用。它试图解释思想和技术如何、为什么以及以何种速度在不同文化中传播。包括四个方面：时间、创新、沟通渠道和社会系统。Rogers 指出，创新是新的想法、实践或项目；社会系统是一组相互关联的单元，这些单元共同参与解决问题以实现目标。当创新通过特定渠道在不同地理区域的一些参与者之间随时间传播时，我们可以看到传播的过程。应用到学校环境中，创新就是将信息技术融入教学和学习。Hajara 和 Bukari（2017）认为教师的态度是创新范式传播中社会系统的一部分。因此，如果教师对创新（信息技术）持积极态度，为加强信息技术整合而制定的方法将得到广泛的接受和采用。另一方面，如果教师对计算机的使用产生恐惧，对技术的采用不自信，则无法将信息技术融入教学，进而不利于学生从信息技术中获益。

二、教师领导方式的影响

教师的领导方式或领导风格指的是作为学生和班级的领导者的教师在日常学习与集体活动中指导、组织和管理学生的风格。1939年，美国心理学家勒温（K. Lewin）和怀特（W. A. White）对教师的领导风格进行了研究，发现专制的教师更容易激起学生的不满和消极情绪，放任的教师容易使学生学习效率低下，而民主的教师却容易让学生情绪愉快，学习兴趣浓厚，自我效能感较高，喜欢探索和创新。后来，另一位心理学家里皮特（R. Lippit）等人进一步探讨了不同的领导方式对师生关系、学生学习和发展的影响，其研究结果如下表所示。

表 2　教师不同领导方式和学生对应的反应

教师类型（领导方式）	教师的典型行为特征	学生的典型反应
强硬专断型	对学生时时严加监视；强调严格的纪律，要求学生无条件服从；认为表扬可能会宠坏学生，很少表扬学生；认为没有教师监督，学生就不可能自觉学习。	屈服，但一开始就不喜欢这种教师；推卸责任；容易被激怒，不愿意合作，而且可能背着教师伤人；教师离开教室，学习就没有积极性；依赖性强，冷漠无情，或充满攻击性。
仁慈专断型	不认为自己是一个独断专行的人；表扬学生并关心学生；专断是因为过分自信；以自己为班级一切工作的标准。	大部分学生喜欢他，但看穿他这套方法的学生可能会讨厌他；在各方面依赖教师，缺乏创造性；屈从，牺牲个人想法；参与班级工作的数量可能较多，工作质量也可能较好。

续表

教师类型（领导方式）	教师的典型行为特征	学生的典型反应
放任自流型	在与学生打交道时缺乏信心；很难做出决定；没有明确的目标；不鼓励学生也不反对学生，不参加学生的活动，也不提供帮助或指导。	不仅品德差，学习也差；有很多推卸责任、寻找替罪羊、容易激怒的行为；没有合作；谁也不知道应该做些什么。
民主型	与集体共同制订计划、做决定；在不损害集体的情况下，很乐意给个别学生以帮助、指导和援助；尽可能鼓励集体的活动；给予客观的表扬和批评。	喜欢学习，对教师比较友好，喜欢同别人尤其是教师一道工作；学生工作的质和量都很高；互相鼓励，而且独立承担某些责任；能提出较多的建议。

不难看出，教师的领导方式或行为特征给学生的创造性学习带来的影响是不同的。专断型（包括仁慈专断型和强硬专断型）的教师容易限制学生内心的自由，要么损害学生的独立性和主动性，要么压制学生的独创性和创造的信心，因而不利于创造性学习能力的培养。放任自流型的教师实行“放羊式”的管理，学生很难从教师那里获得创造性学习方面的指导。与此不同，民主型的教师鼓励学生的相互合作和自我表现，保护学生内心的自由，有利于增强学生学习和探索的兴趣，有利于创造性学习能力的提高。实证研究发现，民主的教师领导方式有助于小学儿童社会创造性倾向的发展，而放任的领导方式则会妨碍社会创造性的发展（谷传华，张海霞，周宗奎，2009）。

教师领导方式的影响还表现在，他们可以对学生的创造性学习进行指导。曾任美国天才儿童协会主席的卡特纳（Joe Khatena）指出，教师与家长均负有培养天才儿童的创造性的责任，他们应该关心并敏锐地发现儿童的特殊需要，指引他们实现自身的潜能，鼓励他们取得优异的成绩，创设民主的氛围，以促进他们的交往和智力的相互碰撞，培养他们的创造性以及广泛的兴趣和才能。他们应能够激励儿童的积极性，知道何时应该走开，让儿童进行创造性活动（J. Khatena，2003）。面对有潜力的儿童，教师可以用很多方法来开发学生的创造性，提高他们思维的效果，激发他们的好奇心和想象力。教师应该为学生创设适当的教室环境，成为学生与世界进行创造性互动的催化剂。

在互联网普及的时代背景下，教师如何发挥网络的积极影响，形成良性的领导方式，已经成为当前重要的研究课题，因为网络学习环境为学生提供了大量的信息，在对这些信息进行加工的过程中，需要学生的独立思考和分析判断能力，而培养学生独立思考与分析判断的能力，仍是教师的主要任务之一。网络学习环境可以加速学生的感知过程、深化认知、增强记忆，但是这一过程离不开教师的主导作用。如果教师能利用网络形成特殊的在线的领导或管理，就能对学生的创造性学习发挥积极的作用。

三、教师使用网络技术的影响

先进的网络技术在教学上的运用，将传统教学与新世纪技术相结合，产生了一种全新的教学模式，这种模式以学生为主体，重视学生的自主学习。因此，教师如何合理利用网络技术充分发挥学生的积极性、主动性与创造性学习能力成为新世纪教师需要面对的问题。美国研究者发现教师的创造力能够显著的正向预测学生的创造力，因此想要提高学生的创造性水平，教师也需要激发并发挥出自己的创造力，在网络环境下也包含对网络技术的创造性使用。

教师最常见的使用网络技术的方式就是多媒体课件的使用。与传统的板书相比，多媒体技术将文字、图像、视频、声音等信息集为一体，使学生能够通过多种感官系统来获得知识，在提高了知识传播效率的同时还增强了学生的学习兴趣。但要杜绝将课本上的内容直接拷贝粘贴到课件，将多媒体作为另一种形式的书本就得不偿失了。多媒体技术应作为一种工具，辅助教师的教学过程，有利于学生理解知识的同时，涉及一些课外知识培养学生的创造性思维。工具使用得当的前提是会用，因此教师多媒体技术的培训是必要的，这样才能达到教师想要达到的教学效果，充分发挥教师的创造性作用。教师应用网络技术融入课堂的表现形式多种多样，比如，在课堂导入阶段可以呈现一些网络上的热点事件、生活中常见的例子来引出当堂课的教学内容，吸引学生的注意力。多媒体技术还提高了教学的效率，在完成当堂课程任务后能够留下空闲的时间，教师如果能够鼓励学生在课前收集与本节课或上节课内容有关的课外知识、视频等学习资料并在留出的时间中分享，发挥学生的创造性的效果是传统教学所无法达到的。学生可以结合自己对课本内容的理解，对生活中常见的现象进行深入思考，提出自己创造性的想法，而这种分享也可以促进其他学生的思考，引起课堂中创造性学习的浓厚氛围。

在传统教学中，学生对教师更多的是敬畏，即便教师鼓励学生对不懂的知识可以与老师和同学沟通交流，但是碍于敬畏，学生大多不了了之，只有少数的同学能够大胆地提出自己的疑问，这不利于学生的创造性学习。学习中产生的疑问是学生学习的动力，疑问也是发现学习与创造性学习的动力，网络教学中学生在学习过程中产生的疑问会更多，自我解疑的可能性也更大，因此教师要利用这一点培养学生提出问题与解决问题的能力，鼓励学生进行自主探索发挥个体独特的创造性。在网络环境下，教师与学生的地位趋向平等，形成了一个民主、开放的学习环境，双方拥有的资源也是平等的，教师与学生可以互相分享学习的资源共同学习。在这样一个环境下，教师角色需要从原先的信息主要提供者转变为学生学习方法和技能的引导者，利用网络论坛的匿名性和交互性引导学生互相分享，敢于提出质疑，充分调动学生学习的能动性和创造性。在学生遇到障碍时进行指导，引导学生找到适合自己的学习方式，同时要督促学生完成学习任务，对学习成果进行评估和及时的反馈。创造性学生的特点之一是能够主动地安排自己的学习任务，在完成课堂作业之外能够将更多的时间用于课外知识的阅读及其他活动的参与上，从而在不同领域扩展自己的思维，建构自己独特的知识结构，那么教师就可以根据这一特点，对学生进行培养，鼓励学生利用网络技术探索未知，注重自主学习能力，做得好的同学可以在线分享自己的时间安排方式与了解到的一些不同领域的知识，对其他同学的思维也有扩展作用，这样有助于师生、生生之间交流互动的即时性、灵活性和平等性发展。

四、教育改革呼唤创造型教师

综观世界教育改革的浪潮，其基本宗旨多是围绕学生创造性的提升和培养展开的。在此过程中，提高教师素质、培养创造型的教师又是最重要的环节，它直接关系到学校气氛的创设和课堂教学的质量。所谓创造型教师，是指那些能够根据教育科学原理和创造活动的规律，采用适当的方法，促进学生创造性学习、提升其创造性潜能的教师。教育改革呼唤创造型教师，中国的教育改革尤其如此。

跨文化的研究表明，中国儿童青少年的创造性可能低于西方的儿童青少年，如何培养创造性人才，已经成为当前中国教育改革面临的最大挑战（申继亮，赵景欣，2007）。教育部、共青团中央、中国科学技术协会等有关机构分别于 1998、2000 和 2002 年联合发起了三次青少年创造能力的调查，发现中国约一半的学生受到思维定式的影响，有尊崇权威的倾向。就学校的领导方式而言，很多学校片面追求考试成绩，而对学生创造性的发展并不重视，偏离了创造性培养的宗旨（林崇德，等，2009）。教师与学生之间更可能是管与被管的关系，缺乏平等的交流，这种师生关系抑制了学生独立的探索和批判能力，不利于学生的创造性学习。

尽管创造教育急切地需要创造型教师为后盾，但是，目前的教育仍有很多不利因素，限制着创造型教师的成长。例如，教师缺乏相应的教育科学知识和教育研究能力，难以适应教学方式的改革的要求；因学校追求考试成绩而带来的心理负担较重，无法以充沛的精力投入创造教育过程中。

在教育过程中，创造型教师可以给学生足够的心理自由。他们为学生创设轻松的环境或氛围，让学生发展自己的多种兴趣；他们鼓励学生对自己感兴趣的问题进行大胆的探索，提出多种可能的解决方案，能够引导学生从不同的角度看问题，突破思维定式。而且，他们自身就是学生的榜样。有人研究了诺贝尔奖获得者，发现很多人在获奖之前都曾经在诺贝尔奖获得者的实验室工作过。这说明，创造型教师更可能培养出创造型学生，通过耳濡目染，学生可以从身边的榜样那里获得创造性学习和研究的方法、技能以及管理方式。

很多教育家一致认为，教育改革的关键是转变教育观念，培养创造型教师。从世界范围来看，欧美国家积极改革，将创造性的培养作为重要的教育目标，开发了一系列教育和训练方案，对教师提出了一系列相应的要求。例如，在美国，教师应鼓励学生独立思考，鼓励他们向现有的结论和权威提出质疑，勇于挑战。在法国，除了不断增加教育经费之外，还要求教师树立正确的儿童观，以学生为学习活动的主体，鼓励学生“自治”，通过创作构思、造型艺术、绘画、音乐、舞蹈和各种实验活动，启发和培养学生的创造性。在亚洲也是如此。日本、新加坡等国家不断出台新的政策，敦促教师改革课程和教学方式，培养学生的创造性。

有这样一个著名的案例，可以充分地说明创造型教师对于学生创造性发展的必要性。在某小学低年级课堂上，有一位老师让学生用“想”“活泼”造句。有个小学生在作业本上造了这样两个句子：“想——我想听到花开的声音；活泼——河里的水很活泼。”结果，老师在他的作业本上打了两个红叉，因为在这位老师看来，花开是没有声音的，用活泼形容河水也不合常理。当然，教师的这种评价实际上扼杀了学生大胆而丰富的想象。其实，在目前的中国教育中，这样的教师不在少数。他们以自己为绝对的权威，以自己制定的标准为核心，要求学生遵守和服从，甚至不给学生必要的解释或说明。相反，教师应鼓励学生的想象力和大胆的尝试，鼓励学生打破既有的条条框框，革新现成的规矩。创造型教师不是以自己为中心和绝对的权威，而是以学生为学习和创造的主体，尊重学生，立足于学生的实际情况，让他们的创造性潜能得以充分地发挥出来。形象地说，学生的创造性潜能就像一座有待开发的矿山，而创造型教师就像准备充分的开发者。中国目前的教育急需这样的教师。

自20世纪80年代以来，中国政府也逐渐重视创新精神或创造性的培养。1985年，《中共中央关于教育体制改革的决定》明确提出要培养青少年学生的创新精神。随后，国家领导人在不同的场合多次号召培养和提升学生的创造性，国家也出台了一系列相关的文件鼓励创造教育。在基础教育阶段，人们逐渐注意转变教育方式，提倡研究性学习、自主学习，要求教师从“教书先生”逐渐转变为保护学生的创新意识、激发和培养学生的创造潜能、鼓励学生的创造性学习的教育者。

但是，从中国教育的现状来看，儿童青少年创造性的发展远未达到理想状态。例如，有研究发现，青少年创造性呈现出随年龄增长而下降的反常趋势，青少年的科学素养远远低于国际标准，尽管在国际奥林匹克比赛中成绩赫然，但是学生的动手能力、知识转化能力或创新能力相对较差（林崇德，等，2009）。与这种现状相对应的是创造型教师的严重缺乏。长期以来，以应试教育为导向的教师注重知识的传授，强调学生的接受学习，而不重视培养学生的独立探索能力和研究性学习能力，忽视学生提出问题和创造性地解决问题的意识和能力。而创造教育客观上要求教师实现从教书先生向创造教育者角色的转变，要求教师具备先进的创造教育理念，具备指导学生进行创造性学习的素质。

进入20世纪90年代后，随着多媒体和网络技术的日益发展和普及，特别是以互联网为基础的网络教育的广泛应用，以学生为中心的自主性教学结构发展起来。多媒体和网络教学能提供图文声像并茂的多种感官刺激，这有利于情境创设和大量知识的获取与保持；能提供形象直观的交互式学习环境，这有利于激发学生的学习兴趣，还有利于学生的自主发现、主动探索，发展联想思维和建立新旧知识间的联系，因此也有利于学生创造力的形成（王晓燕，等，2002）。

在互联网普及的时代背景下，教育信息化改革对教师素质提出了一系列新的要求，客观上不仅要求教师具备一般的教育和教学技能，而且要求他们在掌握特定的教育信息技术的前提下开展教育和教学，创造性地利用教育信息技术为学生的创造性学习创造条件。在这种条件下，教师可以采取一些特殊的教学方式或方法，例如，在课堂上向学生讲授一些基本原理和方法，由学生自行在网上查找相关主题的学习资料，对主题进行深入分析和研讨，由此培养学生独立思考和分析问题的能力，激发学生的学习兴趣，进而改善教学效果。

网络的发展为教师和学生都提供了一种新型的教育和学习方式转变的机会和平台。网络教学及网络学习平台转变了以往教师占据知识主导地位的局面，学生可以进行自主学习。在这种情况下，教师需要转变教学观念，要意识到教学正趋于网络化，在网络教学中，教师的角色从传统的单向传授者转变为课程和知识的资源提供者、教学组织者、设计者和开发者。教师应该积极地接受这个新的角色，只有这样教师才能最大限度地发挥主导作用，推进教学的信息化和网络课程的全面开展（宋凤宁，2004）。

对创造型教师的需求不仅存在于基础教育阶段，而且存在于高等教育阶段。大学生的认知能力已经有了充分的发展，具备了较高的抽象思维能力和辩证逻辑思维能力。在理论上，他们已经具备了进行各种创新、做出创造性发明或发现的可能性。但是，长期以高考为导向的教育方式可能抑制了他们创造性的发展。进入高校后，很多学生表现出高度的依赖性，缺乏主动探索的兴趣和创造的内部动机，也不知道如何提出问题、解决问题，不知道如何进行创造性的学习。

此时，网络教学所倡导的学生主体性与学生实际的惰性之间就会产生冲突。大学生接受了多年传统的应试教育，他们已经习惯了灌输式的教育方式，对于需要自主探索和思考的网络学习表现出不适应，不感兴趣，缺乏热情（宋凤宁，2004）。这就需要教师的支持和引导。这种现象不仅表现在专业学习方面，而且表现在求职和职业生涯规划方面。很多学生在面临毕业时茫然失措，不知如何主动地应对，缺乏创业的意识和技能。所有这些，都暴露了学生创造性的缺乏。

要改变这种现状，首先需要转变教育观念，形成适当的创造教育观，培养创造型的教师。这意味着，教师能够针对学生的特点，开展创造性的教学，以个性化的培养方式，提高学生创造性学习的意识和能力；能够注意和发现学生的潜能，激发他们创造性学习的兴趣，培养他们参与创造活动的内在动机；能够建立平等的、合作的、建设性的师生关系，增进师生互动，指导学生的创造性学习，使之掌握开展创造活动的方法和技能；能够尊重学生的意见，包括与众不同的观点，延迟评判，为学生创设宽松的环境，使之具有足够的心理自由；能够鼓励学生大胆设想，打破常规。事实证明，那些具有高度创造性的教师更可能带出高创造性的学生，他们的思维和行为方式深深地影响着学生。在高等教育阶段，需要的就是这样的教师。因为创造性的学通常需要以创造性的教为基础，创造性的教是引导和促成创造性的学的基本条件。

其次是结合信息时代的背景进行教育系统的创新。教育系统的创新可以被理解为教育机构采用新的服务、技术和技能，帮助改善学习成果、增强教育公平性和提高教学、学习效率。国家的教育创新与新技术的采用存在正相关关系（OECD，2016）。数字教育可以促进创新，课堂上使用信息技术的教学方式与学生的创造性有关（Huang et al.，2019）。因此，在网络背景下利用好数字教育促进教育系统的创新，提升教学效果，是激发学生的创造性思维，培养学生创造力的重要手段。

第二节　网络背景下创造型教师的特征

创造型教师通常具有哪些特征？什么样的教师才能称得上是创造型教师？这涉及创造型教师的评价标准。实际上，创造型教师是能够通过创造性的教促进创造性的学的教师。由于明显的个别差异，创造型教师各不相同，他们在教学风格和具体的教学行为上也可能有所区别。但是，作为一个特殊的类型，创造型教师也具有某些共同的特征。同时，在网络背景下，创造型教师又具有一些新的特点。

一、创造型教师的教育观念

创造型教师具有适合培养创造性人才的教育观念。这是他们表现出创造性的教学行为的认知基础。这些教育观念包括对教师、学生和师生关系的看法。

一个创造型教师往往具有一种基本的认知，他们知道哪些做法是有利于培养学生的创造性的，哪些是不利于创造性发展的，知道怎样做会促进创造性的发展，怎么样会抑制创造性。他们具有改变不良的教学方式的愿望，他们能够更好地理解什么是教育者在教学过程中需要做的，明确自己想要实现什么样的教学目标，其中包括：想让学生获得哪些具体的知识？想让学生形成哪些价值观或态度？对于学生学习效果的期望如何？要从学生那里得到的反应是什么？此外，他们还要明确自己的教学内容和教学方法：要采用什么方法进行教学？要使用什么材料和工具，以确保成功地完成课堂教学的目标？如何对学习效果进行评估？学生是否已经获得了希望他们掌握的知识、技能或态度？创造型教师的这些教育科学知识最终会落实为一系列教学实践，表现为一系列具体的教学技能。因此，教师在创造性的教学过程中既需要运用陈述性知识，也需要运用程序性知识（Cropley，1999）。这些基本的知识构成了他们开展创造性教学的前提条件。

通常，在创造型教师看来，教育的职能不仅在于知识的传授，而且在于获取知识的方法，即让学生知道如何获取知识，这也是我们常说的“授人以鱼，不如授之以渔”。师生之间是一种相互尊重、相互讨论的平等关系，而不是简单的命令与服从的关系；教学不应仅仅局限于教室，还必须重视创造性的实践活动。在创造型教师的眼中，学生是各不相同的，每个人都有自身的特点，必须适应这种个别差异进行个别化的教育；每个学生都有着充分的潜能，教师需要采用特定的方法去开发这些潜能。国外心理学家的研究表明，在创造型教师的心目中，提升学生的自主性和自信心是最重要的，他们通常认为，为了提高课堂的创造性，应该让学生有机会选择任务，或者进行自我调节（Cheung，Tse，Tsang，2003；Fryer，1996）；应该激励学生提问题，或者运用开放式的问题、答案不一或意见有分歧的问题、某些异常的情境，激励学生进行创造性的思维（Diakidoy，Kanari，1999；Fryer，1996）。

研究表明，当教师将自己的创造性观念付诸实践时，也会感到某种不舒服（Joubert，2007）。因为在创造性教学中，学生经常会向老师提出挑战或质疑，会表现得与众不同，或者不听话。因此，创造型教师往往需要做好充分的心理准备，勇于面对被众多学生质疑的风险。

互联网为学生提供了求知和学习的广阔空间，也极大地提高了学生学习的独立性和自主性。只需点击一下鼠标便可以获得所需要的任何类型的信息，这是目前很容易实现的。因此，创造型教师应充分利用网络或在线的教学这一新的手段，采用创造性教学策略培养动机，引导学生在网络上进行创造性的学习。

此外，创造型教师的教学理念也会影响其课堂实践与互联网技术的应用。秉持以学习为中心理念的教师倾向于使用信息技术来丰富学生的学习。研究发现，以学习者为中心的教学取向的教师更有可能以超越信息传递的创新方式使用技术，如促进学习以及允许和支持以学生为中心的技术使用，并使用技术尝试新的教学方法促进学生的学习。教师会采用不同的教学方式和教学平台，如一些教师使用多媒体教学，呈现视频、图片等，使教学内容更形象、直观。使用网络来提供课程信息和学习资料，促进互动和协作式学习，或通过网络教学替代或补充面对面教学。通过网络创建和共享学习内容与资源（Lai，Jin，2021）。在教学过程中使用信息技术可以培养学生积极参与学习的信心，并且网络学习及社交媒体的发展为学生提供了学习、交流思想的平台，这种学习交流突破了地域的限制，学生们可以与世界各地的其他学生合作学习产生创意（Amedeker，2020）。Sun 和 Chen（2016）在关于“在线教育及其有效性实践”的文章中，基于研究结果指出，有效的在线教学取决于训练有素、有信息素养的教师能创建精心设计的课程内容，实现师生之间的积极互动，为教学和学习创建在线学习社区，使用先进的技术工具/平台。

二、创造型教师的能力特征

毋庸置疑，创造型教师必须具备相应的能力，才能胜任创造性的教学，才能促使学生进行创造性学习。创造型教师除了具备一个教师的基本素质，还应具备更高的能力。创造型教师通常具有合理的知识结构和开阔的视野。他们拥有足够的教育科学方法和技能，懂得该教什么和如何教；熟悉自己所教的专业或课程，具有深厚的专业知识基础。而且，他们通常了解创造活动的基本规律，了解激发学生创造性的方式或途径，能够为学生创设创造性学习的氛围。显然，在互联网普及的时代背景下，创造型教师的知识结构中整合了基于网络而教的知识技能、从事在线的创造性教学的知识技能。同时，创造性教师本身就需具有一定的创造力，创造力对于教师来说，不仅代表着优秀教师的一种品质，也是一种基本的职业技能，使其能够开发自身潜力，在教学过程中更好地运用想象力将自己的知识传递给学生。在信息时代，创造型教师还需要具备处理互联网上大量信息的技能。具体而言，网络的使用使教师能够在数字环境中有效地查找和检索广泛的知识，这对他们在教学过程中获取和利用信息的能力有很大的影响（Gonzalez-Fernandez et al.，2018）。尽管如此，网络教学的普及还是让许多经验丰富的教师感到在教学上毫无准备，缺乏将他们的教学方法从面对面教学转移到在线环境的技能（Baker，Hunter，Thomas，2016）。所以，为了更好地进行网络教学，创造型教师应当有以下能力特征。

首先，创造型教师通常应具有较高的教育科研能力。他们善于发现教育过程中出现的各种问题，并迅速地对问题做出相应的反应。发现和解决问题的能力是一种最基本的教育科研能力。之后能针对问题应用科学的研究方法，对教育问题进行研究，找出适当的或可行的方法，这本身就是一个创造性的过程。这也是中小学及各大高校鼓励教师积极申请课题项目的原因之一，在实际中发现问题，通过科学的研究方法探究和解决问题，是创造型教师所需具备的能力之一。

在此过程中，创造型教师需要具备一定的教育科学知识，特别是发展与教育心理学知识，这有助于恰当地理解学生所处的年龄阶段以及心理发展特点，更好地找到问题解决方法和应对策略。而且，作为现代教师，他们通常还应熟练地使用现代教育技术，了解在线教学和教育学的基本原理，运用大量的原则和策略来展示这种理解。包括：①学习理论：如学习风格、以学习者为中心的方法和协作学习；②设计和实施适当的教学策略，以及课堂评估和学生参与技巧；③组织和促进学生的参与，并根据需要提供指导和支持；④使用标准的评估方式来评估个人和团队绩效；⑤激发学生的积极性和兴趣；⑥鼓励基于学生先前知识和生活经验的知识建构；⑦培养学生的自我评估和反思能力；⑧促进团队互动、协作。其专业发展的需要强调在创建、分享、传播内容和在线教学过程中使用 ICT（信息与通信技术，information and communications technology）工具，更好地表达教育思想，运用适当的教学方法，传达教学内容，创造性地促成学生的知识、技能和态度，更好地达成教育目标。在教学计划中必须将信息和通信技术整合到教学中，将其作为一个重要组成部分，从而建构出基于信息和通信技术的教学环境（Abdous，2011）。

其次，创造型教师应具有足够的教育机智。教育机智是教师创造性地处理教育和教学过程中的各种问题的能力，尤其是一些突发事件的解决，反映了教师以适宜的、变通或灵活的方式解决问题的教育智慧。霍茨（Houtz，1992）考察了有关教师创造性教学能力的文献，指出创造性教学应包括以下几种能力：创造性思维、问题解决、经验技巧和活动、教学艺术、深思和引导学生调查研究的能力。其实，教育机智本身就是一种高级的或创造性的问题解决能力，也是一门教育艺术。在在线教学过程中，如何应用教育机智更好地促进学生的发展，已经成为当前教育心理研究的重要课题。与传统的线下教学不同，网络或在线教学通常需要借助于特定的信息技术才能顺利开展，也可能出现更多不可控因素。比如网络让学生拥有更多的信息资源，这些资源会远超出教师个体的知识范围，那么教师应该如何处理网络资源的丰富性和教师个人的知识有限性之间的关系；再如在线教学显著降低了学生的学习参与度这一问题，教师应当如何有效应用网络信息技术提高学生的学习兴趣和投入度。这些由网络带来的教学问题无疑为教师的创造性教学提出了新的挑战，对教师的教育机智提出了更高的要求。

在教学过程中，教育机智表现在多个方面。其一，创造型教师通常能够根据学生知识、技能掌握的情况以及态度或品德的形成情况，机智地提出问题，设置情境，激发学生的探索兴趣，为学生提供充分的锻炼和实践的机会。大量事实证明了这一点。当代著名教育家顾明远非常怀念他中学时的一位老师——当年的音乐和美术教师胡森林。他深情地回忆，胡老师善于调动课堂气氛，创设活泼生动的课堂，而且善于培养和调动学生的兴趣，让学生充分地参与各种课外活动：练书法、刻图章、吹口琴、歌唱等。这些不仅培养了学生的兴趣，带来了乐趣，而且提高了学生的能力。

其二，创造型教师通常能机智地传授知识、给予反馈，善于启发学生。他们善于采用新的教学方法，或者灵活地选用教学手段，恰到好处地让学生掌握特定的教学内容。孔子曾经向老子请教古代的礼制，老子恰到好处地向他讲解，令孔子深受启发，以至于他认为老子博古通今，通礼乐之源，明道德之归，将老子看成像龙一样的良师。教师机智的评语有时也能促成一个学生的理想。当代知名作家阎连科就曾经从初中语文老师那里得到启发，多年后仍念念不忘。在初一的一次作文课上，老师要求学生模仿课文写一篇作文，他用了一个通宵的时间写出来一篇长达五千多字的记人的作文，老师在作文的批语中写道："你的思路开了但长并不等于就是好文章。"这个评语虽然没有给他带来褒奖的喜悦，但却让他多年来不断反思创作的思路问题。显然，老师简短的评语深深地启发了他，给他留下了回味的余地。

其三，创造型教师通常具有机智应变的能力，这是教育机智的重要表现。在教学过程中，经常会出现各种各样的突发事件。这些突发事件有时是与教学直接相关的，如学生突然在课堂上问到某些意外的问题；有时是与教学无直接相关的，如个别学生突然捣乱或出现意外事故。面对这些突发或偶发事件，教师应能当机立断，根据情境迅速地采取处理策略，恰当的处理策略不仅可以化解课堂危机，确保课堂教学的顺利进行，而且可以给学生以启发或教育。相反，不恰当或者无效的应对策略可能会有损教师在学生心中的威信。

苏霍姆林斯基总结指出，一个优秀的班集体的教师不应是一个"发号施令者"，而应是以高超的教育艺术，使学生"把教师的意图当作自己的意图提出来，并加以实行"。创造型教师的教育机智实际上就是这样一种教育艺术。它也是创造型教师所应具备的多种能力中的一种非常重要的能力。

显然，创造型教师的能力是在教师基本素质的基础上发展和培养起来的、相对高级的、综合的能力结构。维特罗克等（Whitlock，DuCette，1989）认为，实质上，将教师的性格与认知能力两者相结合，就是教师的创造性教学能力，在课堂上，教师的教学行为会直接对学生产生影响，包括教学策略和教学环境是否会促进学生的创造性发展、师生关系是否和谐、所采用的评价是否标准等。可以说，创造型教师是综合型的高级人才。

在互联网普及的时代背景下，创造型教师的素质结构显得更为复杂，不仅包括了一般意义上的教师素质或能力，而且整合了信息素养、网络应用意识和能力等方面的素质。在这些素质中，创造性地开展在线教学以促进学生心理的积极发展的能力显得尤其重要。相应地，在网络教学中，创造型教师如何根据学生知识、技能掌握的情况以及态度或品德的形成情况，机智地提出问题，设置情境，激发学生的探索兴趣，如何机智地传授知识和启发学生，如何对突发事件机智应变等，都是当前教育心理研究的重要问题。同时，教师也可以从在线教学中获益，包括在教学地点和时间方面更灵活；能够重复使用并立即更新学习材料；增加单独沟通、监督和指导学生的方式；能更好地确定学生的教育需求并据此设计个性化学习体验（Ally，2004）。

在在线教学的过程中，创造性教师应具备以下技能。关于教学内容的技能：包括表达并掌握教学内容的广泛知识；制定符合学生水平和特点的学习目标；发展与学习目标和目的一致的学习和评估活动；制定包含所有课程组成部分和要素的课程大纲；在总体层面上设计教学方案，并确定每个阶段或组成部分；在网络背景下开发和选择适合不同学习风格和偏好的适当和多样的学习资源；将主题和内容与科学、社会、文化和任何领域联系起来；利用互联网搜索列出现有内容和资源以及所需的任何其他内容和资源的清单。以下介绍几种具体的技能。

技术技能。尽管网络教学在很大程度上依赖于技术，在线的创造型教师并不一定需要突出的技术，但也应具备足够的技术素养。比如：能够灵活地运用各种技术资源和工具，如电子邮件、互联网浏览器、文本和视频聊天应用程序，以及生产软件和应用程序；了解这些工具的教学能力及局限性；了解电子书和教学视频等电子内容的技术潜力和制作过程；并且对教育技术和软件的最新更新保持警惕（F. A. Albrahim，2020）。

设计技能。大多数情况下设计一堂课程可能需要多方参与，比如教学设计专家、图形和媒体设计师等，设计一堂好的课程是一个艰巨的任务。作为创造型教师应当具备一些能力，包括：理解和应用教学设计原则、模型和理论；能够以不同的形式组织和展示学习材料；与团队合作设计学习活动，并选择适当的工具和技术来展示这些活动；利用学生在互联网上的反馈来开发和设计新课程，并通过使用某些互联网平台或者软件来评估课程设计质量。

管理技能。在在线学习环境中恰当的管理课程与学习至关重要。与这方面相关的技能和任务包括：作为创造型教师首先要能够明确自身和学生的角色和期望；应用省时技术，恰当的管理课程时间；展示自身的领导力、管理、指导和辅导技能；合理地利用教学软件定期跟踪课程和学生的进步；制定并公布参与、提交任务、及时性、发送和寻求反馈的要求；对课堂教学的整体过程进行研究以及记录，进行即时评价。

社交和沟通技能。在线教学更多需要依赖各种教学软件，所以积极的沟通和社交能力对教学至关重要。创造型教师可以通过使用不同的沟通工具（如电子邮件、视频聊天、短信等），在相互之间进行有效交流，增加与学生的互动。这就对创造型教师提出了一定的要求，包括：积极地促进并保持互动讨论和信息交流；使用普遍可理解的语言，尽可能增加一定的幽默感；尊重和考虑个体差异；清楚地询问信息和问题；明确信息和反馈的目的和意义；注意使用字体颜色和效果的；确保书面信息和反馈的质量和准确性，并检测文字和语法错误；与不同类型的学生使用不同的沟通方法，确保教师和学生之间以及学生与同伴之间的沟通顺畅；在学生中建立和发展相互尊重的关系；在网上交流时表现出敏感性和同理心；友好地解决冲突和误解；对于学生所提出的困惑提供合理的建议。

三、创造型教师的人格和行为特征

创造型教师本身就是一种创造性人才，他们的创造性突出地表现在教育和教学过程中。虽然创造型教师在各种教学情境中的具体表现各不相同，但很多研究表明，他们通常具有某些基本的人格倾向和行为特征，其中，既有与一般的创造性人才相似的特征，也有与创造性教学相联系的特征。在互联网普及的时代背景下，他们的人格和行为特征被赋予了一种新的色彩。

（一）创造型教师的人格特征

1. 开放性

创造型教师通常具有开放性的人格特征。开放性，也就是求新性，是指对新鲜的事物具有高度的敏感性和包容性，抱有高度的求知欲和探索的愿望。开放性是所有创造性人才共有的人格特征。创造型教师也不例外。

创造型教师充满了对新奇和创造性的追求。他们不迷信既有的教学模式，不迷信权威，能够根据学生的特点进行独立思考，找出适当的、新颖的或与众不同的教学方式。对于新事物，他们永远保持一种强烈的好奇心，随时准备接受那些新的观念、新的手段、新的途径或方法。这使得他们的教学不拘一格且成效显著。

随着网络在教学中的普及，网络的交互性、开放性等特征给传统教育观念带来了极大的冲击。这就需要教师能接受自身角色的转变，接受新的教学模式。提高自己在计算机操作、多媒体制作与展示、网络信息接受与处理等方面的能力。网络信息的多样性、开放性客观上也为创造型教师开放性人格的成长提供了有利条件。他们可以充分地利用丰富多彩的网络资源，按照预定的教育和教学目标开展灵活多样的教育和教学。研究表明，经常使用信息通信和技术（Information Communication and Technologies，ICT），包括计算机、iPad 或手机等硬件，以及 PowerPoint、Zoom 和 AR \ VR 等软件，能激发学生的想象力，使其更好地理解主题内容。教学效果好的教师不会一直采用单一方式授课。在过去的 20 年里，学生们对 ICT 的发展以及教师们在教学过程中的使用表现出了更明显的偏好。

福勒等人（Fautley，Savage，2007；Sanchez，Martinez，Garcia，2003）指出，创造型教师应能倾听不同的意见，以一种开放的心态看待和审视来自他人的不同看法，冷静地面对别人对他们的实践和创造性能力的批评。这种不同的看法或意见能够促使教师反思自己的教育行为，不断完善自己的教学过程，从而更好地促进学生的创造性学习。他们乐于寻求和接受新鲜的经验，对新事物包括新方法、新途径等具有强烈的好奇心，充满自信，具有幽默感和想象力。而且，在成长和受教育的过程中，他们往往也喜欢自创游戏，自编故事，喜欢参与集体讨论和头脑风暴式的思考活动。在互联网普及的时代背景下，创造型教师的这种倾向得到最大限度的体现。创造型教师可以采用电子头脑风暴的形式进行教学，提高学生在课堂的参与性与互动性，从而帮助学生更好地学习。

2. 独立性

独立性意味着不盲从定规，具有自己的看法，能够按照自己的意志去行动，选择适当的方法或途径。在当前网络传播环境下，现代社会信息广泛传播，网上的教学和学习资源泛滥，教师要能独立思考和判断，筛选优质的信息传播给学生。创造型教师对问题有自己的独立见解，能抛开既有的规则，自主地决定应该采取的行动。可想而知，缺乏独立性的教师很容易循规蹈矩，而失去自己的独立判断能力。

独立性还意味着不迷信权威，乐于表达自己的想法或观点。前面提到的潘天寿的那位慧眼识珠的老师正是如此，他敢于与其他教师不同，对潘天寿的作品给出自己特有的评价。即使在权威面前，创造型教师通常也能坚持自己内在的标准，敢于提出质疑。也正是因为创造型教师的这种独立性，才使得他们尊重学生独立的要求和自主探索的愿望，允许学生拥有自己的独立性，鼓励学生自由地表达自己。

3. 挑战性

挑战性是指个体面对困难或复杂的任务时，能够迎难而上，努力克服困难去解决问题的人格倾向。在教育过程中，创造型教师总会遇到这样那样的问题，包括差生的改变、学习习惯的养成、课堂管理、师生关系等问题。这些问题不管是对于新手教师还是有经验的教师来说，都是具有挑战性的，因为解决这些问题，需要高度的创造性。也就是说，解决这些问题，往往需要采用与学生的个别差异相适应的、新颖的、独特的方式或策略。当学生遇到困难时，教师应当积极尝试使用不同的教学方法，使学生理解清楚，不应该忽视学生，继续不做任何改变和调整地授课。创造性教师往往有积极的心态和宽容的态度来接受所面临的任何情况的学生。

当前的学生基本上都是“数字土著”，他们在数字技术的影响下长大，被电脑、手机等各种数字技术产品所包围（谷传华，等，2017）。他们的学习也受到数字技术的影响。在这种情况下，网络传播的交流主体是平等的，教师不再是课堂的完全主导者，也不再是知识的“垄断者”。甚至，教师面临着自身所具有的知识是否与学生对等的挑战。这时就需要教师面对这种新的挑战时主动学习，在教学资源获取中占据主导地位，同时教师也要从“传道授业解惑者”转变为知识建构的参与者和推动者。

最后，每个学生都是一个独特的人，具有与众不同的气质和性格特点，在学习过程中，也具有各自不同的偏好和习惯。作为教师，应该有教无类、一视同仁，因为所有的学生都享有均等的受教育机会，都需要以特定的方式成长为对社会有用的人。因此，创造型教师的任务就是量体裁衣，根据每个学生的特点，施以不同的教育或教学方式。这实际上是一个艰巨的任务，创造型教师需要勇敢地承担并力求成功地完成这个任务。

4. 充满对教育事业的爱和激情

充满对教育事业的爱和激情，是创造型教师共有的特征，也是最重要的特征。他们把努力工作作为自己的人生信念，对教育和教学具有强烈的内部动机或兴趣。难以想象，没有对教育事业的饱满的热情，如何能持续地、不厌其烦地面对和解决教育和教学中出现的各种问题，而且是创造性地解决问题。

在现代教育提出的网络课程新模式下，如果教师缺乏对教育事业的激情或热情，缺乏对新事物的接受性，产生职业倦怠而疲于应付这种高科技产物，这不仅会给教师带来心理压力，还会影响教师开发和实施网络课程教学的积极性。

激情或高度的投入是创造性潜能得以充分开发和表现的基本条件。美国心理学家西克森特米哈伊将个体在创造活动中出现的投入状态称为“沉浸”。这是高创造性的人通常都会出现的一种状态，它表明，个体将心理资源集中投入到了特定的创造活动中。事实证明充分证明了这一点。

对教育的爱最终体现在对学生的关爱。美国心理学家罗杰斯指出，学生只有在亲密、融洽的师生关系中，才能产生安全感，并能真实地表现自己，充分地表现自己的个性，创造性地发挥自己的潜力。事实证明，对学生的无条件的爱，可以激发他们创造性学习的热情。这种爱不仅是教师本人高度投入教育的动力，也是学生努力学习和创造性地解决问题的动力。

鲁迅在日本学医时，藤野先生提携后学的精神给他留下了终生难忘的印象。多年以后，鲁迅还禁不住回忆起他与藤野先生之间发生的一件事情：“我交出所抄的讲义去，他收下了，第二三天便还我，并且说，此后每一星期要送给他看一回。我拿下来打开看时，很吃了一惊，同时也感到一种不安和感激。原来我的讲义已经从头到末，都用红笔添改过了，不但增加了许多脱漏的地方，连文法的错误，也都一一订正。”虽然是一件小事，但藤野先生对学生的爱和热情却深深地留在了鲁迅的脑海里，成为他刻苦学习的催化剂。鲁迅说：“但不知怎地，我总还时时记起他，在我所认为我师的之中，他是最使我感激，给我鼓励的一个。有时我常常想：他的对于我的热心的希望，不倦的教诲，小而言之，是为中国，就是希望中国有新的医学；大而言之，是为学术，就是希望新的医学传到中国去。他的性格，在我的眼里和心里是伟大的，虽然他的姓名并不为许多人所知道。”（摘自鲁迅的《朝花夕拾》）。显然，藤野先生对教育的忠诚和对学生的关爱已经被转化为鲁迅内心深处不竭的动力。

很多著名的人物都有类似的从师经历。现代著名作家魏巍在《我的老师》一文中也曾经回忆他儿时的语文老师：“她爱诗，并且爱用歌唱的音调教我们读诗。直到现在我还记得她读诗的音调，还能背诵她教我们的诗：圆天盖着大海，黑水托着孤舟，远看不见山，那天边只有云头，也看不见树，那水上只有海鸥……今天想来，她对我的接近文学和爱好文学，是有着多么有益的影响！像这样的教师，我们怎么会不喜欢她并且愿意和她亲近呢?”老师对文学的激情或热爱激发了他对文学的兴趣和创作的欲望，老师实际上也成了他儿时的榜样人物。著名的语文教育专家于漪总结指出，激情是语文教师必备的素质。魏巍的这位老师似乎成了这句话最好的注脚。不仅如此，在他的心目中，语文老师还充满了对学生的爱：“一个老师排除了孩子世界里的一件小小的纠纷，是多么平常；可是回想起来，那时候我却觉得给了我莫大的支持！在一个孩子的眼睛里，他的老师是多么慈爱，多么公平，多么伟大的人呵。”正是这种慈爱，成了学生努力学习、不懈进取的动力。

此外，创造型教师通常在工作中具有高度的自我实现的需要。他们有自己的梦想，而且愿意为实现自己的梦想而全身心地投入工作中。在规定的工作时间之外，他们宁愿花费更多的时间去工作。换言之，努力工作是他们实现自身价值、发挥自身潜能的基本途径，因此，对他们来说，工作是满足和快乐的源泉。他们努力通过工作获得社会的认可和尊重。研究表明，创造型教师通常具有清晰的自我意识，富有热情和审美能力，善于反思，对目标坚定而执着，而且知道如何实现目标；他们富有自我牺牲精神，拥有丰富的词汇和流畅的表达能力，注意力集中。他们还注重家庭，能够从家庭中获取支持，维护自身的独立性、自尊，发展自己的社交能力和克服障碍的能力（Kohn，1976）。

创造型教师的上述特征得到了一系列研究的证实。维特罗克等（Whitlock，DuCette，1989）总结指出，对于学生发展来说，创造型教师的热情、较高的移情能力、富于变通性、开放性、独创性以及想象力等特征有重要的作用。麦克格林（McGreevy，1990）让学生描述那些最受学生喜欢也最具有创造性的教师的特征，结果表明，学生认为这些教师的普遍特征为：有幽默感、富于开放性，在课堂上动作自然大方，能够关心爱护每一位学生，特别是那些学习相对较差的同学，积极倾听并且乐于与学生分享自己的观点。伍兹等人（Woods，1995；Jeffrey，Craft，2006）的研究发现，创造型教师喜欢革新，能够有计划地革新传统，或者利用偶然的机会革新现状；他们不拘泥于现有的课程或教材，能够因材施教，灵活地调整教学方式，改变或调整课程，满足不同学生的需要，达到特定的教育目标；能够驾驭和掌控教学过程；能够根据学生群体的亚文化的特点，通过多种手段或途径灵活地促成他们特定的社会价值观。从总体上看，创造型教师往往具有高度的独立性，他们有自己的思想，也有强烈的合作意识；喜欢本着人道主义的观点；爱护每位学生，重视其发展；道德理想以及目标明确而坚定，努力维护公平；能够同时以教师和学生为中心，创造气氛，以促使学生努力学习和参与；能够控制教育和教学过程，关心学生；在教学中十分投入，富有激情，他们热爱自己的工作。

当然，创造型教师的人格是复杂的，而且可能具有复杂的个别差异，不能一概而论。我们这里提到的人格主要是指表现在创造性的教育教学过程中的那些人格特征。这些人格品质一方面表现于教育教学过程中；另一方面，从其发展来看，也是在此过程中逐渐形成的。

在互联网普及的时代背景下，价值观呈现多元化的倾向，网络上与主流的传统价值观截然不同的观念可能为创造型教师带来冲击。不可否认，在社会为教师提供的生活和教学资源有限的情况下，一些教师对教育教学的热爱和激情可能因此而减弱，他们的教育和教学活动也可能受到负面影响。因此，如何为教师特别是创造型教师提供有利的环境，保持和提高他们对教育的热情和积极的人格倾向，以更好地促进学生人格的健康发展，也是当前的各级各类教育机构需要考虑的问题。

（二）创造型教师的基本行为特征

与上述人格特征相对应，创造型教师通常表现出一系列基本的行为特征。实际上，直接影响学生的更主要的是教师在课堂内外表现出来的行为。这种行为常常是他们人格的外在表现。

1. 尊重和宽容学生

创造型教师通常能给予学生足够的尊重和宽容。尊重意味着能够平等地对待学生，不以自己为绝对的权威，将学生看作与自己一样的人，维护他们的尊严。事实证明，讲究尊重平等的教育，更有利于创造性的发展。

具体地说，尊重包括，尊重学生的权利，尊重学生的兴趣，尊重学生的人格尊严，尊重学生的独立和自治。创造型教师通常能够给学生足够的自我决策权，而不是越俎代庖，把自己的意志强加于学生，以自己的标准代替学生的判断。每个学生都是一个独特的人，都有着自己的兴趣、爱好，对事物有着自己的看法，有着自己独立的意志。教师应理解、接纳和尊重这些特点，在此基础上，进行引导。这种尊重实际上是对人的生命的尊重，它告诉我们，每个人的生命都是独特的、不可代替的。

在教育教学过程中，创造型教师通常尊重学生合理的意愿，给学生足够的思考和行动的自由，鼓励学生大胆地想，大胆地做，有自己的主见，而不是人云亦云。这种做法为学生创设了一种宽松的学习和创造氛围。创造型教师给予学生的这种自由实际上是一种心理的自由。这种心理的自由是创造的心理基础。有了这种自由，学生才能进行流畅、变通而新颖的创造性思维，才能逐渐发展起富有挑战性、冒险性、好奇心和想象力的创造性人格。

另外，宽容学生意味着能够客观地对待学生的错误，心胸宽广，理解学生不令人满意的地方，给学生充分尝试和改善的机会。培养学生的创造性，就是要促成学生的创造性行为，而创造性行为本身是一种与众不同的行为（独特性），是不同于过去的、不满足于现状的一种革新的行为（新颖性），是从不同角度思考问题、灵活地解决问题的行为（变通性），也是顺畅无阻、不拘泥于某个固定方面的行为（流畅性）。因此，当学生表现出这种创造性行为的时候，很可能会与教师的标准相冲突，甚至会冲撞老师，破坏某些现有的规矩，破坏师生之间和谐的关系。在这种情况下，教师很可能会产生厌烦心理，而对学生的创造性行为给予消极的反应或评价。现实情况下，很多教师更喜欢那些学习成绩好的学生，而不是富有创造性的学生。因此，对学生的行为尤其是创造性行为抱一种宽容的态度，不斤斤计较于学生对自己的某些“不敬”，容忍学生自主的创新，尊重他们的独立选择，应该是创造型教师应具备的基本素养。事实证明，对学生宽容与尊重，有利于创设一种自由、安全的心理环境，而这恰恰是创造性学习的基本条件。

2. 以鼓励和支持为特征的教育和教学

在教育和教学过程中，创造型教师注重鼓励而不是打击，注重支持而不是压制。他们努力为学生的学习和探索创设一种支持性的环境。这恰恰是学生进行创造性学习的基本条件。

与那些强调对学生加强管理和控制的教师不同，创造型教师注重培养学生自我管理的能力，鼓励学生成为主动的学习者而不是被动的学习者，能进行自主学习而不是被动的学习。在这一教育目标的指导下，创造型教师通常给予学生足够的自主学习的空间。他们支持学生进行自我管理，鼓励他们在班级中主动地展现自己，积极参与班级的活动。事实证明，当教师这样做的时候，学生更可能成为自主型的学习者。Kwang（2005）总结指出，自主型学习者对学习充满了兴趣，他们更看重探索的过程，以掌握知识为目标，他们把重心放在增长和掌握自己感兴趣的知识和技能，而不是与别人进行比较或战胜别人。换言之，他们在学习过程中持掌握性目标而不是表现性目标。他们愿意选择难度较大的、富有挑战性的任务，并为之投入地工作。与那些在教师管束下进行被动学习的学生相比，他们往往具有高度自我效能感，认同和接纳自己，思维灵活，乐于接受挑战，创造性行为更多。

创造型教师通常能够调动学生自我管理的积极性，满足学生自治的需要。他们允许学生选择多样化的活动，能够站在学生的角度看问题，理解学生的想法和感受；允许学生做自己喜欢的事情，根据学生的兴趣或需要设计教学活动；为学生提供大量的、进行创造活动的机会。他们能够全力支持学生自治，赋予学生充分的自由，进行自己感兴趣的探索和学习。在这种支持性的环境下，学生更愿意进行创造性学习。

在课程学习的初始阶段，学生会对课程有较强烈的兴趣。但是随着学习的进行，部分学生会因课程难度增加、枯燥单调而产生负面情绪，此时，教师要分析学生产生负面情绪的原因，有针对性地引导学生，充分发挥互联网背景下技术和传播的优势，鼓励学生使用浩瀚的网络数据库获取资料，利用网络课程或多媒体信息技术，生动形象、直观地呈现教学知识，加深学生对知识的理解，调动他们学习的积极性。

在教学过程中，创造型教师通常鼓励学生进行创造性的思考和探索，鼓励学生对问题提出多种可能的解决方法，鼓励他们自己提出问题，并协助他们对问题进行探索，而且注意培养学生对探索的兴趣和积极的态度（Jeffrey，Craft，2006）。对学生在网络课程平台上的发言、教学意见、课程学习问题和作业进行及时的反馈和中肯的评价（宋凤宁，2004）。而且，很多创造型教师还注意培养学生对多种观点的积极态度，特别是对不同于自己观点的那些观点的包容性，使之乐于倾听和考虑来自他人的不同意见或看法（Craft，2008）。显然，这是创造型教师开放性和创造性的人格倾向在教育和教学过程中的反映。

创造型教师的教学风格因人而异，但也有一些基本的相似之处。例如，他们通常根据教学内容和目标采用灵活的教学设计，注重提出开放式的问题，通常允许学生在课堂上不按顺序发言。他们让学生自由表达自己的想法，并对老师的提问做出回应。鼓励学生自己发现问题并进行深入的探究，尊重学生个人的兴趣和选择，而且，他们知道如何引导学生产生新的想法，进行创造性思维。引导学生正确使用网络获取学习资源，网络可以为学生提供各种不同的观点，这些不同的观点可以开阔学生的视野，帮助他们形成自己独特的观点（曹培杰，2013）。弗里德理克森（Frederiksen，1984）总结指出，在教学过程中，创造型教师通常能给学生留足进行思想酝酿的时间，注意延迟判断，让学生有足够的心理安全感并且有机会提出自己的想法；鼓励学生，支持学生进行大胆的想象，允许学生的嬉戏，创设轻松的心理氛围；鼓励学生的原创性，鼓励他们提出不同于前人的思想，创设鼓励创新的学习氛围；尊重学生的想法，教给学生某些创造性思维和问题解决的训练方法；给学生积极的反馈，而避免对学生产生消极的影响。

福勒等人（Fautley，Savage，2007；Sanchez，Martinez，Garcia，2003）指出，教师自身掌握的创新知识和技能以及对创造性的认知影响着他们在课堂教学中的创造性。创造型教师通常能够鼓励合理的冒险，鼓励学生探索结果不确定的或不可预知的问题，鼓励学生参与各种创造性活动；激励其自身的自律行为，刺激思维的多元化，从而保护和提高学生的自信，鼓励他们从一种新的角度重新审视问题，找出新的可能的解决方法。

3. 和谐的师生关系和积极的师生互动

创造型教师注重营造和谐上进的师生关系，创造一种教学相长的班级气氛，为学生的创造性学习创造有利条件。福勒等人（Fautley，Savage，2007；Sanchez，Martinez，Garcia，2003）指出，创造型教师与学生关系密切，能够在和谐的氛围中调动学生的积极性。他们通常具有良好的教育学和心理学知识，知道如何才能调动学生学习的积极性，促使学生进行创造性学习。

师生关系是影响教学质量和教学效果的关键因素。平等、合作、融洽的师生关系为学生个性的发展提供了可能性和更好的前景。网络教学倡导师生合作学习，主张师生平等地进行教学活动（宋凤宁，2004）。网络教学中教师应该创设自由和谐的课堂氛围，激励学生自由地表达和参与到课堂中来，从而更好地实现促进学生个性发展以及自我实现的目标（顾明远，孟繁华，2003）。

首先，他们懂得教育的基本规律，并自觉地将这种规律运用于教育实践中。他们明了自身的职责，知道如何引导学生，培养学生为人处世、学习和创造的能力。在教育过程中，他们热爱学生，乐于跟学生进行频繁的互动，这种互动既表现在课堂上，也表现在课外活动中。他们知道学生的需要，了解学生的心声，能够以诚相待，宽严相济，并根据学生的具体需要和特点，施以适当的教育和教学。正因如此，学生愿意把教师当作知己，能够平等地与教师进行交流。

其次，他们通常拥有充分的教学经验，能够形成平等、和谐、互动、高效的课堂教学模式。他们不懈地探索能够提高学生学习效率、促进其创造性学习的教学方法，善于运用启发的方式，促使学生积极而独立地思考，促使他们的自主学习。对学习过程中出现的问题，鼓励学生以全新的解决方法去解决它，以高度的主动性去探索，赞赏学生表现出来的原创性，让学生能够体味到创造性学习的满足感。创造型教师之所以能做到这一点，是因为他们对教育和教学具有高度的热情和进取心，热爱学生。他们自己也从积极和谐的师生互动中得到强化。

网络课程的开展要求建立新型的师生关系，并且需要对教师和学生的角色地位进行适当的调整，这就要求教师转变传统师生关系的观念（宋凤宁，2004）。要积极营造以学生为主体，以计算机技术、信息通信技术和现代信息技术为平台的相互协作、沟通的认知空间，创造新的认知形式和机遇，逐步建立平等、互信的新型师生关系。

4. 注重活动和实践教学，强调培养兴趣和内在动机

创造型教师更喜欢在各种活动和社会实践中进行教育和教学。他们自身往往兴趣广泛，喜欢进行创造性的探索和实验。在教学中，他们更注重让学生在探索性活动中自主地获得知识和技能，达到特定的教学目标。换言之，他们更注重培养学生的创造性学习能力。

在此过程中，他们不仅注重对学生学习的结果进行强化，给予表扬和鼓励，而且也注重对学生的学习和探索过程进行强化，从而增加其对这两个活动本身的兴趣，提高对于创造性学习的内部动机。美国心理学家 Amabile（1983，1996）提出的内部动机假说认为，内部动机可以增强创造性，有利于个体创造性的发挥，而外部动机损害个体的创造性，不利于创造性潜能的发挥。这一假说在艺术和语言等领域的创造活动中得到很多研究的证实。显然，内部动机或兴趣的培养可以让学生全身心地投入到创造性学习的过程中，使之能够自觉地进行探索，愿意去克服困难，解决遇到的各种问题。事实上，这种由内部动机驱动的创造性学习往往更持久，也更有成效。

众多事实表明，创造型教师更愿意采用以学生为中心的活动，或者结合学生的兴趣或需要组织活动；更喜欢将教学内容与现实生活联系起来，调动学生学习的积极性，让他们通过思考和分析现实生活中的现象获得相应的知识。他们还善于提出开放式的、无固定答案的问题，激发学生的发散思维，使之从不同的角度出发，给出多种可能的问题解决方案或答案。他们还善于运用现代新技术、新手段，包括多媒体技术，呈现教学内容，创设问题情境，寓教于乐，激发学生的学习兴趣。

中国台湾学者毛连塭（1999）总结指出，目前科技发展的脚步越来越快，知识也不断更新，强调背诵记忆的传统教育教学方式已经逐渐赶不上时代的潮流，教育发展的基本趋势为创造性教学。创造性教学代表了教育发展的基本趋势。利用现代信息技术构建的网络学习空间可以促进教与学的分享、协作、互动和自我管理。网络学习空间和教育的深度融合在于通过探索性学习、合作式学习、交

互式学习这三类创新学习方式来培养学生的高阶思维能力和创新能力，最终促进创造力的发展。创造性教学特别是创造性思维教学在实施过程中需要注意以下要点：创造民主的教学气氛，让学生勇于表达自己，能够相互激荡；积极倾听学生不同的想法，深思熟虑后再做出评价；善于提出开放性、没有固定答案的问题，这类问题容易激发学生的想象力和学习动机，产生不平凡的答案；允许学生独立学习和工作，尤其是在网络学习资源丰富的现代社会，要引导学生利用好网络学习空间，鼓励有特殊潜能的学生独立学习和探索，也要鼓励学生在课后养成独立思考的习惯；对于学生的失败以及错误不排斥，引导学生理性看待，总结经验从中学习；改进作业和评价的方法，不完全以书本作为作业和命题的唯一取材范围，要充分利用网络获取有效、有价值的教学资源；与家长密切配合，充分运用社区资源，特别是应多与家长沟通，争取配合；不断充实自己，以提高教学质量，提高多媒体网络教学和多种传媒教学的技能；在打牢创造活动的知识基础上进行再创造，引导学生灵活运用创造原则推陈出新；重视创造的伦理问题，鼓励学生向着积极正向的方向创造，使学生的创造性利己、利人、利社会。显然，这些方面代表了创造性教学的基本特征，也代表了对创造型教师的基本要求。要培养学生的创造性思维能力，教师可以从上述方面着手，为学生创设宽松的心理环境，使之能进行独特、新颖、变通、流畅的思维和想象，提出多种多样的问题及其解决方案。

创造型教师承担着发现学生的创造性潜能，并努力使之发挥和实现的教育职能。在这一点上，与学生的家长是相同的。美国天才儿童协会主席、著名教育心理学家卡特钠（Joe Khatena，1996，2003）在研究的基础上，编制了一份“理想家长——教师的天才识别检查表”，家长或教师可以用这个调查表检查和核对自己在哪些方面做得好，哪些方面做得不够，是否尽到了发现和开发儿童的创造性潜能的责任。根据这份核查表，一个理想的家长或教师应该具有科学的创造教育观念和教育能力，还应该具有良好的性格特征。例如，认为每个人都是重要的个体，鼓励孩子思考，帮助孩子在智力方面成长，对孩子的创造性努力很敏感，尊重孩子们的想法，接纳新的和不同的观点，关注孩子的需要，理解孩子的行为，知道怎么创设激励学习的环境，有耐心，可信赖，情绪稳定，富有同情心，想象力丰富，热心，友好，精力充沛，自信，乐观，与人为善，关心别人。通过前面的分析，不难发现这些也正是创造型教师基本的人格特征。

显然，在互联网普及的时代背景下，创造型教师面临更多更大的挑战。Bigatel 等人（2012）将基于成功在线教学任务的能力分为七类：①主动学习，②管理和领导，③主动教学和反馈，④多媒体技术，⑤课堂礼仪，⑥技术能力，⑦政策执行。2008 年，Maryland Online（MOL）为在线上教学的教师创建了一个名为在线辅助教学证书（Certificate for Online Adjunct Teaching，COAT）的专业发展项目。COAT 培养了在线教学的能力，包括①引导学生进行在线学习，②技术技能，③LMS 技能，④基本教学设计原则，⑤教育学和心理学，⑥社会过程和存在，⑦k-12 的互联网安全，⑧管理评估，⑨法律和机构特定政策和程序（MOL，2014）。从而使其更深入地了解学生特征，了解在线学习之与传统教学的不同以及应采取的适当措施，这样才能更好地应对各种在线学习的特殊需求，更好地促进学生的健康发展。

第三节　网络环境下创造型教师的成长和培养

教育创新对于促进学校内外学习环境的改善和可持续发展的积极变化至关重要（Serdyukov，2017）。教师的创新行为是学校实施创新的核心（Thurlings，Evers，Vermeulen，2015）。与任何一种创造性人才一样，创造型教师也有一个成长和发展的过程。有关的教育机构和教育管理者应该为创造型教师的成长创设有利的条件，为他们的创造性潜能的发挥提供充分的机会。另一方面，创造型教师也是自我成长的结果。他们需要在具体的教育、教学活动中锻炼自己，不断提高创造性地提出问题和解决问题的能力，培养创造性的人格倾向，增强在教学中的创造性。

一、成为创造型教师应具备的基本条件

一名教师要进入创造型教师的行列，自身必须具备一些基本的条件，包括前面提到的各种能力和人格条件，这是创造型教师成长的个体条件，也是培养创造型教师的基本前提。此外，还应在教学环境中，具备相应的创造性教学的技能或资质，尤其是在互联网背景下更需要教师拥有数字创造力，以满足新生代的“数字土著人”的认知发展需要。

（一）成为创造型教师应具备的教育观念

如前所述，创造型教师通常具有科学的教育观。这提示我们，一名教师要成长为创造型教师，首先应形成和具备一些基本的教育观。

首先，教师应对自身的角色有着清醒的认识。研究者形象地总结了创造型教师在创造性课堂上扮演的五种基本角色：敬业的教练、经验丰富的导游、智力的催化者、聪明的法官、启蒙的学者。作为敬业的教练，教师应该热爱自己所从事的教育事业，为学生解决问题提供充分的时间和资源，容许学生犯错误。作为经验丰富的导游，教师应善于把学生引向特定的教学目标，激发他们对教学内容的兴趣和探索的动机，引导学生自主地去发现和探究。作为智力的催化者，教师应善于催化学生的思维，使之乐于面对各种困难的问题和智力的挑战，以高度投入的、沉浸的心理状态去工作，进行创造性的学习和探索。作为启蒙的学者，教师应支持学生的创造性学习活动，给学生以充分的心理上的自由和安全感，让他们感到自己是意志自由的人，而不是受权威控制的人。作为聪明的法官，教师应能让学生根据情况给出自己的观点，鼓励学生自己解决问题，并能对学生的各种观点进行适当的、公平的判断。一名教师如果能很好地

扮演和协调这多种角色，学生就可以感到自己是一个意志自由的人而不是受控制的人，在冒险和犯错时有安全感，不担心自尊受到威胁，乐于面对学习中的各种挑战，成为一名自主学习者，他们就会把学习本身当作目的而不是手段。换言之，教师如果能很好地扮演和协调上述多种角色，就能帮助学生成为一名优秀的创造性学习者。

其次，教师应具有科学的创造教育观。创造教育观是个体对创造和创造性的本质、创造的方法和实现途径等问题的看法，是对“什么是创造”“如何才能创造或创新”的基本认识。创造型教师的创造教育观可以表现在以下多个方面：在教学中以学生为中心，鼓励创造性学习，尊重学生的个性，建立新型的师生关系，鼓励大胆质疑与创新，重视实践活动等（俞国良，1996）。事实证明，持有科学的创造教育观的教师，能科学地认识每个学生作为创造者的潜能，理解创造的本质，能够对学生的各种观点或行为持宽容和理解的态度，支持学生的大胆探索，支持学生的创造性学习。

具体来说，科学的创造教育观包括科学的创造主体观、创造过程观和创造评价观等方面。科学的创造主体观是关于创造活动的主体的科学看法。教师应当认识到每个人都有创造的潜能，都能够产生创造性的观念或物质产品。只有如此，才能平等地对待每一位学生，尊重学生的创新精神，鼓励学生积极主动发挥创造力。科学的创造过程观是关于创造性产生和表现过程及其影响因素的科学看法。了解了创造活动的基本过程、影响因素或创造活动的机制，教师才能遵循创造活动的基本规律，科学地设计教学，更好地促进学生创造性的发展和表现。科学的创造评价观是关于创造产品、创造表现的评价方式的看法。教师能否科学地评价学生的行为，直接关系到学生对创造活动的兴趣或动机。一直以来，在我国学校教育中，教师过分注重考试分数的做法极大地挫伤了学生创造性学习的积极性，妨碍了学生创造性的发展和发挥。因此，形成科学的创造教育观，是成为一个创造型教师的基本前提。

持有科学的创造教育观，教师就能很好地理解教师在教育和教学中的地位，理解自身在创造性教学应扮演的角色，就不会把自己看成学生绝对服从的权威，而教师的绝对权威恰恰是促进学生创造性的障碍。有了对教学的科学看法，教师就能摒弃僵化的教学方式，而采用灵活的、启发式的教学，加强师生互动，鼓励学生主动地学习和探索，消除思维定式的影响，就能科学地设计教学过程，改善教学评价方式，而不以分数论成败，不以分数作为衡量成败的唯一标准。

当然，这种创造教育观要转化为具体的教育行动，需要创造性人格的催化。其中，对创造性教学或教学创新的兴趣、内部动机起着至关重要的作用。教师应对教学具有一种强烈的兴趣或内部动机，应把教学作为从中可以获得成就感和满足感的一份事业，从而迸发出积极的敬业精神。他们应具有改进教学、高质量地达到教育和教学目标的愿望，愿意为此付出巨大的努力。换言之，他们对于教学的优化和创新应具有高度的主动性，希望找到实现教学目标的最佳途径。

在此过程中，可能会遇到失败以及随之而来的消极评价，进而威胁到教师的自尊。这种事情是难免的。在网络环境下，出生于数字时代的学生对新事物的接受能力更强，在接触网络、人机对话能力上，教师可能还不如学生，尤其是一些年龄较大的教师。而在不得不采用网络进行教学和学习的情境下，一部分教师可能会产生心理压力。这就需要教师具有足够的勇气面对教学探索过程中出现的挫折，敢于面对各种不良的结果。实际上，任何创新都可能出现不好的结果，并导致对创造者自尊的威胁。但是，作为一名创造型教师，需要具备这样一种冒险精神。同时，面对教学中出现的各种复杂的问题，还应该敢于迎难而上，不怕困难，勇于去解决它。这实际上是一种挑战性人格，它可以催发出勇于探索的改革精神。要成为一名创造型教师，必须敢于改变不良的教育和教学传统，从传统的教学方式中取其精华，去其糟粕，探索出适应学生特点和社会发展的新的教学方式，在教学内容、教学方法、教学手段乃至教学目标等方面进行大胆的革新。

（二）成为创造型教师应具备的基本能力

教育工作是一种实践活动，不同于一般的社会交流的标准。要成为一名创造型教师，还必须具备一些基本的能力（Gong，2020）。教学能力作为教师必备的教学素质，可以直接影响到教学设计、课堂教学，以及教学效果，能够进行创造性教育和教学的能力是最重要的。这意味着，教师应能根据教学目标，创造性地提出特定的教学方案，创设能够激发学生创造性的教学情境，同时，也能创造性地解决教学过程中出现的各种问题。

在教育行业随着新的信息技术如大数据、人工智能等技术的不断深入，传统的教育生态系统正在发生变化，这也将对教师的能力、专业需求进行重新界定。教师不仅是知识的固守者、传授者，更是学习的组织者、参与者和引导者。“互联网＋”时代背景下，为了应对新的挑战，加速教师的角色转换，应注重强化创新教师的信息素养培养，更好地解决教育教学过程中“人技合一”的问题（吴砥，等，2020）。

创造性教学能力反映在他们的教学行为中。美国心理学家托兰斯（E. P. Torrance）认为，作为一名创造型教师，在教学工作中应能充分地尊重学生，包括尊重学生与众不同的疑问，尊重学生的独特观点或想法；让学生认识到自己的想法也是很有价值的，给予他们足够的时间与机会去学习，对学生的观点给予客观而公正的评价。

很多研究发现，要成为一名创造型教师，应学会诱发学生对学习和探索的内部动机，促使他们自发、主动地进行学习和研究；学会创设和组织学习环境，提出与学生能力水平相应的、适当的学习任务或问题，激发学生的求知欲，让学生从学习和探索的成功中获得自信；尊重学生的独立性，鼓励独立思考和探索，鼓励学生自主地发现和获得知识；创设温暖的、相互理解的学习环境，为学生提供足够的安全感和内心的自由，鼓励学生进行小组合作学习。

根据 Collard 的说法，创造性不仅仅是指好的想法，更重要的是拥有将好的想法变成现实的技能。因此在教学过程中，创造型教师应掌握一些激发和保护学生创造性的方法，包括激发学生的创造动机的方法、训练和提高学生创造性思维的方法、培养学生创造性人格的方法等。他们应知道如何让学生主动地学习，而不是在教师的监控下被动地学习；应鼓励学生自己发现问题，大胆地提出假设并进行验证；不把自己作为绝对的权威，倡导集体成员之间的相互合作和支持；鼓励学生将所学知识与日常的生活联系起来，增加知识的广度和深度；鼓励学生进行创造性思维，提出与众不同的看法或主张，或者从不同的角度分析问题，教给学生一些具体的创造方法；鼓励学生的独立评价能力；训练学生的观察力，增强他们对社会、他人和自然世界的敏锐的洞察力；延迟判断，给学生足够的时间和机会表达自己，提出自己的观点，而不是急于对学生的创造产品进行评判。

在教学过程中，创设一种有利于学生进行创造性学习的气氛极为重要。如何做到这一点？对此，研究创造性教学的学者们有着不同的意见（陈龙安，1999）。但是，他们在以下几个方面却是一致的：①营造自由、安全、民主、合作、相互尊重的课堂学习环境，尊重关注每一位学生，让学生可以在轻松自在的学习氛围中学习；②使每个学生学会利用多种方式自信地表达自己的思想，充满信心和勇气地进行各种尝试；③给学生提供发挥其创造潜能的环境，提出开放性或发散性的、无固定答案的问题，引导他们思考，激起他们探索的动机；④尊重学生所提的观点或看法，给予鼓励、支持和赞赏；⑤鼓励所有同学踊跃参加各种活动，针对不同学生的个体差异和不同的兴趣实施因材施教策略；⑥不让学生迷信教师的权威；⑦不排斥学生的失败或错误，让学生学会从失败中总结和学习；⑧鼓励学生的独立研究，鼓励他们从事课外的学习活动；⑨对学生的意见进行延迟评判，当意见提出后，师生共同评估。这些方面对于教师的创造性教学具有重要的参考价值。换言之，要成为创造型教师，可以从这些方面入手，学会创设积极的教学气氛，促使学生进行创造性学习。这也是创造型教师应具备的一种基本能力。

“互联网+”时代更加关注人才的创新能力，对创新能力的要求和需求更高，这也在改变着教育体系。基于网络服务的新型学习环境开始普及，教学与学习空间更加智能、立体化。网络可以提供一个资源共享、相互协作的学习环境。因此在教学中教师自身数字信息素养的高低会直接影响到信息与多媒体网络技术能否进行有机结合。

尽管从上个世纪 70 年代提出“信息素养”这个概念，到现在为止，人们对“信息素养”的概念、内涵都在不断地发展、延伸、演变，但在一些领域尚未形成一个完整统一的认识，但这并不妨碍时代要求教师信息素质的提高。2018 年 4 月，教育部颁布了《教育信息化 2.0 行动计划》，提出要从提高教师的信息技术应用能力转变为提高教师的信息素养（中华人民共和国教育部，2018）。同时，教师的信息素养的内涵也在发生着变化，新时期的教师要适应新的发展，必须不断地提升自己的信息素养，以适应新的时代发展趋势，培养出更多的具有创造性的人才（吴砥，等，2020）。

网络背景下要求教师具备敏锐的信息意识，综合的信息知识，专业而创新的信息技术应用能力。具体而言，教师信息素养主要包括三个方面：①在知识层面上，教师要对信息、信息化的特点有正确的理解和认识。要认识到在网络时代获取信息对教育和科研工作的重要性。而网络上信息泛滥，因此需要教师对信息具有一定的敏感性，识别有效的信息，积极投入信息技术的学习和教育信息化的相关工作。②在技术层面上，教师应该具备基本的信息基础知识和计算机基本技能。掌握基本的办公软件的操作方法，如 PPT 的制作与使用，并且还要能够熟练应用计算机处理学生的学习成绩，编写测试题等。由于新冠肺炎疫情的暴发，网上教学也成为线下教学的重要替代和辅助方式，这就要求教师能熟练使用各种网络教学平台，完成教学任务并对学生的学习情况进行评价。同时，教师还要根据学科特点、教学内容以及学生的特点选择不同的多媒体教学方法，制作不同的教学课件，更好更高效地完成教学工作。③在应用层面上，教师要能够把信息技术有机地融入教学过程中，真正发挥信息技术的作用，提高教学质量。

（三）成为创造型教师应掌握的创造技法

作为创造型教师，应该掌握一些基本的创造技法，以更好地训练学生的创造性思维能力，创设有助于学生创造性发挥的问题情境。简单地说，创造技法主要是指那些可以激发学生创造性思维的具体方法和技巧。经过多年的探索，研究者们已经开发摸索出适用于多种情境的、各种各样的创造技法，其中有不少可以直接用于创造性教学。

发现法是一种常见的创造性教学方法。这种方法最初是由美国当代认知心理学家布鲁纳提出来的，主张由教师根据教学目标向学生提问一些事实和问题，使学生进行自主探索与独立思考从而自己发现并掌握某些知识，特别是概念、原理或规则。在此过程中，教师并不是直接告诉学生某些既有的结论或知识点，而是让学生自己去发现知识。例如，要学习长方形的概念，教师并不直接告诉学生什么样的图形是长方形，而是为学生提供一系列的图形或现象，让他们自己去思考，并给予相应的反馈和引导，由此让学生自己总结出什么样的图形才是长方形。这是一种由现象到本质或由具体事实到概念或原理的、自下而上的学习。在此过程中，学生实际上变成了一个科学家，他们对教师提供的事实或现象进行持续的研究，直到发现现象背后的本质、事实背后的真相。显然，这是一个研究性学习或创造性学习的过程。事实上，并不是对每个学生都适合采用这种方法进行教学，对很多学生来说，这种方法增加了学习的难度，让他们感到难以适应。因此，教师运用发现法进行教学，需要根据学生的能力水平或个别差异，适当调整问题的难度，以激发和保持学生探究的兴趣。

头脑风暴法是一种更为常见的勇于激发创造性思维的方法，它被广泛地运用于企业的产品开发活动和学校教学活动。在实施头脑风暴法时，首先由主持人或教师提出一个待解决的问题（通常是开放式的问题），然后，让若干小组成员对这个问题提出各种可能的解决方案，通过小组成员之间的相互激发，大家往往会提出更多的问题解决方案，最终找到解决问题的最佳方案。在此过程中，实际上是通过群体成员的相互影响，尽可能地激发大家的发散思维。但是，传统头脑风暴法中个体往往会受到团体中其他人意见的干扰，或是表达机会被剥夺，存在评价焦虑，进而导致思维活动受阻，无法产生新思想。而计算机与互联网进入课堂后，形成了全新的数字化学习环境。在这种环境下学习，将会对学习者的创造力产生影响。同时，计算机系统的应用支持了一种新的头脑风暴技术，即电子头脑风暴法。电子头脑风暴以网络技术为手段，团队成员可以在线查看其他成员的观点，也可以通过网络将自己的观点提供给团队成员。这种方法既可以在同时间内进行创意共享，也可以保证创意内容得以保存。研究证明，使用电子头脑风暴法的团体比使用传统口头头脑风暴的团体能产生更多有创意的观点，并且由于电子头脑风暴观点的输入是匿名的，因此可以降低成员的评价焦虑和产生性阻塞。但是，这种方法对个体的计算机技术有一定的要求，比如需要师生能熟练使用计算机打字。

延迟判断、禁止批评、追求数量是实施头脑风暴法的关键所在。延迟判断是允许参与者说出自己想到的任何想法，直到参与者无法说出更多的想法为止，在此之前不对任何想法进行评判。在此过程中，禁止根据任何标准对任何人、任何想法进行批评。要求每个成员在最大程度上说出尽可能多的想法。这样做的目的在于，让参与者畅所欲言，自由表达，知无不言，言无不尽。通过脑力的相互激荡，促成尽可能多的问题解决方案的产生。最后，再对这多种方案进行综合比较和分析，从中找出最适用的问题解决方案。显然，头脑风暴法实施的关键实际上是创设一种宽松、自由的气氛，让每个成员的内心都拥有充分的自由和安全感。这也是创造的一个基本条件。在教学过程中，教师采用这种方法，可以有效地训练学生的创造性思维能力。

实际上，针对不同学科或课程的特点，研究者还开发出多种创造性教学方法，形成了各种各样的教学模式，如注重培养创造性思维与创造性人格的威廉斯创造与情致教学模式、强调问题解决为主线和发散思维的吉尔福特创造性思维教学模式、强调教师提问（问）、学生思考（想）和活动（做）、师生共评（评）的陈龙安“爱的”（ATDE）创造性思维教学模式等。这些方法的共同之处在于，都强调创造性思维能力的培养，都强调创造气氛和问题情境的创设。

在学习各门课程的过程中，教师也可以引导学生打破各种思维定式，尝试从新的角度思考和解决问题，引导他们一题多解，或者提出与众不同的答案，培养他们良好的思维习惯。而且，教师还应该创造条件，让学生尽可能地参加各种课外活动，特别是各种小发明、小制作、文艺创作等活动，由此培养他们对创造的兴趣或内部动机。还可以鼓励学生自主学习和探索，带着疑惑在网上搜索资料，自我思考，解决问题。

（四）成为创造型教师应具备的态度

创造型教师理应接纳和认同学生的创造性行为，但事实上，并非每个教师都能做到这一点。很多教师更喜欢那些智力高的学生而不是创造性高的学生，因为创造性高的学生常常会做出各种出格的或“叛逆的”行为，对既定的规则和教师的权威提出挑战。这让很多教师感到难以接受。因此，教师应具有足够的勇气和肚量面对学生的各种出格表现，特别应改变对那些有创造性的学生的消极态度。这也是成为创造型教师应具备的基本素质之一。

教师接纳学生，允许学生自由地表现，并不意味着让学生为所欲为，也不意味着给少数学生更多的自由表现的机会。创造型教师理应让学生在遵守基本的社会伦理和课堂规则的前提下展现自身的创造性，而且，应引导学生学会考虑他人的需要，学会合作和和谐相处，让每个学生都有机会表现自己的创造潜能。要做到这些，需要教师具备基本的班级管理能力、问题解决能力和人际关系处理能力。这也是成长为创造型教师应具备的基本条件。

二、创造型教师的培养

培养创造型教师是一项社会系统工程，不仅需要学校和有关教育部门的努力，而且需要整个社会的配合。国家必须为创造性人才的发展和培养提供支持，形成有利于创造性发展的宏观氛围。

（一）创造教育目标的确立

培养创造型教师，我们的社会和学校首先要确立以创造教育为主题的教育发展目标。这是教育发展的指南针。它指明了教育的总体走向以及教育应培养什么样的人才。只有确立以培养创造性人才为主题的创造教育目标，才能发挥积极的引导作用，培养创造型教师。

长期以来，我们的教育注重培养合格的社会公民，而并不注重创造性人才的培养，并不强调创造性人格和创造性思维能力的发展。在这种教育背景下，以课堂讲授和识记为主的传统教学方式占据上风，而衡量教师的基本标准在于教师掌握知识的多少，教师成为知识的承载者和传授者，而不是学生智力的启发者、创造性的培养者。这样，考试成绩或分数成了衡量学生发展水平的唯一标准。学生大量的时间和精力投入到以考试为目标的重复性学习中。多年来，中国学生的学习成绩在世界领先，而创造性水平却低于欧美国家的同龄人，显然，这与中国的教育目标直接相关。

进入 21 世纪，党和国家日益重视创造性人才的培养，培养创造性人才成为国家发展战略的核心。在党中央、国务院 2006 年发布的《国家中长期科学和技术发展规划纲要（2006—2020 年）》中，发出了建设创新型国家的号召。近几年来，在国家发布的政策性文件中，也多次提出培育创造性人才的目标。国家和社会发展方向的这种转变为创造型教师的培养提供了有利的氛围，为学生创造性的发展和创造教育创设了宏观的社会氛围。

在宏观的社会目标的指导下，学校应该结合各类课程的教学，制订专门的创新教育计划。所谓学校层面的创新教育，是在创造性的管理与校园环境下，创造型教师以创造性教学的方式培育出具有创造性的学生（林崇德，2000）。它是由学校的三支队伍为主发展出五种教育效能的教育方式。其中这三支队伍分别为以校长为首的管理队伍、教师队伍和学生队伍，五种教育效能是由创造型校长创造出创造型管理、进而由创造型管理创造出创造型的学校环境，由创造型校长的指挥带领创造出一批创造型教师，最后由创造型教师进行创造型教学过程进而培养出创造型的学生（林崇德，2010）。因此，在创造教育过程中，学校管理者尤其是校长起着至关重要的作用。校长需要根据既定的教育目标，创设支持性的氛围，带动创造型教师的成长。

创造教育未必是另起炉灶的教育，它可以渗透在学科教学和日常的教育活动中，但它必须以培养学生的创造性为基本目标。这个目标的制定是教育行动的航标，因而是最重要的。只有制定了适当的创造教育目标，创造型教师队伍的建设才有可能。一味追求升学率和考试成绩的学校，常常阻碍创造型教师的发展，僵硬的应试教育目标很容易成为教师创新的桎梏。

（二）教育观念的转变

在制定了明确的创造教育目标之后，首要的任务是转变教育管理者和教师的教育观念。没有创造教育的理念，对创造和创造性的本质、创造者的特点、创造过程、影响创造性的因素等问题缺乏认识，就不可能有科学的创造教育行动。因此，创造教育的关键在于转变教育观念。

首先，培养创造型教师，应该培养他们正确的学生观。要让教师知道，每个学生都具有创造的潜能，儿童亦如此。长期以来，人们一直把创造性看作少数人才有的“天才”，认为普通人无法企及，不相信普通人包括一般的学生会有创造才能。这种观念极大地制约着学生创造性的发展，教师对学生的创造性也不抱什么期望。20 世纪中后期以来，人们对创造性的看法发生了极大的变化，认识到创造性存在的普遍性。于是，学生的创造性培养问题也相应地被提上了议事日程。创造性的普遍存在性意味着，在创造教育中，教师对每个学生都应一视同仁，应相信学生的创造潜能可以在特定的条件下得到发展，并充分地表现出来。而且，教师应当知道，要把学生放在学习与创造性活动的主体位置，调动学生自主学习的兴趣，使其愿意去探索，才可能迸发出真正的创造灵感。因此，培养学生对学习和创造活动的内部动机，激发他们探索的兴趣，才能够发挥他们自身的主体性，使之自觉、主动而不是被迫地学习。教师的包办代替和压制常常只能起到相反的作用。

其次，培养创造型教师，应该帮助他们树立科学的教育观。教师应当明白，在教育过程中，教师只是学生学习的指导者和辅助者，他们负责特定的教学设计，根据教育教学目标为学生创设特定的问题情境，引导和辅助他们的学习和探索活动。在教学过程中，应当建立一种平等的师生关系，尊重学生，鼓励学生自主地探索，给学生足够的自由和安全感，而不应以权威自居，居高临下地指挥和命令学生。网络环境下的师生关系是平等的，教师所掌握的信息、知识并不一定高于学生，教师和学生一样都是网络环境中的学习者。教师的权威地位相比之前可能会有所下降，因此，教师要能接受这种变化，以一种平等的心态与学生同步学习。研究一再表明，创造性学习需要一种自由、安全的环境氛围，需要和谐、平等、相互尊重的师生关系。在教师权威至上的环境中，创造性学习几乎是不可能的。

再次，还应帮助教师树立科学的创造过程观。创造过程是个体在特定的创造目标的指导下，发挥创造潜能，产生创造性的观念或物质产品的过程。在创造过程中，个体的人格因素、动机和情绪因素以及所处的人际关系环境都会发挥重要的影响。因此，创造型教师应当知道如何激发学生创造的情绪和动机，在教育教学过程中有意识地培养学生的创造性人格，包括对未知世界的好奇心、挑战性、冒险性和想象力，为学生的学习和创造创设良好的人际关系环境，使其创造性潜能得以充分地发展和发挥。

最后，教师还应理解学习成绩与创造性的关系。学习成绩好并不意味着具有高创造性，而高创造性的学生也未必有好的学习成绩。这与教学内容、学习兴趣、教学方式等多种因素有关。教师应当知道，学习成绩只是学习活动的一种结果。教师不应只看到学习的结果而忽略学习的过程。由于多种因素的影响，创造的过程未必有理想的结果。因此，教师应当关注学生学习和探索的过程，鼓励和支持他们创造性的探索行为，而不是一味地关注学习和探索的结果。否则，很容易挫伤学生创造的积极性，削弱他们探索的自信和兴趣。

（三）创造型教师的基本素质培养

如前所述，创造型教师通常具备一些基本的素质，包括特定的知识结构、能力和人格品质。近年来，随着网络教育平台，如MOOC、云课堂等的快速发展，优质网络教学资源得到了充分的共享，尽管这些课程大部分针对大学生群体，但是本着终身学习的理念，教师也可以在平台上学习、交流。此外，在培养创造型教师的过程中，也可以从这些方面入手，逐渐形成特定的素质结构。

在创造型教师的师资培训过程中，应让教师拥有足够的知识。首先是教师所教学科领域的知识。教师必须拥有足够的学科或课程知识，能够站得高、看得远，对学科或课程的基本知识结构了如指掌，熟悉每一部分的教学目标，这样才能有的放矢，手到擒来，灵活自如地安排和设计教学，才能使各个知识点之间融会贯通，相互联系，让学生形成体系化的知识结构。

其次是教育学、教学论和心理学方面的知识。这些专业知识有助于教师更好地把握教育的本质，清晰地理解教学目标，独立而客观地评价自己的教育教学活动的得失，或者从不同的理论视角审视教学，形成具有自身特色的教学模式。心理学尤其是发展与教育心理学方面的知识，有助于教师更好地理解学生的心理状态，把握他们拥有的知识、能力水平，从而更好地设计和实施创造性的教学，提高教育教学效果。因此，掌握必要的教育学、教学论和心理学知识，是创造型教师必备的素质之一，它是确保创造性教学科学化的前提条件。

再次，创造型教师还应具备一定的创造学知识，了解如何才能更好地在课堂内外调动学生的积极性和主动性，提高他们的内部动机，培养学生的创造性人格品质；知道如何设计教学方案和引导学生进行创造性思维，使之提出新颖、独特、变通的观点，产生出富有创造性的产品；知道如何充分利用各种因素，为学生创设一种支持性的、促进学生创造性发展的氛围；知道如何创造地解决教育教学过程中出现的各种问题，找到解决问题的最佳方案。同时，还应该知道一些必要的创造技法。所有这些，都有助于教师进行创造性的教学。

最后，由于数字化成为教育政策的核心，因此教师还要具备一定的数字能力。教师的数字能力（Teachers' Digital Competence，TDC）是信息技术有效整合到教育中的重要条件。数字能力是一个复杂的概念，在 1990 年后期的文献中出现，称为“数字素养”。在 2006 年作为终身学习的关键能力出现在官方正式文件中后，“数字能力”一词逐渐取代“数字素养”（Cattaneo et al.，2022）。

数字能力包括四个方面：使用数字技术的技能和实践；以有意义的方式使用和应用数字技术的能力；理解数字技术现象的能力；投入数字文化的动机（Ilomäki et al.，2016）。一名具备数字能力的教师可以很好地将学科内容、教学方法和教学过程与信息技术相结合，充分利用互联网带来的资源和开放的教学、学习空间，开拓学生的视野，提高学生的思维能力，促进他们的创造性学习。同时，具备良好的数字能力的教师能通过支持和指导，加强学生网上信息的获取、处理、识别等方面的技能，促进学生在网络学习平台上的交流，从而提高学生利用网络学习资源进行自主学习的能力。

要成长为一名真正的创造型教师，还应在教育教学过程中，锻炼教师的各种能力，包括语言表达能力，即运用口头语言、书面语言和体态语向学生表达自己的能力；课程设计能力，即选择教学内容、教学方法和创设问题情境的能力；教学组织能力，即组织教学内容、教学过程和教学环境的能力；班级管理能力，即建设班集体、设计和开展班级活动等方面的能力；教学评估能力，即对教学过程和结果的评价能力；教育研究能力，即开展教学实验和教育研究的能力；掌握和使用现代教育技术和手段的能力。另外，还应具备足够的教育机智，即在教育教学情境中灵活应变的能力。这些能力的提高，有赖于教师在教育教学过程中的学习、锻炼和积累，也有赖于教师的自我反思和总结。对每个教师来说，创造性教学都是一种全新的探索，他人的经验往往只可借鉴而不能照搬。因此，创造性教学归根结底是教师在教学过程中的一种自我探索。也正是在这种探索过程中，才能逐渐成长为一名创造型教师。

此外，还应在教育教学工作中，培养教师从事教育教学工作的内部动机和创造性人格品质。首先，应培养教师对教育职业的认同和热爱，使之愿意全身心地投入教育教学中去，换言之，应使教师对教育教学具有高度的兴趣或内部动机。其次，应引导教师树立创造性教学的理想，使之在教育教学工作中有一个努力追求的目标。创造型教师通常都有自己的专业理想，希望形成有效的创造性教学模式，或者希望找到创造性教学的规律，形成自己的教育教学理论。这构成了他们职业发展的强大推动力。最后，让教师具有高度的独立性、开放性、想象力等创造性人格品质。如前所述，创造型教师通常具有这些人格特征。当一名教师有足够的自信，能按照自己的见解独立地开展教学而不迷信权威，且能以开放的心胸面对各类教育教学方式的时候，他才有可能摸索出新的教学方法，开展真正的创造性教学，也才有可能成为创造型教师。

在新冠肺炎疫情暴发期间，在线教学成为主要的教学手段。疫情期间的强制在线教学不同于自发的行为，因此教师产生了较大的压力，这也影响着后续教师使用在线教学的意愿。而随着技术的进步，在线教学可以作为差异化/补救性教学，也可以作为教育探索的手段（Chou，Chou，2021）。只有改变这些教师的观念，认识和使用在线教学方法，才能使教育信息化成为可能，才能适应信息化对教师的能力要求（Li T L，2011）。因此，需要引导教师正确看待在线教学，提高他们的自我效能感，激发他们对在线教学的兴趣和内部动机。

但是，我们必须知道，作为相对稳定的内部动力结构（兴趣、价值观等）与外部行为模式的统一体，人格的形成不是一朝一夕就能实现的，而是一个长期的过程。创造型教师也不例外。因此，将创造型教师人格的培养融于日常的生活和教育教学工作中，是其人格发展的基本途径。

（四）学校气氛的创设

创造型教师的成长需要支持性的学校环境。学校管理者能否采取必要的措施，制定鼓励性的政策，创设良好的创新氛围，直接影响到教师从事创造性教学的愿望和动机。

首先，学校管理者应建立鼓励教学创新的教育评价体系，激励教师在教育教学工作中努力创新。教育评价体系是对教师教育教学工作过程和成果的一套评价标准，它在很大程度上指明了教师工作的方向。因此，制定科学的学校评价体系是至关重要的。在相当长的一段时间内，由于应试教育指导思想的影响，我国的学校教育并不重视学生创造性的培养，也没有把教师在教学中的创造性列为学校的评价指标。这种评价标准客观上抑制了教师的创造性，妨碍了创造型教师的成长，使教学创新处于可有可无的状态。显然，一方面，只有当学校把教学创新或创造性教学列入学校的评价指标体系的时候，明确信息化人才培养的方向，积极开展符合教师发展需求的培训活动，将信息化素养落实到其中；另一方面，学校要完善考核机制，制定更具激励性的考核制度，不仅可以激发教师不断学习的热情，还有可能调动教师创新的积极性和进行创造性教学的热情，使之树立明确的创新目标，也才有可能形成规模效应，建设一支真正的创造型教师队伍（Gong，2020）。

其次，营造一种宽松的、崇尚创新的学校环境。创新需要充分的安全感和心理的自由。因此，如何为教师减压，让教师有充分的时间和精力去考虑创造性教学，而不必担心由此带来负面影响，应成为学校管理者认真考虑的问题。事实上，在我国目前的学校环境中，教师通常压力较大，他们需要考虑学生的升学率、考试分数和班级排名，担心学生成绩下滑会影响自己的职称、收入和前途，因此，他们无暇考虑创造性教学问题，或者不敢在这方面投入时间和精力。换言之，他们内心是不自由的，也是缺乏安全感的。必须承认，在这种环境中，谈教学创新或创造性教学往往是徒劳的。建设创造型教师队伍更是无从谈起。相反，如果学校管理者给教师以足够的自由去开展教学创新，容许他们在课程内容、教学方法、教学评价方法等方面进行改革及其可能的失败，并对这种创新给予物质或精神的奖励，就可以大大促进创造型教师的成长。

最后，为了提高教师的创新能力，学校应为教师提供足够的培训、实践机会和进行教学科研的机会。事实上，教师既需要接受基本的教育教学能力方面的培训，也需要接受创新意识和技能方面的培训；既需要开展教学科研方面的实践，也需要进行创造性教学方面的实践。只有在教学和创新实践中不断反思，总结经验和教训，才能不断提高创造能力，增强创造性人格倾向。可以说，没有一个教师生来就是创造型教师，就能进行创造性教学。创造型教师的创造性有一个发展和提高的过程，它在很大程度上依赖于环境特别是学校环境。

有研究表明，学校的支持和资源可用性对于教师在课堂上使用信息技术进行创造性教学非常重要。学校的支持包括心理支持和物理支持。学校管理者应该满足教师的需求并提供技术援助和教育资源，以促进教师使用网络教学的意愿（Chou，Chou，2021）。

目前有一种观点，认为创造性是不可教的。这种观点有一定的道理，因为创造性本身是新颖的，甚至是前无古人的，因而不可能通过培训赋予某人以创造性。尽管如此，很多研究表明，通过合适的训练或培训，可以让人们掌握某些一般的创造性思维技能，提高创新意识。在教师培训中也是如此。我们虽然不能让每个教师都拥有一种具体的创造性教学方法，但是，却可以通过培训提高他们的创新意识，增强他们进行教学创新的自信和潜能，激发他们进行创造性教学的热情，也可以让他们掌握一些常见的创造技法。事实证明，这是可以做到的。

总体上，学生的创造性学习很大程度上依赖于创造型教师，而创造型教师的成长又依赖于适宜的环境，包括学校环境和学校之外的宏观的社会环境。因此，综合考虑多层环境，充分发挥国家教育政策和学校相关措施的推动作用，共同创设一种支持创新的氛围，是至关重要的，它是创造型教师成长的土壤，也是进行创造性的教与学的前提。

第七章　网络、创造与伦理

无论是网络技术的发展和应用，还是创造活动本身以及基于网络的创造教育，都必须遵循基本的伦理。这既是个人健康发展的需要，也是社会健康发展的客观要求。

第一节　网络与伦理

近年来，网络技术迅猛发展，不断更新着人们的生活和工作方式。在此背景下，关于网络技术及其使用的伦理问题也成为人们讨论的一个热点话题。

一、网络的伦理内涵

2015 年 12 月，习近平主席在第二届世界互联网大会上明确指出：“网络空间同现实社会一样，既要提倡自由，也要保持秩序。自由是秩序的目的，秩序是自由的保障。我们既要尊重网民交流思想、表达意愿的权利，也要依法构建良好网络秩序，这有利于保障广大网民合法权益。”要构建安全、健康的网络秩序，必须坚持“创新、协调、绿色、开放、共享”五大发展理念，大力加强网络伦理建设。互联网时代下人类面临的一个重大课题就是如何加强网络伦理建设，为人类营造出一个安全有序、健康和谐、共享共治的网络空间。

（一）互联网技术与伦理

互联网的发展须以科技发展为基础，也是网络技术发展的结果。

纵观人类历史的发展历程，每一次技术革命的发展，都会一定程度上推动人类社会的发展，给人类社会的发展带来一系列的机会和挑战。第五次科技革命的到来也给人们带来了机遇与财富，促进了人类社会的发展，但是也不可避免地给人类社会带来了一系列的挑战和冲击。人类的生存和发展中存在着不健康、不安全、不环保等问题。在技术发展的应用时带来一系列的问题，通常称为“技术的负效应”。当然，技术是一把双刃剑，技术的负效应是社会上普遍存在且难以规避的问题，每个历史时期的科学技术发展都是人类和社会的认知发展到一定程度的产物（李天南，2021）。对于互联网技术带来的伦理问题，正视它才是最好的选择。

互联网与伦理之间关系的讨论，也离不开对科技伦理的关注，主要包括网络技术与网络信息方面的伦理问题。网络技术方面的伦理指的是利用道德的要求和伦理的规范和规则对信息的开发、传播、管理，并在此基础上形成新的伦理性关系。网络信息技术伦理又被称为在网络信息道德规范和行为准则，这是调节社会-个人，个人-个人之间信息关系的行为规范和准则的总和（安宝洋、翁建定，2015）。包括在科技创新活动中人与社会、自然、他人之间关系的思想和行为准则，其规定了科技工作者及其共同体应恪守的价值观念、社会责任和行为规范。加快构建科技伦理治理体系，重点是健全科技伦理规范、强化科技伦理审查和监管、优化科技伦理治理机制、加强科技伦理研究和教育、推进科技伦理治理的国际交流与合作。构建覆盖全面、导向明确、规范有序、协调一致的科技伦理治理体系，既是加强国家创新体系建设的内在要求，也是推进国家治理体系和治理能力现代化的重要内容。

（二）互联网对道德建设的积极作用

互联网的适当使用可以对社会的道德建设发挥积极影响。互联网的发展开阔了人们的视野，为人们提供了丰富多样的生活方式，使人们的工作方式和交往方式发生了明显的变化，从而为伦理道德建设提出了新议题。在互联网时代到来之前，人类的生存空间主要是基于血缘、地缘、业缘等关系建立起来的物理空间，这就导致人们道德交往的主要形式是面对面的直接交往，在这种真实的交往形式下，道德规范和道德评价标准是相对稳定的。而互联网以间接的、符号化、虚拟的方式超越了物理界限，实现了一对一、一对多、多对多的各种交往形式，从而在交往空间上实现了质的突破。相比于曾经闭塞的信息空间，在信息传播快捷便利的互联网空间里，自由与开放、多元与宽容、平等与共享逐渐成为互联网网民共同追求的伦理气质。在互联网时代，同样也形成了许多正向的价值观念和伦理精神，如共享意识、独立自主精神、平等自由精神、奉献精神等，这些新兴的互联网精神铸就了当代社会所需的开放自由思想、精神自信和生命自由，为人类伦理道德建设提供了新的发展方向（何建华，2016）。

（三）互联网使用过程中产生的伦理问题

网络技术快速迭代发展，推动了生产方式、社会结构和生活方式发生深刻变革，例如，物联网、大数据、云计算、人工智能的广泛应用，“互联网＋”“智能＋”催生的网络购物、在线教育、远程医疗等新产业、新业态、新模式迅猛发展，数字经济浪潮全面来临等，但网络发展在带来巨大经济利益的背后也隐藏着道德价值的残缺，引发了一定的风险和伦理问题。

网络信息汹涌、超载的背后可能隐含着庸俗文化、精神垃圾的泛滥，对技术的盲从与崇拜可能导致人们忽视了道德建设的重要性，漠视了人的全面发展。网络主体即网民个体或群体身份的虚拟性和隐匿性又导致道德情感冷漠，从而淡化了人的社会责任感，暴露出的问题包括计算机病毒的制造与传播、个人隐私权与知识产权受到侵犯、黑客骚扰等（何建华，2016），犹如社会毒瘤侵害着人类社会健康以及个体身心健康。

首先是个人隐私泄露问题。随着网络技术的不断完善，数据的不断发展扩张，从大量的数据中提取人类自身所需要的数据也成了促进人类社会发展进步的必需要求。在5G网络发展的时代，数据的分析整理和收集主要在互联网上进行，从这些数据中，可以更轻易地找到某一个人的私人信息。但是如果缺乏道德伦理的约束，就可能出现如个人隐私被侵犯、商业机密被窃取、利用大数据实施精准诈骗等事件。自互联网出现以来，利用网络信息谋取不法利益的事件层出不穷，足以反映社会中网络伦理机制的自律约束效力薄弱，只有引入法律的监督并实施一些惩罚措施才能保护个体的权益不受侵犯，促进网络大数据时代的和谐健康发展（李天南，2021）。

其次是网络暴力问题。场景空间的变化是网络暴力与现实情境中的暴力差异的主要来源，其带来的主要是心理上的伤害。网络暴力有较为直接的对暴力受害者进行人身攻击、恶意诋毁，对某个人进行“人肉搜索”，将其真实的姓名、长相、居住地以及各种生活细节等个人隐私公布于大众视野中（李礼，2020）。这种行为对受害者生活与精神状态造成直接的严重伤害。另一种间接且没有具体暴力攻击对象，比如利用互联网发表仇恨言论、传播极端思想的行径也被视为网络暴力。该种网络暴力行为是为了在是非不明的情形下，让施暴对象产生情感认同和心理共鸣，判断能力受到干扰，进而做出危害社会秩序和公共安全的行为（田圣斌、刘锦，2020）。

总的来说，网络技术的发展确实给人类社会带来了翻天覆地的变化，但与此同时，尤其是面对网络带来的种种社会问题与挑战时，加强网络伦理建设是一项长期而艰巨的社会系统工程，只要互联网在不断进步发展，我们就应该保持网络伦理道德建设的步伐。接下来主要介绍网络心理咨询和网络心理研究两个方面，介绍在心理学领域中常见的网络伦理问题。

二、网络心理咨询中的伦理

网络心理咨询是咨询师运用电脑在网络上与异地的求助者沟通时所进行的心理咨询与治疗和信息提供等的服务形式（张又文，等，2019）。网络咨询的兴起不仅源于互联网技术的发展，更少不了现实因素的推动。首先是网络受众群体庞大，根据中国互联网络信息中心（CNNIC）发布的第 45 次《中国互联网络发展状况统计报告》，截至 2020 年 3 月，中国网民规模达到了 9.04 亿，该数据仍在飞速增长。其次，在网络背景下衍生出了很多网络暴力，这对网民的心理健康造成了难以平复的伤害。再加上新冠肺炎疫情下人们借助网络缓解心理精神问题的需求急剧上升，在疫情严峻的城市中经常提倡居家隔离、居家办公，因此远程心理服务是开展心理干预、心理咨询等服务的理想选择，对于感染新冠病毒的患者或担心自己可能被感染的来访者来说，远程心理服务可以在他们患有心理健康问题时提供及时有效的帮助。对于未感染病毒的人，尤其是那些受影响风险较高的人（例如，多发病症的老年人），远程心理服务可以提供更加方便和安全的心理服务，从而避免在物理空间中再次出现交叉感染（靳宇倡，等，2021）。在此背景下，将互联网和信息技术应用于心理咨询和治疗行业，网络咨询由此兴起并快速壮大。

随着社会信息化程度的提升，远程心理服务将在未来的心理服务领域继续发挥着重要作用。但是，网络心理咨询也面临很多新的伦理问题和挑战，这就亟须建设更加完善的网络心理咨询道德规范准则。网络心理咨询伦理指使用互联网进行心理咨询的咨询师，应该遵守的道德规范和行为准绳。美国全国合格咨询师委员会（National Board for Certified Counselor，NBCC）、美国心理咨询协会（American Counseling Association，ACA）、美国心理学会（American Psychological Association，APA）以及我国台湾辅导与咨商学会均对互联网心理咨询造成的影响、利用互联网进行心理咨询可能引发的问题等事务，相继制定了指导方针或伦理守则。2018 年 7 月起实施的《中国心理学会临床与咨询心理学工作伦理守则（第二版）》在第一版的基础上增加了《远程专业工作（网络/电话咨询）》一章，包括知情同意、数据保密和身份确认等内容。

相对于传统线下咨询，网络心理咨询的隐匿性和便捷性等特征给网络咨询伦理带来一些新的挑战，其伦理问题也有一些特有的原则。

1. 咨询师的资质

有研究评估了我国大陆地区 24 个心理咨询服务网站，结果显示，大部分网站会提供咨询师的真实姓名，并对其咨询资历进行审核，但很少报告咨询师学历、专业和毕业院校等信息（赖丽足，等，2018）。网络平台心理咨询师的信息真实性和胜任力对于咨询效果极为重要。目前，我国内地的网络心理咨询网站，通常以国家二级和三级心理咨询师证书作为资历评估的主要参照，但显然，对于心理咨询来说，通过笔试获得的咨询师证书还远远不能证明心理咨询师的实践能力。很多非咨询专业毕业、没有经受过系统实操训练的个体经过短暂的理论知识教授和考试就能获取该证书，这使得我国现有的心理咨询师队伍良莠不齐。在互联网相对隐蔽的环境下，咨询师本身的资质考查则更加薄弱。因此，在网络咨询师考核中审核咨询师的学历、专业、受训经历、接受督导状况等对咨询师的专业胜任力进行评估和公开透明，这也是十分必要的。

2. 来访者的身份

关于来访者的信息，只有少数网站要求来访者提供自己的真实姓名、年龄和紧急联系电话或地址（赖丽足，等，2018）。虽然匿名能使来访者更有安全感，减轻他们的心理压力，促进自我表露，但匿名也会带来相应的风险。第一，匿名无法确定来访者的真实年龄甚至性别。借助一些技术，来访者可以在不受监督的情况下寻求网络心理咨询，而缺少对来访者真实基本信息的了解会对咨询效果大打折扣。其次，如果来访者为危机个案，在来访者真实信息未知的情况下就无法及时对其进行危机干预。最后，来访者的匿名性可能导致双重关系，即咨询师和来访者可能存在着除了咨询关系以外的其他关系。在咨询师不知情的情况下，这种双重关系无疑会影响咨询关系的建立。

3. 注意事项的呈现

咨询网站在对网络心理咨询服务的说明中，对于网络心理咨询注意事项的呈现参差不齐，主要有以下一些问题：①一些私人机构网站较少在网页中声明保密。②接近半数网站没有声明网络心理咨询和面对面心理咨询的差异。考虑到知情权的保障，咨询师应该让来访者尽可能了解不同形式的咨询在咨询过程、效果方面的差别。③较少网站明确表明来访者可以中途退出。与面对面心理咨询伦理一致，来访者有权利选择中途结束咨询，因此网站有必要对此进行说明。④对于不合适来访者的说明严重缺失，不接受未成年人进行咨询的声明也很少有网站呈现。⑤几乎没有网站谈及网络是不安全的。网络信息的传输本身就是不安全的，网站或网络心理咨询师有必要告知来访者网络心理咨询可能带来的风险。⑥对于不合适来访者的说明和建议也是空白的。一般认为，由于网络咨询的局限性，这一方式主要应用于情绪困扰、两性问题、人际问题等一般心理疾病和轻度心理障碍（赖丽足，等，2018）。

4. 保密

除了以上提及的三方面内容，网站的安全性和加密是目前网络心理咨询网站还未得到重视的话题。几乎没有一个网站使用专门的加密方式保证咨询过程的安全保密，也未提及对咨询记录的处理，这为来访者的信息安全带来了极大的隐患（赖丽足，等，2018）。在心理咨询领域，保密原则是最为重要的原则，它是建立良好咨询和治疗关系的前提，不管是咨询师本人还是咨询网站，保密性都是必须遵守的专业要求。并且，ACA 在 2014 年发布的新一版伦理守则中，把涉及网络咨询的条款单独列为一个新的章节，针对远程咨询、技术和社交媒体，包括来访者的知情同意权、咨询的保密性、来访者身份验证、记录等内容，都进行了严格要求。

在网络心理咨询保密伦理议题的知情同意方面，有学者认为几乎所有的心理咨询网站使用的都是不太安全的商业性互联网站点，后来美国要求咨询师在加密网站上开展咨询服务，没有使用加密网络则只能进行一般心理健康指导（张又文，等，2019）。由于网络的间接性，在网络咨询中，来访者和咨询师都有可能私自保存同步或非同步对话的文字稿、语音，甚至是咨询录像，这给咨询的保密性带来了极大的挑战。电子记录能够轻易被复制，其复制的次数越多，带来的信息泄露隐患越大。如果被来访者得知信息存在泄露的风险，那么来访者一定不能安心地进行自我表露。因此，很有必要对信息化资料进行严格的加密处理。除了在技术上使用加密程序来保证咨询过程和来访者个人信息的安全性，网络心理咨询师和相关网站还要提前对咨询记录的存储方式、使用期限，公开度进行说明，以最大程度上维持来访者的知情权和信任度。

解决网络心理咨询的伦理问题，首先要努力提升咨询师的道德修养和专业素质，包括建构主体道德认知、普及职业伦理教育、强化专业技能培训等；其次要切实加强道德自律和伦理监管，包括提升咨询师和来访者的自律意识、成立专业伦理委员会等共同体、加强对行业的伦理监管等；最后要加快制定伦理守则和行业法规，借鉴有关国家和地区专业伦理守则，制定本土网络心理咨询伦理守则，制定和完善有关法律法规（熊敏秀，2014）。

三、网络心理研究中的伦理

心理学研究大多以人为研究对象，因此在探究科学问题的同时，必须重视伦理问题，心理学研究者们对此做出了很多努力。比如在问卷调查中强调结果仅供实验研究，不会泄露参与者的个人信息；在实验研究中遵循被试自愿参与的原则，保障被试的知情同意权，一些可能对被试产生影响的研究还需要伦理委员会的同意。网络时代的到来也为网络心理学研究的伦理问题提出了另一大挑战。目前对网络心理学研究的比较公认的原则仍然是要求研究者严格遵守传统心理学研究确立的道德伦理和实践原则。

周宗奎等（2017）将网络心理学的研究分为以下三类：

（1）基于网络的研究：将网络作为研究心理和行为的工具和方法，作为收集数据和测试模型的平台（如网上调查、网络测评等）。

（2）源于网络的研究：将网络看作是影响人的心理和行为的因素，依据传统心理学的视角考察网络使用对人的心理行为和行为产生的影响（如网络成瘾的研究、网络使用的认知与情感效应之类的研究，如“记忆的谷歌效应”）。

（3）融于网络的研究：将网络看作一个能够寄存和展示人的心理活动和行为表现的独立的空间，来探讨网络空间中个人和群体的独特的心理与行为规律以及网络内外个体心理与行为的相互作用（如社交网站中的人际关系、网络人格等）。

这三类研究也衍生出了额外的伦理问题。

首先也是最主要的网络伦理问题源自基于网络的研究，即大数据挖掘。大数据挖掘已经成为当下计算机科学、信息科学、天文学、社会学以及心理学等领域的热门词汇。近年来 *Science*，*Nature* 杂志均出版过专刊探讨大数据在科学中的运用及其潜在问题。在网络心理学研究中，大数据挖掘与分析能帮助研究者从宏观角度了解当下网民的心理状态与行为表现，或者某一公众事件对网民心理产生的影响，从而探究在网络背景下人们的心理规律。此外，网络心理学研究还会涉及网络平台中的个人信息，如微博、博客、微信、QQ空间等的数据，这些数据能帮助研究者辨析出网络行为背后的个体因素，但这些数据与信息来自千千万万的网民，与人息息相关，其重要性不言而喻。因此对网络数据与信息的挖掘也一定程度上侵犯了公民的隐私。在大数据的发展过程中，我们可以借鉴美国等网络技术率先发展国家的经验，在大数据滥用之前就开始权衡大数据发展与隐私保护，对其进行有效的监督与控制，使大数据在发展的历史轨迹中不触碰道德伦理底线。作为高校等科研单位，虽然所得的数据仅用于研究，但是难免会遇到数据泄露的风险，研究者也不应该将此作为要求大众提供公开透明数据的唯一理由。刘兴云（2019）提出，在将大数据应用于心理学研究的过程中，研究者在每一步都应当严格遵循一般共识：①在获取用户个体数据之前，首先要征得用户的知情同意，明确告知用户实验设计以及以后的数据用途。②在数据处理过程中，应匿名处理的方式，一方面采用多次加密的方式保护用户原始数据的隐私性；另一方面也最大限度地做好数据的保存与管理，防止数据外泄。③在数据发表过程中，杜绝使用任何可识别出用户身份信息的内容。研究者只有合理规范地利用大数据挖掘技术才是真正地实现了心理学研究服务社会的目标。

其次，基于网络平台收集到的数据真实性也是研究者非常关心的。网络平台确实打破了时间空间上的限制，为开展心理学研究提供了便利性，比如2020年初新冠肺炎疫情暴发时期，需要完成毕业设计或者其他心理学实验研究的人员因为临时隔离在家未能及时返校，便衍生出了很多借助网络平台开展实验研究的现象。实验被试可以在网络环境良好的情况下参与实验，实验主试则在后台收集数据，在一定程度上推进了实验研究的进程。但从实验实施的严谨性来看，在传统的真实验设计中，被试是在一个控制良好的环境中，对额外变量控制极为严格，因此可以得出研究自变量与因变量之间的因果关系。而网络平台下收集到的数据会受到更多的干扰因素干扰，研究人员无法严格控制参与者当时所处的环境，进而会对行为反应的数据产生影响。也有研究者反映在网络远程实验中，被试的认真程度明显下降，导致很多收集到的数据无效。如果采用这些收集到数据撰写文章，势必会降低研究的科学性、可重复性。

网络的发展产生的消极后果，比如网络依赖、网络成瘾等，也引起了大量心理学研究者的关注。比如，为了探究网络游戏与个体执行控制能力的因果关系，研究者可能会要求被试玩某一个网络游戏一段时间，然后测量其执行功能，这是典型的实验心理学设计。但这样的实验可能会诱导被试在后来的生活中继续玩相关的网络游戏，甚至可能上瘾。因此相类似的研究者应当在实验结束后向被试提醒应理性对待网络游戏，以避免实验设计对其日后的生活产生消极作用。

四、网络文明建设与社会治理

如前所述，互联网使用在成为人们的一种基本生活方式的同时，也带来了一系列急需解决的社会问题。因此，通过综合的社会治理构建适当的网络文明，就成为当前人们讨论的重要话题。实际上，网络文明的建设本身就是当前社会治理的基本内容之一。

显然，中国的网络文明建设走在了世界的前列，从近几年国家出台的一系列政策、开展的一系列大型活动可见一斑。例如，2021 年 8 月 20 日第十三届全国人民代表大会常务委员会第三十次会议通过，11 月 1 日正式施行的《中华人民共和国个人信息保护法》就为网络文明的建设提供了法律保障。在这部法律中，指明了敏感个人信息的处理规则、国家机关处理个人信息的特别规定、个人信息跨境提供的规则、个人在个人信息处理活动中的权利、个人信息处理者的义务以及履行个人信息保护职责的部门，从法律上为个人信息保护修筑了一道堤坝。

2021 年 9 月 25 日，国家新一代人工智能治理专业委员会发布了《新一代人工智能伦理规范》，为人工智能研究提供了伦理纲领，以确保人工智能健康发展。其中，明确提出了增进人类福祉、促进公平公正、保护隐私安全、确保可控可信、强化责任担当、提升伦理素养等基本的伦理要求。

与此相应，2021 年 11 月 19 日，以“汇聚向上向善力量，携手建设网络文明”为主题，由中央网信办、中央文明办、中共北京市委、北京市人民政府多个部门共同主办的首届中国网络文明大会在北京召开。国家主席习近平在贺词中强调，要广泛汇聚向上向善力量，共建网上美好精神家园。他指出，网络文明是新形势下社会文明的重要内容，是建设网络强国的重要领域，因此，要将发展和治理统一起来，将网上和网下融合起来，广泛汇聚各个部门、网络平台、社会组织、广大网民等向上向善的力量，建设一个美好的网上精神家园。

在网络文明大会期间，中国网络社会组织联合会与百余家会员单位及相关企业共同发布了《互联网信息服务算法应用自律公约》，强调通过互联网信息服务行业的自律，增强平台及企业的社会责任感，以向上向善的原则引领算法，用主流价值驾驭算法，最终建设良好的网络生态文明。这个公约提醒人们，应充分重视智能算法的技术属性和社会属性，以“负责任创新”的价值观防止技术创新被滥用。而且，各个互联网信息服务平台还共同签署了《互联网企业切实履行主体责任 建设文明网络生态承诺书》，以共同构建文明的网络空间。

显然，互联网行业的自我管理与国家层面的政策、法律携手，可以更有效地促进网络文明建设，通过汇聚各方面的力量和系统的社会治理，可以确保良好的网络生态环境。

第二节 创造与伦理

如前所述，适当性是创造力的基本性质之一。在此意义上，创造活动也必须遵循基本的伦理原则。这是确保创新的社会价值的基本条件。

一、创造与道德的关系

创造力常被视为一种积极的品质，Niu 和 Sternberg（2006）将创造力定义为根据一定的目的，采用新颖的方式解决问题，并能产生新颖、有社会价值产品的能力。并且长久以来，创造力被认为是一种建设性形式，有利于自我实现的一种能力，对于组织的成功和社会的进步来说，产生新颖想法和创造性思考问题的能力一直被认为是非常重要的。与此同时，道德也被认为是一种促进社会发展进步的重要因素。它是一种规范，引导个体如何做出公正、权利和福利分配的判断。在人类历史发展过程中所起到的作用举足轻重，在心理学领域，研究者们围绕道德的发生、发展以及心理和神经生理机制进行了大量研究，对道德的研究在过去几十年里可以大致区分为三个取向：道德人格取向，道德认知取向和道德行为取向。其中最为关注且研究最多的是道德认知取向，该取向的研究者提出道德认知是道德判断、道德推理乃至道德行为的前提，认为个体在道德行为上的差异是因为其道德认知发展阶段不同，因此他们的道德推理能力并不完全相同所导致的（Blasi，1983），柯尔伯格的道德发展认知理论就是广大发展心理学、社会学、儿童认知研究中的经典理论。

由此可见，创造力和道德都是个体身上优秀的品质，对个体发展与社会发展具有促进作用。就个体而言，创造力和道德也是个体行为表现出来的较稳定的、一贯的特点和倾向。但是创造力更强调突破创新，大多时候需要打破固有思维；而道德更强调遵守规范，大多时候需要服从社会规范，压制住不利的本我。“仁且智”是儒家心中的理想人格，“知者乐水，仁者乐山；知者动，仁者静；知者乐，仁者寿”（《论语·雍也》）。“知”即“智”，属于认知层面，包括创造力，“仁”属于道德层面。对于每个个体来说，两者都是同等重要的，仁智合一，才能使人格臻于完善（刘昌，2021）。

综观以往研究对创造力和道德的关注，主要集中于以下两方面。一方面是道德低劣的个体是否会拥有高创造力。另一方面在于弄清道德是否会阻碍个体创造力的发挥。在此之前我们需要了解创造力与道德之间的关系，沈汪兵等人对以往研究发现的主要观点进行了总结。

（一）创造力与道德有较高正相关

该观点主张个体的道德品质越高，创造力也越高，或者说创造力越高的个体，其道德品质也越高。这源自弗洛伊德关于精神分析的动力结构时提到的本我、自我和超我之间的关系。其中，本我遵循快乐原则，而超我遵循道德原则。在阐释个体防御机制时，他认为自我能将本我的非道德要求或想法升华成伦理道德许可的创造性成果（邱江、张庆林，2006）。对名人传记的个案分析可以支持两者的正相关关系，高道德与高创造力可以同时存在于一个个体身上，其中最典型的就是对爱因斯坦和甘地的分析。爱因斯坦不仅拥有极高的创造才能，还具备极高的道德品质，比如他对原子弹用于战争的事件的态度。爱因斯坦热衷于原子弹的研究，但是当他得知美国将原子弹用于战争时，他坚决反对，并且极其悔恨和懊恼，后悔将创造成果送给了一个疯子，还对自己这方面研究的意义进行了道德思考和伦理反思。甘地是印度现代民族解放运动的著名领袖，他为民族解放和广大工人利益奔走，身怀群众疾苦，很多研究者（如柯尔伯格）将其作为道德品质高尚的代表性人物。他在与资产阶级斗争中创造性提出并成功运用“非暴力不合作运动”，获取了政治斗争的胜利，这也是甘地高创造力的典型表现（Runco，Nemiro，2003）。

研究者也将伦理道德成分纳入智力概念中，认为道德与创造力有一定正相关。Paul 和 Elder（2009）发现个体的道德品质，尤其是道德推理与创造力是密切相关的，良好的道德推理有赖于创造力。Runco（2009）认为道德和创造力都是一个连续体，并非单一的两端，当道德与创造力均介于这两界点间时，道德和创造力就有了某种程度的相关。Paul 和 Elder 也支持该观点，认为道德与创造力具某种程度的相关性和整合性。以上是基于质化分析和哲学探讨的结果，近期一些实证研究发现也进一步支持了该观点。Bierly 等（2009）对 899 名学生进行道德和创造力测量，发现个体创造力与道德相关高达 0．13。其他的类似研究也得到了相应的结果。另外，查子秀等也发现培养良好的道德是培养创造力的一种重要条件。

此外，也有研究者认为创造力本身就包含道德维度。比如科学或技术创造力包含道德创造力，将创造力定义为产生新的、有道德意义的、有价值产品的能力，诺贝尔奖得主玛丽·居里和皮埃尔·居里开创了放射性理论、发明了分离放射性同位素技术，这些创造性成果推动了社会进步，两人的高创造力本身就具有极高的道德和社会价值。该观点与目前东方强调创造力的道德与社会价值标准一致（Niu，Sternberg，2006）。刘昌等（2014）采用认知神经科学的方法也发现了高道德组在解决创造性思维任务时表现出更高的创造性，也就是说，高道德意味着高创造性，两者同时存在。从国家和社会发展的角度，创造性总是与其整体的道德水准相联系。只有在良好的社会道德的基础上，科学、文化才能作为社会创造性的产品被人们接受和传承，最终造福人类。

（二）道德与创造力无关

道德与创造力无关，即高道德品质者创造力不一定高；创造力高的人道德品质也不一定高。这种观点源于哲学层面休谟对苏格拉底“美德即知识”的反驳。休谟认为美德意味着“应当”，而知识则只是描述的“是”，“是”不能推出“应当”。然而知识又是创造力的重要组成因素（Niu，Sternberg，2006），于是人们就此认为道德与创造力不属于同一概念范畴，因此两者无关。目前大多数人持这种观点，认为道德与创造力是两个相互分离的概念，在理论上无任何关联，即使在统计学上存在相关。同时其进一步指出，人们认为创造力与道德无关，是由于道德是价值负载系统，多被视为“做正当的事”，所谓“正当的”反映已存在了一种既定价值系统，因此道德反映的是与现存价值系统的一致性。即道德要求“做正当的事”这一内涵直接排除了创造性，因为创造性本身就是强调突破常规，无论是新颖的、独特的还是罕见的过程，创造力自始至终都包含某种程度的原创性，这与既定价值体系无关。此外，也有实证研究支持这种理论分析。1993 年，Andreani 和 Pagnin 对具有高创造性的天才儿童进行道德判断测验，发现他们的道德判断能力和其表现出来的创造力不存在显著的相关，因此，至少对于尚处在道德发展阶段的儿童来说，道德与创造力之间的联系并不紧密。

（三）道德与创造力负相关

与第一个观点完全相反，该观点认为道德越高，创造力越低，个体道德会有碍于创造力的发展和发挥。该观点并不否认道德与创造力存在某种联系，但主要从两者的概念、要求展开讨论。研究者认为，道德的行为都遵循预先设定的规范，需要遵循传统，而创造力最重要的就是原创、新颖，不循规蹈矩。从该角度分析，“遵守规范或规则”的道德与“打破规则或规范”的创造力应当是负相关。同时，关注创造力黑暗面的研究认为，创造力是不道德行为的重要预测因子，有创造力的个人在一些特定的情境下可能会为了追求创新而做出不道德的行为（Gino，Ariely，2012；Keem，Shalley，Kim，Jeong，2018）。一方面，高创造力的人倾向于不那么受既定规则的约束，习惯于打破常规思维（比如道德约束下的既定思维，“应该”“必须”）；另一方面，他们更有能力为自己的不道德行为找到正当的理由，从而降低因违背道德产生的负罪感（Keem et al.，2018）。在现实生活中，创造力可能在社会生活、工作情境、犯罪、战争和恐怖主义等方面被恶意应用。Cropley 和 Cropley（2011）发现某些违法者表现出与高创造力者相似的典型心理特征，追求他人惊异反应，吸引他人的目光，为达到目的甘愿冒险、乐意挑战现状甚至把生活置于刀尖之上、乐此不疲，他们的创造力产品（即违法行为）有着高效且令人惊异的新颖性，但此时带来的伤害性和破坏力也会更强。

总的来看，在理论层面，创造力和道德的“同”与“不同”导致了两者的关系变得扑朔迷离，在实证层面，研究者也从多个角度对此进行了验证。其中，创造力与道德测量方法的不统一是研究结果不一致的重要原因，尤其是如何评估个体的道德水平一直是研究者面临的重要难题。考虑到两者的复杂性，找到一种绝对客观可靠的创造力和道德评估任务或者量表几乎不可能。此外，两者的关系也会受到年龄、道德标准、社会文化背景差异等的影响。从社会实践意义来看，两者呈现出正相关也是国家、社会、个体等希望出现的结果。

二、创造力的阴暗面和消极创造力

在传统观念中，人们普遍认为创造力是好的事物，总能带来好的结果（Harris，2013）。创造力常被定义为一种产生新颖性（独创的、难预想到的）和适用性（不超出条件的限制且有用）产品的能力，它常被看作个体自我实现及组织取得成功的重要保证（Cropley，Kaufman，White，Chiera，2014；郝宁、杨静，2016）。研究者们大多关注创造力对个人和社会的积极作用，认为创造力的目的也是善意的（Cropley，2010）。但是，看待事物需要用辩证的眼光看待，即在肯定创造力的正面作用的同时，也需要注意创造力的阴暗面（Dark Side of Creativity）。近年来研究者开始重视这一问题，2010 年 Cropley 等人还发表了一部与此相关的专著 *The Dark Side of Creativity*，引起研究者们对以往盲目崇拜创造力的研究的反思，同时也掀起了对创造力消极结果的研究。

从大体上看，创造力阴暗面的研究主要分为两种取向，第一种研究取向首先关注创造力是否产生消极影响以及产生哪些消极影响。该研究取向从辩证思维方式看待创造力，即创造性思维本身就存在"内在缺陷"，创造力带来积极结果的同时也可能产生消极后果，这与创造者的善恶目的无关（Goncalo，Vincent，Audia，2010；Runco，2010）。第二种研究取向关注在恶意目的驱使下的创造力，即恶意创造力的发生发展机制如何，我们将在第三部分（恶意创造力）具体介绍相关研究。不管哪种研究取向，创造力在为人类社会带来积极影响的同时，也不可避免地带来了消极后果。

（一）消极创造力

创造力的阴暗面主要指创造力在各领域的消极应用，即使是善意目的驱动下的创造力可能产生意料之外的消极产品。例如，创新的科技成果可用于开发大规模杀伤性武器，新颖的娱乐方式（如电子游戏）可能美化犯罪等。

尽管人们对创造力的概念仍然存在争议，但是，对创造力的基本内涵和特征却有着相对一致的看法。大部分研究者认为，创造力具有两大基本特征：独创性（originality）和有用性（usefulness）。也就是说，一种产品或活动是否具有创造性，主要看它是否具有独创性、是否有用。前者是指，某个活动或产品是前所未有的、新颖的和与众不同的，后者是指，某个活动或产品对个人特别是社会是有价值的，是利己利他的，符合社会伦理和文明发展的要求，能够增进社会和人们的福祉，促进个人和社会的完善。

根据这两个特征，我们可以将创造力分为两类：积极创造力与消极创造力。前者是指通过那些兼有独创性、有用性的产品或活动所表现出来的创造力，后者则是指那些符合独创性标准而不符合有用性标准的产品或活动所表现出来的创造力。换言之，积极创造力表现于既独特、新颖而又有价值、符合社会伦理标准的创造活动或产品，而消极创造力表现于虽独特、新颖而无价值的创造活动或产品。前者利人，后者损人；前者有助于个人和社会的完善，后者则妨碍个人和社会的完善；前者造福人类，后者则制造灾难。从其结构来看，积极创造力涉及向善的创造性的认知能力以及创造性人格和动机，消极创造力则涉及阻止向善的创造性认知能力以及创造性人格和动机。从其目的或意图来看，积极的创造力通常是善意的、旨在向善的，是建设性的，消极的创造力则是恶意的、旨在造恶的，是破坏性的。

由此可见，从其构成来看，消极的创造力包括消极的创造人格、消极的创造动机或意图、消极的认知能力、消极的思维方式或认知风格等。从其目的或意图来看，消极的创造力包括恶意创造力和虽无恶意而产生消极产品的创造力。显然，无论哪种消极的创造力，都不是社会健康发展所需要的。比如，希特勒可以说是一位富有创造力的军事家，灵活且创造性地采用闪电战的方式横扫欧洲大陆，却因为极端的种族主义给世界人民带来了巨大灾难。

近年来，也有研究者将消极创造力与恶意创造力区分开来，将其界定为利己但非蓄意伤害他人（或社会）的创造力，例如，某人想出新方法偷窃公司的办公物品，其本意并非伤害公司而仅是利己；同时，将恶意创造力界定为蓄意伤害他人（或社会）的创造力（Cropley et al.，2014）。例如，某人为了伤害公司想出新方法偷窃公司机密卖给竞争对手。二者相同之处在于产出伤害性或消极产品，差异之处在于后者由恶意伤害的动机所驱动。

长期以来，在创造力领域，研究者高度关注创造力的发展、培养或促进问题，但对于如何抑制消极创造力的问题关注不够（谷传华，2011）。然而，在现实生活中，这种消极创造力是普遍存在的。

从个人生活、人际关系到群体、社会、民族、国家乃至国际关系，都存在消极创新或创造的现象。在人类历史上，少数人或团体在消极的人格、动机或意图的作用下，以消极的认知或思维活动提出消极的创意，开展消极的创造性活动，产生消极的创造性结果或产品。这样的现象比比皆是。消极的创造性结果或产品可能是可见的物质产品，也可能是特定的精神或观念产品。

因此，在创造性研究中，我们不应只关注积极的创造力的产生和发展，也应关注消极的创造力的发生和发展，在促进积极创造力的同时也应抑制消极创造力，抑制消极的人格倾向、动机以及思维方式、认知活动。简言之，创造力研究应当在努力促进积极创造力发展的同时，致力于将消极创造力转化为积极的创造力。唯有如此，创造力研究才能发挥其应有的价值。迄今，人们已经对消极创造力的一种主要形式——恶意创造力进行研究，这可能是因为恶意创造力与犯罪和恐怖活动有关，研究该问题具有重要的现实意义（Harris，Reiter-Palmon，Kaufman，2013）。

（二）创造力与心理疾病

人们常说，天才与疯子之间常常仅一步之遥。与普通人相比，富有创造力的艺术创作者可能历经过更频繁的忘我、时空超越感、狂喜等神秘体验（郝宁、杨静，2016），但是其心理病理学的风险的概率也在升高，包括情绪障碍、精神分裂症谱系障碍等。Ghadirian，Gregoire 和 Kosmidis（2001）的研究发现，创造力水平与精神疾病的严重程度有关；处于中度程度的精神疾病者创造力水平最高，重度精神疾病者水平最低。艾希鲍姆等甚至提出过，许多天才是在完成其创造性成果之后才患上精神病症的。但该事例仅是个例，缺乏实证支持。1925 年，特曼对超常儿童的追踪报告显示，高智商儿童在成年以后其患有精神疾病和适应障碍的概率与普通人无异，并没有充分的证据证明高创造力会诱发精神疾病。

创造力与精神/心理疾病存在的关联可能源于类似的遗传基础。Simeonova，Chang，Strong 和 Ketter（2005）发现，高创造力者的后代具有高创造力的概率较高，但罹患精神疾病的概率也较高。另有研究发现，被正常人收养的精神分裂症的后代会表现出一些精神分裂迹象，其在实际生活中的创造表现比普通人更好（Kinney et al.，2001）。Carson（2011）基于神经影像学与基因学研究提出一个共享的易感性模型来解释创造力与精神疾病间的关系。该模型认为，创造力与精神疾病各涉及一些认知性的保护因素和风险因素，二者重叠的部分即为共享的易感性因素，主要包括认知去抑制（cognitive disinhibition，使更多刺激进入意识），新异刺激注意风格（attentional style）与神经的超速联结（neural hyperconnectivity，即正常情况下本无功能性联结的脑区反常地联结在一起）。这些共享的易感性因素一方面增加了个体罹患精神疾病的风险，另一方面又可与创造力独有的认知因素（如高智商、高工作记忆水平、高认知灵活性）相互作用，使可利用的信息更大范围进入意识并进行深度加工，从而提高创造力。

值得注意的是，高创造力者容易出现人际交往问题，他们往往行事特立独行，社交活动较少，易被排斥而缺少社会支持，如果个体不能良好应对，就容易导致自我价值感缺失，产生心理或精神问题。"曲高和寡"一词常用于比喻言论或文章不通俗，能理解的人很少，并带有讽刺意味。一些创造力超凡者往往会有种知音难遇之痛，从而产生孤独、抑郁感受。但这并不意味着高创造力者就一定会产生心理健康问题。一项心理健康与创造力关系的元分析结果表明，创造力与心理健康的消极指标存在中等程度的负相关，与心理健康的积极指标存在高度的正相关（俞国良、张伟达，2020）。即对于大多数普通人来说，富有创造力的活动会促进心理健康的发展。

（三）创造力与消极品质

当创造性活动遇到道德问题时，具有高创造力的个体是否会打破道德规范束缚而选择说谎等不道德行为呢？一系列研究表明，高创造力者更善于说谎。例如，创造力（如发散思维）得分更高的大学生能说出更多及时有效的谎言来脱离道德困境，也善于为了同一个目的编出效果不同的谎言（Walczyk，Runco，Tripp，Smith，2008）。在创造力的远距离联想测验中得分较高者往往因谎报任务完成度而难以通过诚信测验（Beaussart，Andrews，Kaufman，2013）。有趣的是，即便通过句子重组任务短暂地提高参与者的创造性思维，个体在之后的任务中也会更多地谎报成绩（Gino，Ariely，2012）。初中生的创造性人格与其说谎行为出现的可能性呈显著正相关，也支持了创造力与消极道德品质之间可能存在联系的观点（王英芊、司继伟，2014）。

总的来说，高创造力与人的消极品质之间关系的机制目前并无定论。研究者认为两者或有重叠的成分，比如创造力和不诚信相互联系的内在机制可能是共有的“打破规则”成分，或因某些消极人格特征促进形成特定思维模式，也有可能受到恶意动机的驱动（郝宁、杨静，2016）。值得注意的是，并不是高创造力一定会导致消极品质，其中思维模式、动机、文化、性别、自尊等都可能存在调节作用。

三、恶意创造力及其相关研究

Mclaren 在 1993 年就曾明确指出，很多创造性行为都是带有恶意目的的。例如：罪犯和恐怖分子就会借助创造力攫取暴利和制造灾难（Eisenman，2008）。由于具备创造力的犯罪活动和恐怖袭击在客观上具备新颖性的特点，所以警力和反恐力量往往对此难以防范，对社会产生的伤害也极其巨大。美国纳斯达克股票市场公司前董事会主席——伯纳德·麦道夫就用极具创造力的方式一手操办了美国历史上最大诈骗案庞氏骗局，涉案金额超过 650 亿美元，数以百计的银行、基金和投资者成为受害者。自从 Cropley 等人（2008）系统地开辟了恶意创造力这一全新的创造力研究子领域后，研究者现已围绕该主题展开了一系列理论和实证研究。恶意创造力概念的提出不仅开拓了创造力研究的新领域，更重要的是它警示了人们恶意驱使下的创造力可能造成的巨大危害，因而对恶意创造力开展学术研究就具有极大的社会价值。

（一）概念界定

恶意创造力（Malevolent Creativity）指的是故意对某个对象进行伤害或由恶意驱动以达到某种利益目的的创造力（贡喆、刘昌，2016）。例如：不法商贩在牛奶中兑入三聚氰胺等等。虽然这类行为被斥为是邪恶和非道德的，但它们却满足了创造力所必需的两个基本特点——新颖性和适用性。因此 Cropley 等人（2008）将恶意创造力作为创造力研究的一个分支。Harris 等人（2013）进一步明确了恶意创造力的定义，即个体和组织在天资、创造过程和创造环境三者的交互作用下，创造出在某个社会情境中被定义为新颖有效且可感知的产品，在物质上、精神上及身体上故意伤害自己和他人。由此可见，恶意创造力产品主要包含三个特点：新颖性、适用性和伤害性，以“9·11 事件”为代表的恐怖活动是恐怖组织恶意创造力的典型产品。Eisenman（2008）通过采访囚犯归纳出犯罪活动中恶意创造力产品的 9 种实例，如杀害敌人所爱之人作为报复、割除知情人的内脏以威胁其开口、以烧毁房屋作为威胁防止受害人报警等。

（二）测量方法

如何对恶意创造力进行操纵与测量是该领域研究的基础工作和重要环节。对恶意创造力的测量与传统创造力测量方式类似，即对创造力产品进行评分，并更换了评分和计分标准，但是增加了对恶意性的评分（郝宁、杨静，2016）。

Clark 和 James（1999）最早采用问题解决任务（problem-solving tasks）测量恶意创造力。即要求参与者代入一个带有恶意导向的情境，并提出解决方案，例如：“请想象自己作为一家公司的经理正在同另一家公司竞争一位潜在的客户。你获悉这位客户十分看重个人品德，如果让客户知道竞争对手有酗酒问题，那么自己就很有可能赢得这位客户。但要避免让客户知道是自己泄露了不利于竞争对手的信息，因此需要你提出方案争取到这位客户，方案越多、越有新意越好”。测量结束后，专家对被试方案的创新性、逻辑性及答案易读性进行打分，计算方案个数，以此作为衡量恶意创造力的指标。这种任务创造了恶意的任务环境，并且默认参与者都会采用带有恶意创造的方案，但实际上，参与者还可以通过非负面的手段解决问题，提出一种双赢的方案，这就偏离了恶意创造力的定义，因此该范式较少被研究者用于恶意创造力。

Lee 和 Dow（2011）借助发散思维测验中的多用途任务考察个体恶意创造力水平，即要求被试尽可能多地写出砖头和铅笔的用途。研究者不仅统计用途总个数作为流畅度的指标，也会计算砖头和铅笔恶意用途的个数，作为恶意度的指标，例如铅笔恶意用途可以是用铅笔攻击他人等等。最后将恶意使用砖头和铅笔的用途个数除以总个数，用其比值反映个体恶意创造力。但他们只关注了物品发散用途的流畅性而没有关注创新性，例如一个砖头或铅笔的恶意用途并不意味着这种用途同时是新颖的。

Harris 等人（2013）对上述两种测量方法做出改进，采用正性与负性问题解决评价量表（Positivity Versus Negativity Solution Evaluation Scale）对被试答案的负性和创新性进行评定。只有当答案中既满足负性又具备创新性才能用于评定个体恶意创造力水平，这就弥补了 Clark 和 James（1999）以及 Lee 和 Dow（2011）测量方法上的不足。不过，新近有研究发现，普通人倾向于认为道德模糊或道德出格事件更具创造力（Cropley，Kaufman，White，Chiera，2014）。虽然测量统计中评定者选取的是评分专家而非普通个体，但这仍然提醒研究者恶意创造力行为可能更易于获得更高的创造性评价。因此，在应用现有测量方法时还应当注意对评定者进行适当培训，尽量避免出现评分者效应（贡喆、刘昌，2016）。

以上的实证研究多从产品而非动机角度来测量恶意创造力。原因可能有二：其一，创造活动动机的善恶较难界定，且很难量化与测量；其二，恶意创造力的提出主要源自对犯罪、恐怖活动的思考。这些活动背后的动机无疑是恶意的，人们更关心其产出了怎样新颖的恶意产品。但是，在实验室情境下，被试完成恶意创造任务时往往隐瞒真实想法，一些明显不被认可甚至违法的想法可能不会被报告出来，这可能导致研究缺乏生态效度，容易出现社会赞许效应，这也是测量恶意创造力的一大挑战。

除了专家评分法，也有研究者编制了恶意创造力行为量表（Malevolent Creativity Behavioral Scale，MCBS；Hao，et al.，2016），包含伤害他人、欺骗、恶作剧三个维度，共 13 道题目。个体对自身的恶意创造力表现进行 5 点计分，得分越高，说明在日常生活中的恶意创造力越高。但是由于对恶意创造力的认识尚不完善，未来还需要增加恶意创造力的其他维度。

（三）影响因素

不管是恶意创造力还是善意创造力，都可以从个体特征和环境特征两个方面探究影响因素。研究结果表明，恶意创造力与人格特质、情绪状态，以及个体身处的情境都有着密切关系（贡喆、刘昌，2016）。

首先是人格特质。人格会影响个体行为，也在很大程度上决定个体如何理解和处理问题，因此人格，尤其是攻击性人格对恶意创造力发生有着更加本质的作用（Harris，2013）。Lee 和 Dow（2011）首先对恶意创造力和人格的关系进行了实证研究。他们采用发散思维范式测量恶意创造力，探究了恶意创造力与攻击性特质（aggressiveness）、敌意特质（antagonism）、同情特质（sympathy）以及基本人格特质［神经质（neuroticism）、外倾性（extraversion）、责任心（conscientiousness）和开放性（openness）］的关系。结果发现：高身体攻击性和低责任心被试表现出更多恶意创造力，具备攻击性人格的被试在考虑问题时常带有恶意，并因此产生恶意创造力。此外，男性较女性表现出更多恶意创造力。Harris（2013）也关注了攻击性人格与恶意创造力的关系，他采用问题解决任务范式测量被试恶意创造力，使用了攻击性条件推理测验测查被试的内隐攻击性。实验结果发现相较于内隐攻击性低的被试，内隐攻击性高的被试表现出更多恶意创造力。王丹等人（2022）的研究发现，心理韧性水平显著负向预测青少年的恶意创造行为，个体可以通过积极的应对方式抑制恶意行为的发生，但是在应激情境下，这种效应被削弱了。

其次，消极情境下也容易诱发恶意创造力。很多研究者把情境因素视为恐怖分子产生恶意创造力的直接原因（Cropley et al，2008），为了应对反恐组织的压制，恐怖分子为了达到恐怖袭击的目的就必须不断更新恐怖袭击手段，即提高恶意创造力水平。James，Clark 和 Cropanzano（1999）也提出恶意创造力的发生与社会风气、文化环境和社会复杂性等外部情境因素的性质有关，负性的外部环境易导致个体出现恶意创造力。比如当个体在组织情境中遭遇不公平情境的对待时就更容易产生恶意创造力。此外，攻击性特质可与情境共同作用于恶意创造力。Harris 和 Reiter-Palmon（2015）发现，当个体处于诱发恶意创造力的情境时，具有高内隐攻击性特质者表现出更强的恶意创造力。究其原因，一方面，高内隐攻击性者倾向于认为世界充满敌意，想方设法寻求自我防卫，因此有更强的思维灵活性以产生伤害性想法；另一方面，高内隐攻击性者不仅有无意识合理化自身行为的心理定式，也对行为后果缺乏反思；一旦消极情境激活了其内隐的攻击性特质，他们便可能产生更多恶意创造性想法。

最后，James 等人（1999）从理论层面提出情绪的效价（valence）或愉悦度（hedonic tone）维度提出情绪是影响创造力善恶属性的重要原因。他们认为负性情绪会诱发个体的不良动机，并因此激活恶意创造力。从广义上来讲，情绪不仅是一种情绪体验或是情绪状态，它也包括一种理解、运用并管理情绪的能力（Mayer，Salovey，Caruso，2008），即情绪智力（emotional intelligence）。Harris 等人（2013）的研究发现，个体的情绪智力水平无论是和通过问题解决任务范式，还是发散思维范式所测量的恶意创造力皆为负相关；回归分析显示情绪智力对恶意创造力具有边缘显著的预测力。可能是因为低情绪智力者较少意识到恶意行为对他人的伤害性，或者是不在意他人感受而表现出恶意创造力，因此或许通过分析个体的情绪智力特质就可能筛选出潜在的恶意创造力者。除了情绪的效价或愉悦度，恶意创造力还被发现受到情绪的唤醒度（arousal）或激活度（activation）、调节聚焦（regulatory focus）、动机等维度的共同影响（贡喆、刘昌，2016）。比如有研究发现，敬畏情绪能显著降低个体的恶意创造力水平。

现有大部分研究主要从以上三个因素及其相互的作用来探究恶意创造力的影响因素，从而为如何降低个体和群体层面的恶意创造力提出建议。其实，每个人都会有恶意创造力，但是我们可以通过提高情绪智力、增强心理韧性、提高应激能力等方式减少恶意创造行为的发生，这也是恶意创造力研究存在的社会应用价值。

四、网络创造中的伦理

网络自产生以来就以其极强的穿透力渗入人们的学习、工作、生活中，遍及全球各个领域，影响着人们的道德水平、知识素养、思维方式等。互联网的信息量繁多、信息更新速度快，为个体多维的创造提供了可能性。然而，网络犹如一把双刃剑，在为个体创造提供更广阔的资源和更自由的背景的同时也不可避免地带来了一系列现实道德难以应付的伦理问题。

互联网环境为创造力的发展提供了合适的条件，网络创造以计算机为主要的物质载体，以上网民众为主体，以虚拟的网络空间为主要传播领域，以数字化为基本技术手段。它不仅是信息社会在技术上的一种表征，更提供了新的创造背景。互联网具有开放性、交互性及虚拟性等特点，有助于人们增长知识，开阔眼界，不断提高创造力，但人们在享受信息技术给人类创造带来的极大便利和促进社会进步的同时，也应当意识到其带来的危害。目前，以互联网为媒介的网络创造引起的伦理问题主要围绕以下几个方面。

1. 对人的异化

由于网络具有虚拟性，人们在现实中的一切包括身份特征都可以在网络空间进行隐匿和篡改。已有研究表明，在互联网环境下，个体会重新塑造出一个全新的自我，即“网络自我”，对于一些人来说，现实自我与网络自我是截然不同的两个个体，如同在两个平行世界里面生存。网络还具有多元化，它可以包揽所有的现实中的存在不同的价值观念、价值取向、风俗习惯在网络中互相冲撞。这种多元的道德选择会对个体健康的道德人格的形成和发展造成挤压和扭曲。由于许多现实中无法实现的愿望在网络中也可以得到满足，这样就会直接导致个体对网络产生信赖、留恋，成为名副其实的“网奴”。个体认为自己在网络环境中是安全的，相对匿名的，更可能产生恶意创造力，恶意创造力是指有预谋地伤害他人（或自己或组织或社会）的创造力（Cropley et al.，2014），即通过网络产生新颖但有害的产品或想法。

2. 侵犯个人隐私

“隐私权是个人生活不被干涉、不被擅自公开”的权利。保护隐私是一项社会基本的伦理要求，也是人类文明进步的标志。由于网络的开放性，在网络创造过程中，个人隐私被采集和公开可能为网络创造提供便捷，但同时也让使个人的自由和安全受到潜在的威胁；而创造力可能被应用于去实现或好或坏的目的，因此创造力本质上有其“阴暗面”（Becker，2014）。例如个体想出新颖的方法通过网络向潜在客户秘密地提供竞争对手的诽谤信息，这种轻易泄露他人隐私且不加验证的方式也不利于市场秩序的维护。

3. 侵犯知识产权

创造往往需要站在巨人的肩膀上完成，而不是一蹴而就的。在网络创造的过程中，个体也不免需要借鉴他人发布的信息以提出想法或观点，而事实上未经许可借用、移制、复制他人的程序等信息实际上是一种盗窃行为。由于互联网知识产权管理规范的缺乏或滞后，造成了铺天盖地的翻录、复制、抄袭，并且逐渐蔓延成一种普遍的现象。以网络上存在大量的剪辑影视剧制作的短视频为例，有评论性的、有介绍性的也有恶搞类的，特点都是时长短、观看方便、配有声音介绍、有趣味性，网友可以随时随地在几分钟内看完，适应了生活节奏快、快餐式文化和休闲娱乐的需求，但同时对于再剪辑的视频，如果没有经过著作权拥有人的同意或者是授权的话，擅自出版是构成侵权的。由于短视频出现的时间较短，该方面相关的法案仍未完善，该侵犯他人知识产权的行为还处于灰色地带。毋庸置疑的是，这种对他人知识进行简单复制剪辑的行为对网络创造力是毫无价值的，从长远来看是不利于社会创造力发展的。

同时甚至有人会通过互联网进行恶意创造，出于恶作剧或其他目的，非法使用信息手段，故意制造、传播计算机病毒，致使其他企业或个人的系统瘫痪（陈娟，2007）。比如某人因遭受不公平待遇，为报复公司采用新颖方法窃取本公司机密并出卖给竞争对手，比如在公司内部，利用“钓鱼 Wi-Fi”窃取隐私信息。这些通过网络侵犯知识产权的行为使许多公司蒙受损失。

网络为创造力插上了翅膀，但并不意味着网络创造可以脱离道德伦理规范的制约。人作为网络创造的主体，其所作所为必须受到社会伦理的约束，才能创造出真正有价值的创意产品，为社会大众服务。

第三节　网络创造教育的伦理

网络创造教育是创造教育的延伸，是借助于网络这种综合性媒体开展的、以培养创造性为主题的教育，具有自身特殊的优势和特点。在网络普及的时代背景下，作为创造教育的一种形式，网络创造教育将对创造性的发展与促进发挥重要的作用。但是，网络创造教育也有其特定的局限性，同样应遵循基本的伦理；否则，培养出来的人不仅无法发挥应有的社会价值，而且可能给社会的发展带来危害。

一、网络创造教育的目的

创造教育的目的是培养出人格健全而富有创造性的人，以建设可持续发展的、和谐完美的社会。当然，这也是网络创造教育的目的。这一教育目的的内涵包括两个层面：个体层面和社会层面。

在个体层面上，通过创造教育包括网络创造教育，应实现人的自我完善。人的自我完善不仅仅是知识的增长、技能或能力的提升，还包括态度和品德的发展与人格的完善。在现实中，后者很容易被忽略。在网络创造教育中尤其如此。基于网络的创造教育可能更强调创新技能的培养，而忽视对创造态度的培养，最终通过这种教育培养出来的人很可能只懂得如何创新而不知为何创新，熟悉掌握创新的方法和技能而忽略了创新的最终目的。在国内外教育史上，有很多创新才能出众而无视道德伦理的“偏才”，这是需要引以为戒的。这样的发展方向严重偏离了自我完善的主题。如果目的不明确，甚至可能误导学习者为了追求新异性产生不良的动机，比如恶意创造力的产生。

在社会层面上，网络创新教育应服务于建设美好和谐社会的目的。立足于社会的整体发展，显然，创造教育特别是网络创造教育不能着眼于短期的效益，培养服务于短期功利性目标的、所谓的创造性人才，更不能一味地注重创新才能的培养而忽略态度和品德的培养。网络创造教育应把创新价值和适当性的论证放在首位，在确保适当的前提下再强调创新才能的培养，只有这样，网络创造教育才有意义。也只有这样，网络创造教育才能对社会发展发挥积极的作用。

二、网络创造教育的优势与局限

正如前面所提到的那样，从总体上看，网络创造教育与一般的线下创造教育不同，它能够充分利用互联网这种综合性媒体的多种功能，激发学生的创造动机，提高学生的创造能力，产出物质或精神的创造产品。通常，在传统的创造教育过程中，教师通过面对面的授课、讨论或启发，用传统的教学手段创设问题情境，激发学生思考，促进其创造性潜能的发展和表现。网络的广泛普及则为教师开展创造教育提供了更广阔的空间。这不仅表现在教育教学内容的设计、制作和呈现上，也表现在教育教学的方法与途径上。

在特定的网络环境中，借助于网络和多媒体技术，网络教育内容的设计通常更形象、生动，更容易理解和接受，也更有助于学生根据自己的情况进行自主学习。这突出地表现在网络教学和网络学习过程中。在网络创造教育过程中，教师同样可以运用网络提供的技术手段，制订最贴近实际的教学计划，通过最恰当的、对学生最便利也最有效的方式呈现学习内容，创设生动具体的、贴近学生生活和知识结构的问题情境。学生也可以充分地利用网络获取与问题情境有关的知识和信息，并借助于网络进行必要的人际互动和合作，最终提出多种问题解决的方案或创意。这种借助于网络进行的探索活动不仅发挥了网络作为信息仓库的作用，而且充分利用了网络作为思考手段的功能。这正是网络创造教育的突出优势。

另外，网络创造教育的局限也是非常明显的，这不仅表现在对网络的依赖上，而且表现于它容易突破网络使用伦理和教育伦理的限制。从创造教育的宗旨来看，后者显得更为重要。如果实施不当，网络创造教育可能变成借助于网络进行的无限制的探索活动，偏离创造教育的基本方向。网络的使用可能成为一种目的而不是手段，教师的主导作用和学生的主体性也可能难以恰当地发挥，最终可能无法收到应有的教育教学效果。

三、网络创造教育的内容和方法

显然，网络创造教育的内容也应该分为两大部分：一部分应当是创造的伦理和价值观，另一部分应当是创造的知识和能力，而前者应居于创造教育的首要位置，它指引着网络创造教育的方向。

长期以来，人们把创造教育的重点放在创造知识的传授和创造能力的培养上，特别是重视发散思维能力的培养。其实，这是不够的。如前所述，一个发散思维能力出众的人，可能会服务于恶意的创造，表现出来的可能是消极的创造力。因此，网络创造教育，也包括基于其他媒介进行的创造教育，应把创造的伦理和价值观作为首要的教育内容，一个拥有正确的创造价值观的人，一旦拥有创造的知识和才能，就更可能做出利人利己、利国利民的创新，因为其创新的方向是正确的，有创造伦理的指引。换言之，应当在正确的方向上用力。在错误的方向上用力，只能越走越偏离目标。

网络创造教育的方法应服务于上述教育目的和教育内容。在此过程中，原则上可以采取基于网络的一切教育教学方法。但是，这些教育教学方法，包括教育教学活动、手段和组织方式都应该是恰当的，应当有助于培养学生适当的创造认知能力、人格特征和创造价值观。这些方法应当遵守基本的网络伦理，通过网络传达的信息应当是健康的。教师引导学生进行的创新教育活动也不应侵犯个人隐私权与知识产权，不应引导学生进行计算机病毒的制造与传播、实施黑客骚扰和网络暴力等不良行为，避免恶意的创新以及为创新而创新。在网络教学过程中，也不能通过网络发布违背道德伦理和社会公共道德的言论、图片、视频等信息。必要时，涉及学生个人的信息还应遵守基本的研究伦理，如尊重学生的知情同意权，确保数据保密等。此外，在网络教学过程中，也要避免学生过度依赖网络，形成网络依赖或成瘾倾向。

四、结语

在网络普及的时代背景下，网络技术本身就是人们创造力的表现领域；同时，人们也借助于网络在不同领域展现出各种形式的创造力，传播着不同的伦理观和价值观。这构成了当前网络创造教育的基本氛围。客观上，它既可能给网络创造教育带来机遇，构成网络创造教育的推动力，也可能为网络创造教育带来挑战和风险。但是，无论如何，网络创造教育都必须遵循基本的网络伦理，必须遵循基本的创造伦理，也必须遵循基本的教育伦理。作为教育的一种形式，它必须以培养人格健全、不断自我完善的人为考虑问题的出发点，以建设和谐美好的社会为落脚点。这是创造教育的根本，也是网络创造教育的根本。唯有如此，网络创造教育才能发挥其应有的作用。

参考文献

［1］GACKENBACH J. 心理学与互联网：个人、人际和超个人的启示［M］. 周宗奎，刘思耘，赵庆柏，等译. 广州：世界图书出版公司，2014.

［2］KWANG N A. 解放亚洲学生的创造力［M］. 李朝晖，译. 北京：中国轻工业出版社，2005.

［3］KHATENA J. 培养天才儿童的创造力［M］. 开振南，王维臣，徐嫵，译. 上海：上海译文出版社，2003.

［4］STERNBERG R J. 智慧、智力、创造力［M］. 王利群，译. 北京：北京理工大学出版社，2007.

［5］阿瑞提. 创造的秘密［M］. 沈阳：辽宁人民出版社，1987.

［6］陈龙安. 创造性思维与教学［M］. 北京：中国轻工业出版社，1999.

［7］帕帕拉，奥尔茨，费尔德曼. 发展心理学：从生命早期到青春期［M］. 李西营，等译. 北京：人民邮电出版社，2013.

［8］谷传华. 社会创造心理学［M］. 北京：中国社会科学出版社，2011.

［9］顾明远，孟繁华. 当代教育新理念［M］. 海口：海南出版社，2001.

［10］刘道玉. 创造教育新论：第 2 版［M］. 武汉：武汉大学出版社，2009.

［11］黎军. 网络教育概论［M］. 北京：清华大学出版社，2011.

［12］林崇德. 创造性心理学［M］. 北京：北京师范大学出版社，2021.

［13］林崇德. 创新人才与教育创新研究［M］. 北京：经济科学出版社，2009.

［14］唐文中. 教学论［M］. 哈尔滨：黑龙江教育出版社，1990.

［15］习近平. 习近平谈治国理政：第三卷［M］. 北京：外文出版社，2020.

［16］张剑平，陈仕品，张家华. 网络学习及其适应性学习支持系统研究［M］. 北京：科学出版社，2010.

［17］张庆林. 创造性研究手册［M］. 成都：四川教育出版社，2002.

［18］张文新，谷传华. 创造力发展心理学［M］. 合肥：安徽教育出版社，2004.

［19］张庆林. 创造性研究手册［M］. 成都：四川教育出版社，2002.

［20］张文新，谷传华. 创造力发展心理学［M］. 合肥：安徽教育出版社，2004.

［21］周昌忠. 创造心理学［M］. 北京：中国青年出版社，1983.

［22］周治金，谷传华. 创造心理学［M］. 北京：中国社会科学出版社，2015.

［23］周宗奎. 网络心理学［M］. 上海：华东师范大学出版社，2017.

［24］谷传华. 社会创造性：内涵、评价、发展与促进［M］// 胡卫平. 中国创造力研究进展报告. 西安：陕西师范大学出版社，2016.

［25］刘昌. 创造性的社会发生：兼论“仁且智”何以可能［M］// 胡卫平. 中国创造力研究进展报告. 西安：陕西师范大学出版社，2021.

［26］申继亮，赵景欣. 创造力的跨文化研究及其对我国教育改

革的启示［M］//中国心理学会. 心理学学科发展报告. 北京：中国科学技术出版社，2007.

［27］安宝洋，翁建定. 大数据时代网络信息的伦理缺失及应对策略［J］. 自然辩证法研究，2015，31（12）：42-46.

［28］曹培杰. 课堂网络学习影响创造力的质性研究［J］. 远程教育杂志，2013，31（6）：42-46.

［29］查有梁. “交流-互动”教学模式建构（上）［J］. 课程·教材·教法，2001（4）1-6.

［30］查有梁. “审美-立美”教育模式建构（上）［J］. 课程·教材·教法，2003（3）35-41.

［31］晁吉勇. 网络教学中的创造性思维培养［J］. 中国教育技术装备，2011（14）66-67.

［32］陈娟，吴志芳，赫金玲. 网络文化建设中的网络伦理构建［J］. 大连海事大学学报（社会科学版），2007（2）115-118.

［33］陈旭升. 创造性思维发生机制探索［J］. 自然杂志，2001（5）298-306.

［34］丁晓云. 网络环境下的研究性学习与学生创新能力培养［J］. 中国电化教育，2003（3）17-19.

［35］贡喆，刘昌. 恶意创造力：概念、测量方法、影响因素以及研究展望［J］. 心理科学，2016，39（1）：63-68.

［36］谷传华，韩梅，薛雨康，等. 数字创造力：数字技术对创造力的影响［J］. 中国远程教育，2017（9）55-61.

［37］谷传华，张海霞，周宗奎. 小学儿童的社会创造性倾向与教师领导方式的关系［J］. 中国临床心理学杂志，2009，17（3）：284-286.

［38］谷传华，周宗奎，范翠英. 用得其所：促进创造性学习的教学模式［J］. 教育研究与实验，2010（6）65-69.

［39］谷传华. 创造系统观及其对创造教育的启示［J］. 教育研究与实验，2005（3）51-55.

［40］韩梅，谷传华，薛雨康，等. 团体规模和任务类型对团体创造力的影响［J］. 中国特殊教育，2017（6）75-79.

［41］郝宁，杨静. 创造力有其“阴暗面”［J］. 心理科学，2016，39（3）：761-766.

［42］郝鑫. 认知风格与创造性思维的关系［D/OL］. 重庆：西南大学，2014［2023-04-09］. https://kns.cnki.net/kcms2/article/abstract?v=C_qHzaiysLWV1aFM1m8ubCOetEbdyO043gLNs7fjS-yh-2tIFe2BKxYXAU6nXrpVpM9yBtrRvrXObmJxujsIfYNxUZa2sZjTH0EbJmT8BgYPlKBWquNj9NSJwdQd67_nzgq1uJmWHAiECfkgh0h2Iw==&uniplatform=NZKPT&language=CHS.

［43］胡卫平，程丽芳，贾小娟，等. 认知抑制对创造性科学问题提出的影响：认知风格的中介作用［J］. 心理与行为研究，2015，13（6）：721-728.

［44］胡卫平，刘少静，贾小娟. 中学生信息加工速度与科学创造力、智力的关系［J］. 心理科学，2010，33（6）：1417-1421.

［45］胡卫平，王博韬，段海军，等. 情绪影响创造性认知过程的神经机制［J］. 心理科学进展，2015，23（11）：1869-1878.

［46］靳宇倡，张政，郑佩璇，等. 远程心理健康服务：应用，优势及挑战［J］. 心理科学进展，2022，30（1）：141-156.

［47］赖丽足，陶嵘，任志洪，等. 我国大陆地区网络心理咨询现状和伦理议题：“大数据”视角及伦理评估［J］. 心理科学，2018，41（5）：1214-1220.

［48］李俊平. 程序设计类课程教学中创造技法的探索［J］. 电脑知识与技术：技术论坛，2005（15）85-88.

［49］李礼. 网络暴力的道德批判与规制［J］. 晋阳学刊，2020（6）98-104.

［50］李敏，郑杰. 智能创意时代的创造力培养：基于创客与创客教育的分析［J］. 现代远程教育研究，2018（2）32-38.

［51］李天南. 5G 网络个人信息安全伦理探析［D/OL］. 沈阳：

沈阳师范大学，2021［2023-01-10］. https://kns. cnki. net/kcms2/article/abstract? v = C _ qHzaiysLWbuFLRohVcpibKceqZ5ImRG2BnE_FtkJ6jy0dXqsQCVwew0bPhzqjaE6-6-2QsKDIc8_dk399hdVm3UImnNutwXY6QF29d4sOqmSCFBGF2TOhelX-l _ kVWXEoCNlUwGIpgKtgKLucv8g==&uniplatform=NZKPT&language=CHS.

［52］李晓东，盛琳阳，崔丽艳. 论基于网络环境下的学科教学［J］. 黑龙江高教研究，2004（8）144-145.

［53］林崇德. 培养和造就高素质的创造性人才［J］. 北京师范大学学报（社会科学版），1999（1）5-13.

［54］林崇德. 关于创造性学习的特征［J］. 北京师范大学学报（社会科学版），2000（1）56-63.

［55］林崇德. 创造性人才·创造性教育·创造性学习［J］. 中国教育学刊，2000（1）5-8.

［56］林崇德. 创造性人才特征与教育模式再构［J］. 中国教育学刊，2010（6）1-4.

［57］刘昌，沈汪兵，罗劲. 创造性与道德的正向关联：来自认知神经科学的研究证据［J］. 南京师大学报（社会科学版），2014（4）104-115.

［58］刘德祥. 网络教学与创造性思维培养［J］. 湖北广播电视大学学报，2005，22（5）：22-23.

［59］刘世文，李百敏. 多媒体与网络技术对教学的影响［J］. 高等理科教育，2001（2）41-44.

［60］刘兴云，刘晓倩，向媛媛，等. 人工智能大数据之于心理学［J］. 科技导报，2019，37（21）：105-109.

［61］刘正奎，程黎，施建农. 创造力与注意模式之间的关系［J］. 心理科学，2007，30（2）：387-390.

［62］吕集尔，庞寿全，陈洁. 多媒体课堂教学探讨［J］. 玉林师范学院学报，2006（S1）111-113.

［63］孟彬. 网络环境下学生创造性思维能力的培养［J］. 科教

导刊，2018（7）7-8.

[64] 沐小琳. 认知风格与线索信息对创造性的影响 [D/OL]. 武汉：华中师范大学，2019 [2023-03-21]. https://kns.cnki.net/kcms2/article/abstract?v=C_qHzaiysLX-DhpV2wXJ250-FI5R3pwVj3YwH06_wxfejrJOsiSAKsDmjc-W7cGSQzgP6WtgGEAKsU1bVkeP2Bj4z0JMmOscCajrxaT9lIawHNOdul4BZ15jH6AkO9qpIjcilZJyN6xAatRFLBwGYw==&uniplatform=NZKPT&language=CHS.

[65] 庞维国. 创新观念的生成过程研究述评 [J]. 山东社会科学，2011（4）170-176.

[66] 钱梦缘，朱永平. 网络环境对当代大学生创造力的影响 [J]. 南京邮电大学学报（社会科学版），2009，11（2）：38-41.

[67] 钱素萍. 网络环境下理解型教学促进学生创造力发展研究：以统计原理课程为例 [J]. 无锡商业职业技术学院学报，2015，15（6）：80-86.

[68] 邱江，张庆林. 创造性与初级思维过程 [J]. 心理与行为研究，2006，4（1）：66-69.

[69] 沈汪兵，刘昌，袁媛，等. 顿悟类问题解决中思维僵局的动态时间特性 [J]. 中国科学：生命科学，2013，43（3）：254-262.

[70] 施建农，徐凡. 超常儿童的创造力及其与智力的关系 [J]. 心理科学，1997，20（5）：468-477.

[71] 宋凤宁，苏良亿，黎玉兰，等. 高校网络教学中教师阻抗因素探析 [J]. 江苏高教，2004（4）58-60.

[72] 田圣斌，刘锦. 社会治理视域下网络暴力的识别与规制 [J]. 中南民族大学学报（人文社会科学版），2020，40（3）：168-173.

[73] 王丹，王典慧，陈文锋. 青少年心理韧性与恶意创造性行为倾向的关系 [J]. 心理学报，2022，54（2）：154-167.

[74] 王会霞，刘志兵，刘桂菊. 多媒体网络教学与创造性思维的培养 [J]. 荆楚理工学院学报，2005，20（3）：80-82.

[75] 王建亚，牛晓蓉，万莉. 基于元分析的在线学习用户使用行为研究 [J]. 现代情报，2020，40（1）：58-68.

[76] 王松涛. 论网络学习 [J]. 教育研究，2000（3）58-61.

[77] 王晓燕，罗晋华，周文斌. 从创造力培养的角度探讨网络教学结构 [J]. 现代远程教育研究，2002（3）33-35.

[78] 王雪婧. 网络学习策略模型研究 [J]. 软件导刊，2009，8（5）：197-199.

[79] 王亚南. 远程教育中的创造性学习 [J]. 南京师大学报（自然科学版），2002（S1）90-92.

[80] 王英芋，司继伟. 初中生创造性人格与说谎行为的联系：自尊的作用 [J]. 心理与行为研究，2014，12（2）：161-166.

[81] 吴砥，周驰，陈敏. "互联网＋"时代教师信息素养评价研究 [J]. 中国电化教育，2020（1）56-108.

[82] 夏自钊. 创客："自时代"的造物者 [J]. 决策，2013（6）26-28.

[83] 熊敏秀. 网络心理咨询的伦理问题及其对策研究 [D/OL]. 长沙：湖南师范大学，2014 [2023-05-28]. https://kns.cnki.net/kcms2/article/abstract?v=C_qHzaiysLUWdgqpFF39ijzxMAykJC8kuTlTYrSOfKHg7P9ejiZvt65dEAsrgBcmmXrJuqHNjSsXf-gDzI6fXZ0X3b5Sgv1MdAj18pLdFPNtFTTjPse7dVOwKBsVCZGQYVP_TpzY7arXrj17V_JNDw==&uniplatform=NZKPT&language=CHS.

[84] 徐阳，张云祥. 远程学习中的创造性学习 [J]. 中国成人教育，2011（8）112-114.

[85] 杨二宽. 网络教学结构与创造力培养 [J]. 卫生职业教育，2003，21（5）：47-48.

[86] 杨慧，王兴玲，袁宁，等. 论协作型计算机网络教学与学生创造性学习的培养 [J]. 现代计算机（专业版），2010（15）43-45.

[87] 于姣. 网络教学影响下高职院校思政课实效性提升策略研

究［J］. 西部学刊，2022（6）141-145.

［88］余胜泉，何克抗. 基于 INTERNET 的教学模式［J］. 中国电化教育，1998，4（57）：58-61.

［89］俞国良，张伟达. 创造力与心理健康：争议，证据及其研究展望［J］. 河北学刊，2020，40（5）：168-177.

［90］张宝霞，廖抒华，张树德. 浅谈多媒体技术及其对教学的影响［J］. 外语电化教学，2001（4）33-37.

［91］张军征，于文. 网络资源在学科教学中应用的方式［J］. 中国电化教育，2002（12）34-35.

［92］张力，章国英. 以混合学习模式实现创造性学习的设计方法［J］. 中国医学教育技术，2006（1）59-63.

［93］张庆林，邱江，曹贵康. 顿悟认知机制的研究述评与理论构想［J］. 心理科学，2004，27（6）：1435-1437.

［94］张庆林，田燕，邱江. 顿悟中原型激活的大脑自动响应机制：灵感机制初探［J］. 西南大学学报（自然科学版），2012，34（9）：1-10.

［95］张喜艳，解月光. 网络教学对于学生创造性思维培养的支持作用［J］. 远程教育杂志，2002（2）22-27.

［96］张喜艳，谢月光. 培养创造性思维的网络课程设计研究［J］. 中国电化教育，2003（10）64-66.

［97］张晓宁. 网络环境下的学科教学探究［J］. 成人教育，2010，30（1）：51-52.

［98］张又文，周莉，谢悦，等. 心理咨询师网络咨询保密伦理相关意识与行为［J］. 中国心理卫生杂志，2019，33（9）：647-652.

［99］郑勇刚. 网络教学与大学生创造性思维的培养［J］. 湖北警官学院学报，2003（1）84-86.

［100］周泓，张庆林. 创造性的生理研究新进展［J］. 心理学探新，2002，22（3）：9-13.

［101］周婷. 网络教学对创造思维能力的影响［J］. 宜宾学院学

报，2009，9（10）：125-126.

［102］何建华. 切实加强网络伦理建设［N/OL］. 浙江日报，(2016-02-05)[2023-03-14]. https://zjrb. zjol. com. cn/html/2016-02/05/content_2947279. htm?div=-1.

［103］中国互联网络信息中心. 第 34 次中国互联网络发展状况统计报告［R/OL］.（2014-07-21）[2022-10-14]. https://www. cnnic. cn/n4/2022/0401/c85-5600. html.

［104］中华人民共和国教育部公报. 教育部关于印发《教育信息化 2.0 行动计划》的通知［EB/OL］.（2018-04-18)[2023-01-22]. http://www. moe. gov. cn/srcsite/A16/s3342/201804/t20180425_334188. html.

［105］朱步楼. 加快构建科技伦理治理体系［N/OL］. 中国社会科学报，(2021-03-30)[2023-2-16]. https://www. cssn. cn/skgz/bwyc/202208/t20220803_5461986. shtml.

［106］AMABILE T M. The social psychology of creativity [M]. New York：Springer-Verla，2018.

［107］BAER J. Domain specificity of creativity [M]. New York：Academic Press，2016.

［108］BOTKIN J W，ELMANDJRA M，MALITZA M. No limits to learning：bridging the human gap [M]. Oxford，New York，Toronto，Sydney，Paris，Frankfurt：Pergamon Press，1979.

［109］CRUZ S C，CARVALHO A A. A webquest about tuthankamen [M]. London：Springer，2007.

［110］DAY B. Early childhood education：creative learning activities [M]. New York：Macmillan，1983.

［111］ENGEL H M. The handbook of creative learning exercises [M]. Amherst，Mass：HRD Press，1994.

［112］FAUTLEY M，Savage J. Creativity in secondary education [M]. Exeter：Learning Matters Lda，2007.

[113] FRYER M. Creative teaching and learning [M]. London: Paul Chapman, 1996.

[114] HARRIS D J. The influence of problem construction, implicit aggression, and task valence on malevolent creativity [M]. Omaha: University of Nebraska , 2013.

[115] INDICATORS O. Education at a glance 2016: OECD indicators [M]. Paris: OECD Publishing, 2016.

[116] ISAKSEN S G, TREFFINGER D J. Creative problem solving: the basic course [M]. New York: Bearly Ltd. , 1985.

[117] JEFFREY B. Creative learning practices: European experiences [M]. London: Tufnell Press, 2006.

[118] MASSIALAS B G, ZEVIN J. Creative encounters in the classroom: teaching and learning through discovery [M]. New York, London, Sydney: John Wiley & Sons, Inc. , 1967.

[119] MILLER H L. Creative learning and teaching [M]. New York, Atlanta, Chicago, Dallas, San Francisco, Boston: Charles Scribner' s Sons, 1927.

[120] OSBORN A F. Applied imagination [M]. New York: Scribner, 1957.

[121] RICHARDS R E. Everyday creativity and new views of human nature: psychological, social, and spiritual perspectives [M]. Washington: American Psychological Association, 2007.

[122] RUNCO M A, PRITZKER S R. Encyclopedia of creativity [M]. New York: Academic Press. 1999.

[123] SÁNCHEZ M D P, MARTÍNEZ O L, GARCÍA C F. La creatividad en el contexto escolar: Estrategias para favorecerla [M]. Ediciones Pirámide, 2003.

[124] Sternberg R J, Lubart T I. Defying the crowd: cultivating creativity in a culture of conformity [M]. New York:

Simon & Schuster Inc. , 1995.

[125] TREFFINGER D J. Encouraging creative learning for the gifted and talented: a handbook of methods and techniques [M]. California: Ventura County Superintendent of Schools Office, 1980.

[126] WOODS P. Creative teachers in primary schools [M]. Buckingham: Open University Press, 1995.

[127] BECKER G. A socio-historical overview of the creativity-pathology connection: from antiquity to contemporary times [M] // KAUFMAN J C. Creativity and mental illness. New York: Cambridge University Press, 2014.

[128] CAPLAN D, GRAHAM R. The development of online courses [M] //ANDERSON T. Theory and practice of online learning. Canada: Athabasca University Press, 2011.

[129] CRAFT A. Creativity and early years settings [M] // PAIGE-SMITH A, CRAFT A. Developing reflective practice in the early years. New York: Open University Press, 2008.

[130] CROPLEY A J. Education [M] //RUNCO M A, PRITZKER S R. Encyclopedia of creativity. New York: Academic Press, 1999.

[131] CROPLEY A J. The dark side of creativity: what is it? [M] // CROPLEY D H, CROPLRY A J, KAUFMAN J C, et al. The dark side of creativity. New York: Cambridge University Press, 2010.

[132] CSIKSZENTMIHALYI M. Implications of a systems perspective for the study of creativity [M] //STERNBERG R J. Handbook of creativity. New York: Cambridge University Press, 1999.

[133] DILLENBOURG P, JÄRVELÄ S, FISCHER F. The evolution of research on computer-supported collaborative learning:

from design to orchestration [M] //BALACHEFF N, LUDVIGSEN S, DE JONG T, et al. Technology-enhanced learning. Dordrecht: Springer, 2009.

[134] EYSENCKH J. Creativity and personality [M] // RUNCO M A. The creativity research handbook. New Jersey: Hampton Press Inc. , 1997.

[135] GONCALO J A, VINCENT L C, AUDIA P G. Early creativity as a constraint on future achievement [M] //CROPLEY D H, CROPLRY A J, KAUFMAN J C, et al. The dark side of creativity. New York: Cambridge University Press, 2010.

[136] JAY C, BONK J B, REYNOLDS T H. Learner-centered Web instruction for higher-order thinking, teamwork, and apprenticeship [M] //KHAN B H. Web-based instruction. New Jersey: Educational Technology Publications, 1997.

[137] JEFFREY B, CRAFT A. Creative learning and possibility thinking [M] //JEFFREY B. Creative learning practices: European experiences. London: Tufnell Press, 2006.

[138] JOUBERT M M. The art of creative teaching: NACCCE and beyond [M] //CRAFT A, JEFFREY B, LEIBLING M. Creativity in education. London: Continuum, 2001.

[139] KHAN B H. Web-based instruction (WBI): what is it and why is it? [M] //KHAN B H. Web-based instruction. New Jersey: Educational Technology Publications, 1997.

[140] LEE D, LEE K C, JO N Y. Creativity and job stress in the Korean ICT Industry: TMX and CHS as antecedents [M] // LEE K C. Digital Creativity: individuals, groups, and organizations. New York: Springer, 2012.

[141] MAYER R E. Fifty years of creativity research [M] // STERNBERG R J. Handbook of creativity. New York: Cambridge

University Press, 1999.

[142] PAUL R, ELDER L. Critical thinking, creativity, ethical reasoning: a unity of opposites [M] //AMBROSE D, CROSS T L. Morality, ethics, and gifted minds. New York: Springer, 2009.

[143] RUNCO M A. Idea evaluation, divergent thinking, and creativity [M] //RUNCO M A. Critical creative processes. New York: Hampton Press, 2003.

[144] RUNCO M A. The continuous nature of moral creativity [M] //AMOBROSE D, CROSS T L. Morality, ethics, and gifted minds. New York: Springer, 2009.

[145] RUNCO M A. Creativity has no dark side [M] // CROPLEY D H, CROPLRY A J, KAUFMAN J C, et al. The dark side of creativity. New York: Cambridge University Press, 2010.

[146] SLAVIN R E. Cooperative learning in schools [M] // International encyclopedia of the social & behavioral Sciences. 2nd ed. Amsterdam: Elsevier, 2015.

[147] ABDOUS M. A process-oriented framework for acquiring online teaching competencies [J]. Journal of computing in higher education, 2011, 23: 60-77.

[148] AIKEN M, KROSP J, SHIRANI A, et al. Electronic brainstorming in small and large groups [J]. Information & management, 1994, 27 (3): 141-149.

[149] ALBRAHIM F A. Online teaching skills and competencies [J]. Turkish online journal of educational technology, 2020, 19 (1): 9-20.

[150] ALLY M. Foundations of educational theory for online learning [J]. Theory and practice of online learning, 2004, 2 (1): 15-44.

［151］AMABILE T M. Motivational synergy：toward new conceptualizations of intrinsic and extrinsic motivation in the workplace［J］. Human resource management review，1993，3（3）：185-201.

［152］AMEDEKER M K. Changing educational policies：implications for ICT integration in science instruction and performance of students in Ghanaian senior high schools［C］// Proceedings of the 7th international conference on educational technologies. New York：Association for Computing Machinery，2020.

［153］ARKORFUL V，BARFI K A，ABOAGYE I K. Integration of information and communication technology in teaching：initial perspectives of senior high school teachers in Ghana［J］. Education and information technologies，2021，26（4）：3771-3787.

［154］BAKER W J，HUNTER M A，THOMAS S. Arts education academics′ perceptions of e-learning and teaching in Australian early childhood and primary ITE degrees［J］. Australian journal of teacher education（Online），2016，41（11）：31-43.

［155］BARKI H，PINSONNEAULT A. Small group brainstorming and idea quality：is electronic brainstorming the most effective approach［J］. Small group research，2001，32（2）：158-205.

［156］BARROWS H S，KELSON A C. Problem-based learning in secondary education and the problem-based learning institute［J］. Springfield，IL：problem-based learning institute，1995，1（1）：1-5.

［157］BEAUSSART M L，ANDREWS C J，KAUFMAN J C. Creative liars：the relationship between creativity and integrity［J］. Thinking skills and creativity，2013，9：129-134.

［158］BEKELE T A，MENCHACA M P. Research on

Internet-supported learning [J]. Quarterly review of distance education, 2008, 9 (4): 373-405.

[159] BENEDEK M, NEUBAUER A C. Revisiting Mednick's model on creativity - related differences in associative hierarchies: evidence for a common path to uncommon thought [J]. The journal of creative behavior, 2013, 47 (4): 273-289.

[160] BIERLY P E, KOLODINSKY R W, CHARETTE B J. Understanding the complex relationship between creativity and ethical ideologies [J]. Journal of business ethics, 2009, 86: 101-112.

[161] BIGATEL P M, RAGAN L C, KENNAN S, et al. The identification of competencies for online teaching success [J]. Journal of asynchronous learning networks, 2012, 16 (1): 59-77.

[162] BLASI A. Moral cognition and moral action: a theoretical perspective [J]. Developmental review, 1983, 3 (2): 178-210.

[163] BURKE K. Virtual praxis: constraints, approaches, and innovations of online creative arts teacher educators [J]. Teaching and teacher education, 2020, 95: 103-143.

[164] CAMPBELL J R, VERNA M A. Effective parental influence: academic home climate linked to children's achievement [J]. Educational research and evaluation, 2007, 13 (6): 501-519.

[165] CARSON S H. Creativity and psychopathology: a shared vulnerability model [J]. The Canadian journal of psychiatry, 2011, 56 (3): 144-153.

[166] CATTANEO A A P, ANTONIETTI C, RAUSEO M. How digitalised are vocational teachers: assessing digital competence in vocational education and looking at its underlying factors [J]. Computers & education, 2022, 176: 1-18.

[167] CHAFFOIS C, GILLIER T, BELKHOUJA M, et al. How task instructions impact the creativity of designers and ordinary participants in online idea generation [C] //22nd innovation & product development management conference. Italy: Lecco, 2015.

[168] CHEUNG W M, TSE S K, TSANG H W H. Teaching creative writing skills to primary school children in Hong Kong: discordance between the views and practices of language teachers [J]. The journal of creative behavior, 2003, 37 (2): 77-98.

[169] CHOU H L, CHOU C. A multigroup analysis of factors underlying teachers' technostress and their continuance intention toward online teaching [J]. Computers & education, 2021, 175: 104335.

[170] CHUNG S, LEE K Y, CHOI J. Exploring digital creativity in the workspace: the role of enterprise mobile applications on perceived job performance and creativity [J]. Computers in human behavior, 2015, 42: 93-109.

[171] CLARK K, JAMES K. Justice and positive and negative creativity [J]. Creativity research journal, 1999, 12 (4): 311-320.

[172] CROPLEY D H, KAUFMAN J C, CROPLEY A J. Malevolent creativity: a functional model of creativity in terrorism and crime [J]. Creativity research journal, 2008, 20 (2): 105-115.

[173] CROPLEY D H, KAUFMAN J C, WHITE A E, et al. Layperson perceptions of malevolent creativity: the good, the bad, and the ambiguous [J]. Psychology of aesthetics, creativity, and the arts, 2014, 8 (4): 400-412.

[174] CAMACHO L M, PAULUS P B. The role of social anxiousness in group brainstorming [J]. Journal of personality and social psychology, 1995, 68 (6): 1071-1080.

[175] DE DREU, C K W, NIJSTAD B A, et al. Working

memory benefits creative insight, musical Improvisation, and original ideation through maintained task-focused attention [J]. Personality and social psychology bulletin, 2012, 38 (5): 656-669.

[176] DENERVAUD S, CHRISTENSEN A P, KENETT Y N, et al. Education shapes the structure of semantic memory and impacts creative thinking [J]. Science of learning, 2021, 6 (1): 35.

[177] DENG R, BENCKENDORFF P, GANNAWAY D. Linking learner factors, teaching context, and engagement patterns with MOOC learning outcomes [J]. Journal of computer assisted learning, 2020, 36 (5): 688-708.

[178] DENNIS A R, REINICKE B A. Beta versus VHS and the acceptance of electronic brainstorming technology [J]. MIS quarterly, 2004, 28 (1): 1-20.

[179] DESANCTIS G, GALLUPE R B. A foundation for the study of group decision support systems [J]. Management science, 1987, 33 (5): 589-609.

[180] DIAKIDOY I A N, KANARI E. Student teachers' beliefs about creativity [J]. British educational research journal, 1999, 25 (2): 225-243.

[181] DIEHL M, STROEBE W. Productivity loss in brainstorming groups: toward the solution of a riddle [J]. Journal of personality and social psychology, 1987, 53 (3): 497.

[182] DODGE B. Web Quests: a technique for internet-based learning [J]. Distance educator, 1995, 1 (2): 10-13.

[183] DOO M Y, ZHU M, BONK C J, et al. The effects of openness, altruism and instructional self-efficacy on work engagement of MOOC instructors [J]. British journal of educational technology, 2020, 51 (3): 743-760.

[184] DOUGLAS A C, MILLS J E, NIANG M, et al. Internet

addiction: meta-synthesis of qualitative research for the decade 1996-2006 [J]. Computers in human behavior, 2008, 24 (6): 3027-3044.

[185] DUAN T. A new idea for the optimization of MOOC-based teaching [J]. Education and information technologies, 2022, 27 (3): 3623-3650.

[186] EISENBERGER R. Learned industriousness [J]. Psychological review, 1992, 99 (2): 248.

[187] EISENMAN R. Malevolent creativity in criminals [J]. Creativity research journal, 2008, 20 (2): 116-119.

[188] FISCHER F, TROENDLE P, MANDL H. Using the internet to improve university education: problem-oriented web-based learning with MUNICS [J]. Interactive learning environments, 2003, 11 (3): 193-214.

[189] FREDERIKSEN N. Implications of cognitive theory for instruction in problem solving [J]. Review of educational research, 1984, 54 (3): 363-407.

[190] GALLUPE R B, COOPER W H, GRISE M L, et al. Blocking electronic brainstorms [J]. Journal of applied psychology, 1994, 79 (1): 77-86.

[191] GALLUPE R B, DENNIS A R, COOPER W H, et al. Electronic brainstorming and group size [J]. Academy of management journal, 1992, 35 (2): 350-369.

[192] GHADIRIAN A M, GREGOIRE P, KOSMIDIS H. Creativity and the evolution of psychopathologies [J]. Creativity research journal, 2001, 13 (2): 145-148.

[193] GIBSON C, FOLLEY B S, PARK S. Enhanced divergent thinking and creativity in musicians: a behavioral and near-infrared spectroscopy study [J]. Brain and cognition, 2009, 69 (1): 162-169.

[194] GINO F, ARIELY D. The dark side of creativity: original thinkers can be more dishonest [J]. Journal of personality and social psychology, 2012, 102 (3): 445-459.

[195] GONG L. Cultivation and improvement of college teachers' informatization teaching ability in the era of education informatization 2.0 [J]. Lifelong education, 2020, 9 (5): 117-119.

[196] GONZALEZ-FERNANDEZ N, RAMIREZ-GARCIA A, SALCINES-TALLEDO I. Media competence and audiovisual literacy needs of Spanish teachers and families [J]. Education XX1, 2018, 21 (2): 301-321.

[197] GREENE J A, DUKE R F, FREED R, et al. Effects of an ego-depletion intervention upon online learning [J]. Computers & education, 2022, 177: 104362.

[198] GU C. The perspective of creativity and its implications for creativity education [J]. Educational research and experiment, 2005, 3: 51-55.

[199] GU C, ZHOU Z, FAN C. The appropriate application: the teaching model of promoting creative learning [J]. Educational research and experiment, 2010, 6: 65-69.

[200] HAJARA I, BUKARI M. Students' perception of ICTs on teaching and learning at Wurishei community Al-Badah junior high school, Tamale, Ghana [J]. Journal of education, society and behavioral science, 2017, 23 (1): 1-10.

[201] HARRIS D J, REITER-PALMON R. Fast and furious: the influence of implicit aggression, premeditation, and provoking situations on malevolent creativity [J]. Psychology of aesthetics, creativity, and the arts, 2015, 9 (1): 54-64.

[202] HARRIS D J, REITER-PALMON R, KAUFMAN J C. The effect of emotional intelligence and task type on malevolent

creativity [J]. Psychology of aesthetics, creativity, and the arts, 2013, 7 (3): 237-244.

[203] HASSAN M M, MIRZA T, HUSSAIN M W. A critical review by teachers on the online teaching-learning during the COVID-19 [J]. International journal of education and management engineering, 2020, 10 (8): 17-27.

[204] HENNESSEY B A, AMABILE T M. Creativity [J]. Annual review of psychology, 2010, 61 (1): 569-598.

[205] HIGGINS E T. Beyond pleasure and pain [J]. American psychologist, 1997, 52 (12): 1280-1300.

[206] HMELO-SILVER C E. Problem-based learning: what and how do students learn [J]. Educational psychology review, 2004, 16 (3): 235-266.

[207] HOUTZ J C. Pre-service teacher education for creative and critical thinking [C] //Critical Thinking Institute. Critical thinking as an educational ideal conference. New York: Montclair State College, 1992.

[208] HUANG F, TEO T, SÁNCHEZ-PRIETO J C, et al. Cultural values and technology adoption: a mdel comparison with university teachers from China and Spain [J]. Computers & education, 2019, 133: 69-81.

[209] HUANG L, ZHANG J, LIU Y. Antecedents of student MOOC revisit intention: moderation effect of course difficulty [J]. International journal of information management, 2017, 37 (2): 84-91.

[210] ILOMÄKI L, PAAVOLA S, LAKKALA M, et al. Digital competence: an emergent boundary concept for policy and educational research [J]. Education and information technologies, 2016, 21 (3): 655-679.

[211] JAMES K, CLARK K, CROPANZANO R. Positive and negative creativity in groups, institutions, and organizations: a model and theoretical extension [J]. Creativity research journal, 1999, 12 (3): 211-226.

[212] JANG S J. Exploration of secondary students' creativity by integrating web-based technology into an innovative science curriculum [J]. Computers & education, 2009, 52 (1): 247-255.

[213] JOHNSON G M. Internet use and child development: validation of the ecological techno-subsystem [J]. Educational technology & society, 2010, 13 (1): 176-185.

[214] JOHNSON G M, PUPLAMPU P. A conceptual framework for understanding the effect of the Internet on child development: the ecological techno-subsystem [J]. Canadian journal of learning and technology, 2008, 34: 19-28.

[215] JOHNSON J, LAMB A. Bring back the joy: creative teaching, learning, and librarianship [J]. Teacher librarian, 2010, 38 (2): 61-66.

[216] JOHNSON R D, HORNIK S, SALSE E. An empirical examination of factors contributing to the creation of successful e-learning environments [J]. International journal of human-computer studies, 2008, 66 (5): 356-369.

[217] JUNG J J, SCHNEIDER C, VALACICH, J S. The influence of real-time identifiability and evaluability performance feedback on group electronic brainstorming performance [C] // Institute of Electrical and Electronics Engineers. Proceedings of the 38th Annual Hawaii International Conference on System Sciences. Big Island: IEEE, 2005.

[218] JUNG R E, MEAD B S, CARRASCO J, Flores R A. The structure of creative cognition in the human brain [J]. Frontiers

in human neuroscience, 2013, 7: 330.

[219] JUNG Y, LEE J. Learning engagement and persistence in massive open online courses (MOOCS) [J]. Computers & education, 2018, 122: 9-22.

[220] KAUFMANN G, VOSBURG S K. The effects of mood on early and late idea production [J]. Creativity research journal, 2002, 14 (3-4): 317-330.

[221] KEEM S, SHAIIEY C E, KIM E, et al. Are creative individuals bad apples: a dual pathway model of unethical behavior [J]. Journal of applied psychology, 2018, 103 (4): 416-431.

[222] KINNEY D K, RICHARDS R, LOWING P A, LEBLANC D, et al. Creativity in offspring of schizophrenic and control parents: an adoption study [J]. Creativity research journal, 2001, 13: 17-25.

[223] KOCK N. Media naturalness and compensatory encoding: the burden of electronic media obstacles is on senders [J]. Decision support systems, 2007, 44 (1): 175-187.

[224] Kohn M L. Social class and parental values: another confirmation of the relationship [J]. American sociological review, 1976, 41 (3): 538-545.

[225] KONSTAN J A, Walker J D, Brooks D C, et al. Teaching recommender systems at large scale: evaluation and lessons learned from a hybrid MOOC [J]. ACM transactions on computer-human interaction, 2015, 22 (2): 1-23.

[226] KORKMAZ G, TORAMAN Ç. Are we ready for the post-COVID-19 educational practice: an investigation into what educators think as to online learning [J]. International journal of technology in education and science, 2020, 4 (4): 293-309.

[227] KOWATARI Y, LEE S H, YAMAMURA H, et al.

Neural networks involved in artistic creativity [J]. Human brain mapping, 2009, 30 (5): 1678-1690.

[228] KRAUSE U M, STARK R, MANDL H. The effects of cooperative learning and feedback on e-learning in statistics [J]. Learning & instruction, 2009, 19 (2): 158-170.

[229] LAI C, JIN T. Teacher professional identity and the nature of technology integration [J]. Computers & education, 2021, 175: 1-14.

[230] LEE K C. Digital creativity: new frontier for research and practice [J]. Computers in human behavior, 2015, 42 (0): 1-4.

[231] LEE M R, Chen T T. Digital creativity: research themes and framework [J]. Computers in human behavior, 2015, 42 (0): 12-19.

[232] LEE S A, Dow G T. Malevolent creativity: does personality influence malicious divergent thinking [J]. Creativity research journal, 2011, 23 (2): 73-82.

[233] LI T L. Exploration and analysis of ways to develop young teachers' IT-based teaching ability [J]. E-education research, 2011, 12: 106-120.

[234] MAYER J D, SALOVEY P, CARUSO D R. Emotional intelligence: new ability or eclectic traits [J]. American psychologist, 2008, 63 (6): 503-517.

[235] MCGREEVY A. Tracking the creative teacher [J]. Momentum, 1990, 21 (1): 57-59.

[236] MEDNICK S. The associative basis of the creative process [J]. Psychological review, 1962, 69 (3): 220-232.

[237] MICHINOV N. Is electronic brainstorming or brainwriting the best way to improve creative performance in groups: an overlooked comparison of two idea-generation techniques [J].

Journal of applied social psychology, 2012, 42 (s1): E222-E243.

[238] MILLER A L. Creativity and cognitive style: the relationship between field-dependence-independence, expected evaluation, and creative performance [J]. Psychology of aesthetics, creativity, and the arts, 2007, 1 (4): 243-246.

[239] MOORE J L, DICKSON-DEANE C, GALYEN K. E-learning, online learning, and distance learning environments: are they the same [J]. The internet and higher education, 2011, 14 (2): 129-135.

[240] NIJSTAD B A, STROEBE W. How the group affects the mind: a cognitive model of idea generation in groups [J]. Personality and social psychology review, 2006, 10 (3): 186-213.

[241] NIU W, STERNBERG R J. The philosophical roots of Western and Eastern conceptions of creativity [J]. Journal of theoretical and philosophical psychology, 2006, 26 (1-2): 18-38.

[242] NUSSBAUMM, BARAHONAC, RODRIGUEZ F, et al. Taking critical thinking, creativity and grit online [J]. Educational technology research and development, 2021, 69: 201-206.

[243] OFFIR B, LEV Y, BEZALEL R. Surface and deep learning processes in distance education: synchronous versus asynchronous systems [J]. Computers & education, 2008, 51 (3): 1172-1183.

[244] OREY M, KOENNCKE L, CROZIER J. Learning communities via the Internet a la epic learning: you can lead the horses to water, but you cannot get them to drink [J]. Innovations in education and teaching international, 2003, 40 (3): 260-269.

[245] PAULUS P B, BROWN V R. Toward more creative and innovative group idea generation: a cognitive-social-motivational

perspective of brainstorming [J]. Social and personality psychology compass, 2007, 1 (1): 248-265.

[246] PINSONNEAULT A, BARKI H, GALLUPE R B, et al. Electronic brainstorming: the illusion of productivity [J]. Information systems research, 1999, 10 (2): 110-133.

[247] RAMLI M F, MAJID M, BADYALINA B. Impeding factors towards the effectiveness of online learning during Covid-19 pandemic among social sciences students [J]. International journal of learning and development, 2020, 10 (4): 37.

[248] RAZUMNIKOVA O M. Creativity related cortex activity in the remote associates task [J]. Brain research bulletin, 2007, 73 (1-3): 96-102.

[249] RUNCO M A, CHAND I. Cognition and creativity [J]. Educational psychology review, 1995, 7 (3): 243-267.

[250] RUNCO M A, JAEGER G J. The standard definition of creativity [J]. Creativity research journal, 2012, 24 (1): 92-96.

[251] RUNCO M A, NEMIRO J. Creativity in the moral domain: integration and implications [J]. Creativity research journal, 2003, 15 (1): 91-105.

[252] RUTTER B, KRÖGER S, HILL H, et al. Can clouds dance? part 2: an ERP investigation of passive conceptual expansion [J]. Brain and cognition, 2012, 80 (3): 301-310.

[253] SANFORD J, TOWNSEND-ROCCHICCIOLI J, TRIMM D, et al. The webquest: constructing creative learning [J]. The journal of continuing education in nursing, 2010, 41 (10): 473-479.

[254] SCHMID K. Making AI systems more creative: the IPC-model [J]. Knowledge-based systems, 1996, 9 (6): 385-397.

[255] SERDYUKOV P. Innovation in education: what works,

what doesn' t, and what to do about it [J]. Journal of research in innovative teaching & learning, 2017, 10 (1): 4-33.

[256] SHALLEY C E. Effects of coaction, expected evaluation, and goal setting on creativity and productivity [J]. Academy of management journal, 1995, 38 (2): 483-503.

[257] SHANSIS F, FLECK M P A, RICHARDS R, et al. Development of the portuguese language version of the lifetime creativity scales [J]. Revista de psiquiatria do rio grande do sul, 2003, 25 (2): 284-296.

[258] SIDDIQ F, SCHERER R, TONDEUR J. Teachers' emphasis on developing students' digital information and communication skills: a new construct in 21st century education [J]. Computers & education, 2016, 92-93: 1-14.

[259] SIMEONOVA D I, CHANG K D, STRONG C, et al. Creativity in familial bipolar disorder [J]. Journal of psychiatric research, 2005, 39 (6): 623-631.

[260] SONG L, SINGLETON E S, HILL J R, et al. Improving online learning: student perceptions of useful and challenging characteristics [J]. The internet and higher education, 2004, 7 (1): 59-70.

[261] STERNBERG R J, LUBART T I. An investment theory of creativity and its development [J]. Human development, 1991, 34 (1): 1-31.

[262] SUBRAHMANYAMA K, GREENFIELD P, KRAUTC R, et al. The impact of computer use on children's and adolescents' development [J]. Journal of applied developmental psychology, 2001, 22 (1): 7-30.

[263] TAYLOR D W, BERRY P C, BLOCK C H. Does group participation when using brainstorming facilitate or inhibit creative

thinking [J]. Administrative science quarterly, 1958, 3: 23-47.

[264] THURLINGS M, EVERS A T, VERMEULEN M. Toward a model of explaining teachers' innovative behavior: a literature review [J]. Review of educational research, 2015, 85 (3): 430-471.

[265] TOEEANCE E P, MYERS R E. Creative learning and teaching [M]. New York: Dodd, Mead & Company, 1970.

[266] TREFFINGER D J, ISAKSEN S G, FIRESTIEN R L. Theoretical perspectives on creative learning and its facilitation: an overview [J]. The journal of creative behavior, 1983, 17 (1): 9-17.

[267] TSAI C C. The relationship between internet perceptions and preferences towards internet-based learning environment [J]. British journal of educational technology, 2007, 38 (1): 167-170.

[268] TWIGG C A. Models for online learning [J]. Educause review, 2003, 38: 28-38.

[269] VAN LAAR E, VAN DEURSEN A J A M, VAN DIJK J A G M, et al. The relation between 21st-century skills and digital skills: a systematic literature review [J]. Computers in human behavior, 2017, 72: 577-588.

[270] WALCZYK J J, RUNCO M A, TRIPP S M, et al. The creativity of lying: divergent thinking and ideational correlates of the resolution of social dilemmas [J]. Creativity research journal, 2008, 20 (3): 328-342.

[271] WEGERIF R, MCLAREN B M, CHAMRADA M, et al. Exploring creative thinking in graphically mediated synchronous dialogues [J]. Computers & education, 2010, 54 (3): 613-621.

[272] WHITLOCK M S, DUCETTE J P. Outstanding and

average teachers of the gifted: a comparative study [J]. Gifted child quarterly, 1989, 33 (1): 15-21.

[273] WOOD E J. Problem based learning [J]. Journal of the Pakistan medical association, 2008, 336 (2): 971.

[274] YAN Y, DAVISON R M, MO C. Employee creativity formation: the roles of knowledge seeking, knowledge contributing and flow experience in Web 2.0 virtual communities [J]. Computers in human behavior, 2013, 29 (5): 1923-1932.

[275] YUAN F, ZHOU J. Differential effects of expected external evaluation on different parts of the creative idea production process and on final product creativity [J]. Creativity research journal, 2008, 20 (4): 391-403.

[276] ZHANG D, ZHAO J L, ZHOU L, et al. Can e-learning replace classroom learning [J]. Communications of the ACM, 2004, 47 (5): 75-79.

[277] ZHANG M, TIAN F, WU X, et al. The neural correlates of insight in Chinese verbal problems: an event related-potential study [J]. Brain research bulletin, 2011, 84 (3): 210-214.

[278] COLLARD P. What is a creative education and why is it important [EB/OL]. (2023-04-11)[2023-06-16]. https://education.gov.scot/resources/paul-collard-what-is-a-creative-education-and-why-is-it-important/.

后　　记

长江侧畔岁月，黄鹤楼下春秋；万般造化匆匆，千载白云悠悠。在经过长期的梳理和写作之后，作为全国教育科学规划国家一般课题“在线互动条件下个体与情境特征对创造性的影响［BBA180080］”的结题成果，本书有幸在华中师范大学出版社出版。

创新实际上是人们基于心理活动进行的一种“造化”。近百年来，心理学家们试图从万般造化中找出规律，不断更新人类自身的生存状态，因此，有关创造心理的研究崛起，并迅速成为心理学研究的一个重要分支。进入新世纪之后，互联网的普及又为创造心理的研究提供了新的视野。相应地，创造与互联网的结合也迅速成为一个新的研究方向。

在这种背景下，在梳理创造心理研究现状的基础上，本书以心理学的视角，从“网络与创造”“网络与创造性认知”“网络与创造性人格”“网络支持下的创造性学习与教学”“网络教学与创造性”“网络与创造型教师”“网络、创造与伦理”等主题，系统地论述和分析了创造与网络的关系，并且整合了我们关于在线创新的最新研究，是国内外网络创造领域为数不多的研究成果。

本书依托全国教科规划课题而成，在课题研究和出版过程中得到了华中师范大学心理学院师生的大力支持和协助。在此，向各位伸出援手的师友致以崇高的敬意和由衷的感谢！感谢周宗奎教授在出版过程中提供的大力帮助，他总是能在我需要帮助的时候给予大力支持！感谢美国孟菲斯大学胡祥恩教授以及华中师范大学心理学院的范翠英教授、赵庆柏教授、田媛教授、王伟副教授的大力支持，各位老师的协助和配合为课题的顺利申报和完成提供了有力的保障。感谢可爱可亲的博士和硕士研究生们，特别是陈艳、李纯、张冬静、王效广、薛雨康、李芊芊、李阳、王丽霞、杨晓梦、余易达、沐小琳、韩梅、别致、田梦源、郭雅绮等人，他们直接参与了课题申报、数据收集、论文撰写、资料整理、书稿准备、课题结题等各个环节，他们的认真刻苦和真诚合作是本书得以顺利完成的基本条件。感谢孙晓军教授等心理学院领导提供的学术环境和各种无形的帮助，感谢青少年网络心理与行为教育部重点实验室创造的研究氛围，这客观上为本书的写作提供了切实的保障。感谢华中师范大学出版社给予的支持和为此付出的辛苦劳动，感谢亲爱的全国教科规划委员会评审专家老师们提供的帮助！此外，还有很多在背后默默提供支持和帮助的前辈、同仁和朋友们，在此无法一一罗列，由衷地感谢你们！你们是我生命中的贵人，祝你们顺利、吉祥、平安！

由于学识限制，本书还存在诸多不足，希望读者多多批评指正。“大学之道，在明明德，在亲民，在止于至善。”创新的目的也大概在于此吧！愿以此与诸君共勉。行虽不能立至，心向往之。